Le Rêve et l'Action

OUVRAGES DU MEME AUTEUR

PHILOSOPHIE

Les Mensonges de la vie intérieure (Alcan, 1910).
Essai sur la sincérité (Alcan, 1911).
Problèmes sur la sincérité (en préparation).

PSYCHIATRIE

Les Alcoolisés non alcooliques (Steinheil, 1902).
L'Alcoolomanie et son traitement (Doin, 1903).
Les Fausses messes noires : Causerie psychologique et médico-légale (Maloine, 1904).
L'Amnésie : Étude sémiologique et médico-légale (Alcan, 1906).
Poésie et folie : Essai de psychologie et de critique (Doin, 1908).
La Mimique chez les aliénés (Alcan, 1909).

Bibliothèque de Philosophie scientifique

GABRIEL DROMARD

Le Rêve et l'Action

PARIS
ERNEST FLAMMARION, ÉDITEUR
26, RUE RACINE, 26

1913

PRÉFACE

On entend dire de toutes parts que « nous sommes à l'action » et que « les hommes d'action sont les maîtres de l'heure ». Ces formules, bien souvent, restent dépourvues de contenu dans la bouche de ceux qui les utilisent. Elles valent cependant d'être examinées, sinon pour ce qu'elles expriment, du moins pour ce qu'elles indiquent. Les baudruches verbales ont une origine et l'on peut tirer de leur apparition quelques renseignements utiles concernant le milieu qui les voit éclore.

Je ne trouve pas que « nous sommes à l'action », si l'on veut ainsi me faire entendre que l'activité s'accroît en même temps que la pensée décline, de telle sorte que l'une devra désormais prendre son essor sans que l'autre la suive ou mieux la précède. Au reste, il est bien frappant que tout se compense à mesure dans l'évolution, et que rien n'est si propre à faire surgir par exemple une légion de poètes qu'un siècle où l'on est étouffé sous le poids de l'industrie, de la finance et de la politique.

Je ne trouve pas davantage que « les hommes d'action sont les maitres de l'heure », si l'on veut indiquer par là qu'il nous faut aujourd'hui prêter une particulière valeur à la manière d'être de beaucoup de gens qui se donnent à l' « action » au sens où un tel vocable évoque une image grossière dans le tangible et le discontinu. Tant que les fins de la vie sont indémontrées — et je ne suis pas sûr qu'elles soient démontrables — je retiens tout au plus que l'homme d'action est « le maitre de l'action ». Et comme d'ailleurs il faut encore distinguer entre mille aspects de l'action, j'accepte tout simplement que l'homme d'action est « le maitre de *son* action », c'est-à-dire qu'à l'instar des autres il vit suivant ses tendances : affirmation qui nous apprend bien peu de choses — ou plus exactement rien du tout.

Ces réserves faites — et quiconque désire ne point se griser de mots doit les faire d'abord — il faut bien reconnaître que nous assistons depuis quelques années au développement parallèle de conceptions théoriques et de réalisations effectives qui nous éloignent passablement de nos devanciers.

* * *

A n'envisager que l'orientation de la *pensée spéculative*, il semble assez évident que la génération actuelle se détache de la précédente par son esprit d'affirmation, sa confiance en soi, son sens positif, son goût de la pratique.

Il y a des époques d'anémie où la pensée devient dissolvante, où les forces s'épuisent; il y a des époques de vitalité où l'optimisme renait, où l'amour de vivre reprend ses droits. Les unes prennent la place des autres et réciproquement. Or il est certain que le dix-neuvième siècle, intellectualiste à outrance, dut souffrir des méfaits qu'entraine l'idéologie. Il connut le poison de l'analyse et les symptômes qui en découlent : la hantise de l'antinomie entre la raison et l'activité, la perception douloureuse de la vanité de l'effort, l'évanouissement du désir; il connut même les complications qui en dérivent : le débridement de la sensibilité, la recherche de l'étrange, le goût du morbide. Et, pour bien marquer son mépris de l'action, il voulut séparer de l'action une race de seigneurs qu'il nomma les « intellectuels ». La loi de fluctuation devait donc rappeler, après le goût des idées abstraites l'appétit vorace des réalités, après le doute et l'inhibition l'assurance joyeuse qui se complaît dans le risque et les aventures, après la déliquescence une certaine robustesse de l'âme. Et, en signe de dédain pour la pensée pure, nos contemporains opposent à la pensée pure, très arbitrairement d'ailleurs, un mot à la mode : le mot « homme d'action ».

Le néo-positivisme des temps modernes apparaît d'une manière frappante dans l'évolution de la philosophie elle-même. Car tandis qu'aux générations passées il semblait tout à fait étrange de vivre et de ne pas savoir le pourquoi de la vie, voici que parmi nous cette inquiétude se dissipe au point qu'elle paraît absurde à beaucoup d'esprits. N'être pas dupe de la vie, c'était l'obsession d'hier. Le souci d'aujourd'hui, c'est d'obtenir d'elle tout ce qu'elle peut donner — car la vie, dit-on, est faite non pour qu'on la juge mais pour qu'on en jouisse. L'objectif des esprits chercheurs n'est donc pas d'établir ce qu'est l'existence, mais de fixer plutôt « ce qu'il faut faire » en cette existence, et « comment il faut le faire ».

Une philosophie *pragmatiste* — le nom a fait fortune — s'est décidément constituée, qui tend à ruiner nos anciennes notions. Une légion de penseurs s'est élevée pour faire de nos vérités non plus des *réalités en soi* mais de simples *fictions utiles*. Par devant la nouvelle doctrine, toute idée est vraie qui se montre « efficace », et le degré de vérité qu'on peut lui attribuer se mesure à ce qu'elle « rend » dans l'application et devant l'expérience. Il y a des idées qui « réussissent » et d'autres qui « échouent » : les unes sont *justes* pour cela simplement qu'elles sont fécondes, et les autres *fausses* pour cette raison qu'elles sont stériles ou néfastes. Et par exemple les croyances religieuses et les concepts moraux, par les bons effets qui en résultent dans la conduite des hommes, comportent autant de vérité que telle loi de physique ou de chimie qui, bien appliquée, met tel phénomène au service de notre bien-être. Ici et là il s'agit d'une affirmation « qui sert », et cela seul importe. Ainsi les rapports traditionnels se trouvent renversés entre nos conceptions théoriques et nos conceptions pratiques. Il n'est plus question de subordonner les secondes aux premières, mais de régler les premières précisément sur les secondes. Et voilà bien une philosophie de l' « action » s'il en fut jamais.

On pourrait se poser la question de savoir si cette philosophie n'est pas, sous des apparences trompeuses, l'expression d'une défaite assez misérable ; et peut-être n'est-il pas interdit de penser qu'elle est moins une philosophie qu'une façon adroite d'évincer la philosophie elle-même. A défaut de cela, j'y vois une méthode qui place l'existence pratique à l'abri des spéculations abstraites, et fait de ces dernières un jeu supérieur, une occupation de l'élite, un souci étranger au grouillement des masses, une curiosité qu'on doit séparer de la vie.

Que les doctrines *pragmatistes* soient venues d'Amérique, ceci n'est point certes pour nous surprendre. Elles sont celles qui conviennent à des hommes d'affaires, et nulle conception ne pouvait être mieux adéquate aux tempéraments de Yankees.

Mais il est plus extraordinaire de voir s'infiltrer en France un courant d'idées qui apparaît justement à beaucoup d'esprits comme une réaction naturelle de l'utilitarisme anglo-saxon contre l'intellectualisme latin. Cette infiltration pourtant n'est pas une énigme, si l'on veut songer que, pendant l'éclosion d'un pareil courant, une philosophie se fortifiait chez nous qui constituait une critique véhémente et de la nature des vérités scientifiques et de la valeur de l'intelligence comme source de connaissance. L'enseignement bergsonien, en effet, mettait en relief cette proposition magistrale, à savoir que le symbolisme de la logique discursive est incapable de nous conduire au cœur du réel, et que le réel ne peut être interprété que du point de vue de l'intuition seulement. Les idées de savants tels que Poincaré, Wilbois et Duhem fournissaient d'ailleurs à cet enseignement un appui solide, en ramenant nos lois scientifiques à des constructions de l'esprit qui cherche à tisser, pour les besoins de notre cause humaine, la trame de l'intelligible. Et, cet enseignement, les idées de penseurs comme Blondel, Le Roy et Laberthonnière l'étendaient enfin, le tordant en tous sens, pour en exprimer les déductions les plus aventureuses et les plus hardies.

Le positivisme nouveau des théoriciens français diffère entièrement de celui des américains, puisqu'en vérité il prétend tirer sa force probante de bien autre chose que de sa bienfaisance pratique :

il cherche dans l'*intuition* un fondement plus profond et — nous pouvons le dire — plus philosophique. N'importe. Avec lui, la spéculation abstraite, attaquée par une autre voie, sort de la bataille très endommagée, et l'activité pratique ne peut qu'y trouver son compte.

Par quel mécanisme une alliance d'ailleurs assez trouble s'est-elle opérée dans beaucoup d'esprits entre le démocrate pragmatisme de James ou de Schiller et l'aristocrate intuitionisme d'Henri Bergson, il n'est pas question de le chercher. Contentons-nous de noter qu'à travers des tempéraments opposés, par des chemins nettement différents, on arrive parfois, sur tel point donné, à la convergence la plus imprévue. Or nous répétons qu'après avoir lu Bergson et les Bergsoniens, on pressent en définitive une Action « réhabilitée », et c'est cela qui nous intéresse.

La philosophie n'est pas seule à traduire le courant qui oriente nos contemporains vers le culte de l'activité pratique. La renaissance *religieuse*, justement constatée au cours des dernières années, est intimement liée au positivisme actif qui hante notre époque.

Les hommes d'aujourd'hui, nous l'avons observé déjà, ne sont guère tourmentés par les grandes questions qu'agite la métaphysique. Ces questions, la plupart d'entre eux ne les posent pas. Mais ceux qui les posent vont en demander la solution plus que jamais à la religion traditionnelle — et c'est le point qu'il convient de noter. Le dégoût des idées abstraites éloigne la jeunesse nouvelle de cette ample et vague religiosité qui fut à la mode parmi les grandes âmes du siècle passé. Elle prétend répudier, cette jeunesse, et l'idéalisme mystique sans rituel ni dogme qui fit les délices de beaucoup de poètes, et la pure religion de l'esprit, synthèse de toutes les religions, qui fut un soutien pour beaucoup de penseurs. Sa tendance à rechercher d'emblée les réalités de l'action la conduit tout droit au catholicisme dont l'organisme puissant et déjà ancien peut fournir les bases d'une bonne discipline mentale.

Faut-il faire ressortir le rôle par rapport à cette réaction religieuse des systèmes qu'on a esquissés plus haut? Il est bien facile de prévoir la force que donne aux affirmations de la « foi » une philosophie de la *pratique* pour laquelle une proposition quelconque vaut par son rendement, non par sa logique, de telle sorte que toute doctrine, rationnelle ou non, est bonne quand elle est utile. On ne peut nier davantage le renfort qu'apporte aux droits de la « croyance » une philosophie de l'*intuition* d'où il résulte que l'intelligence ne sait pas connaître la vérité en soi, de telle sorte qu'on ne peut atteindre par la raison au principe réel de la vie. Mais sans doute ne doit-on pas invoquer seulement, pour expliquer la recrudescence de l'idée religieuse, les pures théories d'école. Il y a quelques raisons pour croire que la politique des dernières années, loin de faire oublier la cause de l'Église, lui donna plus de vitalité. Au nouvel essor de la vie religieuse, la lourdeur déplorable de l'esprit jacobin apporta, sans le savoir et au rebours de ses intentions, un précieux appoint.

Quel que soit le départ, ce qu'il faut retenir c'est le mariage actuel de l'esprit positif et du sentiment religieux. La génération présente voit surtout dans la foi religieuse une sagesse tout utilitaire, un indispensable auxiliaire d'action. Elle y veut découvrir une forte armature qui soit un appui solide pour son existence pratique; elle y veut trouver un ordre sensible qui groupe et qui noue ses forces éparses, une discipline intérieure qui soutienne et dirige utilement sa vie.

Au positivisme des temps nouveaux une renaissance *patriotique* répond également qui, dans la jeunesse actuelle, se traduit par un ralentissement assez évident du courant pacifiste et humanitaire, par une exaltation manifeste du sentiment national. L'esprit d'insurrection qui était une source d'affaiblissement cède le pas au désir de l'ordre, et les idées de nivellement qui devenaient une cause de dissolution font place au culte de l'autonomie. Une inclination se manifeste à juger les choses politiques non d'après des concepts purs mais d'après les nécessités pratiques dont dépend l'avenir d'une nation. Le point de vue largement humain n'est plus tant à l'ordre du jour que le point de vue limité du pays qui tient lieu de patrie. Aussi bien la guerre reprend-elle un nouveau prestige, et cela d'autant plus qu'elle est par surcroît l'occasion de vertus foncièrement actives. Des doctrines qui eussent paru franchement arriérées il y a peu d'années trouvent donc du même coup un regain de nouveauté.

La genèse de cette réaction est évidemment complexe. Il y entre peut-être un sentiment de plus en plus clairvoyant des différences par rapport à ce qu'on peut appeler l' « idéal de race » : différences que les contacts devenus plus faciles ne font que rendre plus saillantes et plus appréciables. Mais il faut y voir davantage encore un opportunisme assez légitime provoqué par la concurrence matérielle de voisins dont la pléthore nous met en méfiance ou dont la prospérité entraîne notre émerveillement. Et l'on ne peut ignorer que cet opportunisme est alimenté par le souvenir d'événements politiques récents, lesquels sont considérés par beaucoup d'esprits comme des humiliations nationales. Or il arrive que, par des influences réciproques faciles à prévoir, le nationalisme conduit à l'action comme le goût de l'action conduit au nationalisme. On a si bien fait chez nous l'éloge d'une race qui n'est pas la nôtre, et l'on a fondé si bien sa valeur sur son habileté pratique et son goût pour les exercices violents, qu'on en vient à croire que l'avenir d'un peuple tient tout entier dans le progrès de l'outillage et l'éducation des forces brutales. Alors vous voyez surgir la légende des civilisations faisandées et le spectre des races vieillies, condamnées à une mort fatale par l'excès du cerveau et l'insuffisance des muscles. Et nous concluons un peu vite qu'il faut, pour régénérer le pays, une société de force, amoureuse de boxe et sevrée d'idéologie.

Quoi qu'il en soit, dans la renaissance du nationalisme aussi bien que dans celle du spiritualisme, il se cache avant tout un besoin d'ordre et de cohésion, chez des gens qui voient, en toute existence humaine, une affaire qu'on doit mener à bien. La jeunesse nouvelle est française *d'abord* comme elle est catholique *d'abord* : elle est patriote comme elle est religieuse, pour faire avec sagesse, non pas une bonne critique de la vie, mais tout simplement une bonne vie.

Si les *opinions* traduisent l'état des esprits, cet état se révèle d'une manière plus certaine encore parmi les *tendances* qui s'inscrivent chaque jour dans nos habitudes courantes. Il suffit d'ouvrir quelque peu les yeux pour voir, au sein de ces tendances, percer un furieux appétit d'agir, d'agir au plus vite, et d'agir surtout en vue du succès dans la vie pratique.

L'éducation même qui imprègne les mentalités naissantes a pris une tournure nouvelle. La lutte contre l' « enseignement secondaire » en est un joli exemple. On ne prend plus garde que cet enseignement a pour but d'assouplir l'esprit et de le préparer à des tâches futures en mettant en lui, par avance, du goût et de l'élévation, en même temps que de la précision, de la justesse et de l'exactitude. On soutient que les langues mortes *ne mènent à rien*. Et dans le fait elles ne mènent à rien immédiatement et directement, ne pouvant à elles seules permettre aux jeunes hommes de « gagner leur vie ». On entreprend donc une critique sévère de la « pure culture », et l'on prouve qu'il est assez vain d'être un esprit fin et de savoir beaucoup, si tout cela ne sert pas. Le savoir, dit-on, est le moyen, et l'action est le but. A quoi bon savoir si ce n'est pour agir? Proposition saine et qu'on peut accepter d'un certain point de vue... comme d'ailleurs on pourrait accepter d'un autre point de vue la proposition tout à fait inverse. Au demeurant, je constate sans plus, et ne cherche nullement si ces vues auront pour effet de rendre dans l'avenir les esprits plus forts, ou de les étriquer.

Observons aussi que la jeunesse lit moins. Je me trompe : elle lit davantage, mais elle lit par curiosité de savoir, très peu pour l'attrait du beau, en vue d'apprendre, non de s'édifier. Aussi bien l'ouvrage qui répond à l'esprit du jour est l'ouvrage précis qui fournit une règle, enseigne une recette utile. D'une manière assez générale il règne parmi les lecteurs un certain amour des faits, un certain mépris de l'idée, un mépris plus grand de la phrase. Ceux-là mêmes qui écrivent — plusieurs exceptions confirment la règle — affichent quelque parti pris de sacrifier la forme. On dirait que le style est un excédent : il sied aux oisifs, mais les gens pressés doivent s'en alléger.

En revanche on est justement frappé par la diffusion des sports. Le besoin de vie active préside à cette diffusion que l'essor de nos industries favorise d'ailleurs. Et réciproquement cette diffusion même ne peut que fortifier chaque jour davantage le besoin de vie active par le développement de la force physique et l'éducation des vertus viriles.

Enfin — et ceci est d'un enseignement très sûr — voyez donc quels hommes entraînent aujourd'hui l'enthousiasme et l'admiration de la foule. Ce ne sont pas du tout ceux qui savent distiller des pensées précieuses, des sentiments nobles. Ce ne sont pas les poètes, les savants ni les philosophes. Les suffrages vont aux aviateurs, et la masse grisée n'a pas craint, dans tel cas, d'élever sur les plus étranges pavois nos pilotes de l'air. Les circonstances étant favorables, elle leur offrirait au besoin avec une sincérité touchante ce qu'elle suppose être le plus beau lot : le gouvernement de l'Etat.

*
* *

Seulement on commettrait une bien grande erreur si l'on considérait d'une manière abstraite le courant positif qui anime les tendances et les opinions des hommes d'aujourd'hui. Ce courant est étroitement lié à l'évolution que subit de son côté notre *vie sociale et économique.*

La science progressant, nous bénéficions chaque jour de ses découvertes, et nous mettons ses conseils à contribution de plus en plus dans la conquête matérielle du milieu où nous sommes jetés. Accepter de subir les calamités que nous imposent telles forces de la nature, c'était conduite justifiée aux époques où notre impuissance n'était que trop réelle. Nous avons aujourd'hui mieux à faire que cela, et nous le sentons bien. Notre empire sur les éléments s'accroît; nos moyens s'augmentent de lutter contre eux, de les mater, de les retourner au besoin à notre profit. Nous pouvons davantage, en un mot, et nous mettons nos pouvoirs sans cesse grandissants au service de notre bien-être par toutes les formes de notre industrie.

Pareillement les résignations se sont évanouies concernant bien des règlements légaux qui furent agréés longtemps comme nécessités sociales.

Autrefois les classes inférieures acceptaient leur sort sans révolte. Elles voyaient dans leur condition une fatalité. Aujourd'hui cette fatalité n'est plus. Des institutions jugées nécessaires jadis ont été bouleversées, les barrières entre classes ont été rompues, les privilèges des uns ont passé aux autres, et, somme toute, l'expérience a montré qu'on pouvait se soustraire finalement à maints arrangements sociaux dont on était dupe, et que, dans la société comme dans la nature, tout étant modifiable, il ne fallait abdiquer devant rien.

Mais voici maintenant la rançon et de nos forces économiques et de nos arrangements sociaux.

Au sein même de nos industries et parmi l'accroissement de nos biens une misère se glisse. L'extension formidable de la production, les inconvénients de la pléthore survenus comme une conséquence fatale de cette extension, les fureurs de la concurrence apparues comme un corollaire inévitable de cette pléthore, l'âpreté en un mot d'une lutte sans cesse plus aiguë en vue de la matière, tout cela doit réduire chaque jour davantage aux pires servitudes la foule compacte des hommes qui sont compris de loin ou de près dans le tourbillon des affaires. Et la fièvre de rapidité maintient cette houle humaine dans une sorte de vertige qui se poursuit sans aucun répit.

D'autre part, au sein du progrès qui marque l'évolution sociale, un péril se déclare, progressif et envahissant. La démocratie, installée au nom de la justice, ouvre aux ambitions, sous figure de justice, les portes toutes grandes. Comme on voit, venant de partout et souvent de rien, des hommes qui « parviennent », chacun en conclut qu'il peut « parvenir ». Et l'on est d'autant plus fondé à faire comme les autres qu'on ne voit guère le succès autrement que sous sa forme grossière qui est la plus accessible à tous. A moins d'être quelqu'un, ce qui dispense d'être quelque chose, n'a-t-on pas toujours assez de petits dons pour viser la fonction ou viser l'argent? Il y a donc de fort bonnes raisons pour qu'on tente la chance, et je ne dis pas que dans la mêlée on ne soit pas exposé à confondre la proie et l'ombre, à prendre pour but ce qui est le moyen, voire même à laisser glisser et la proie et l'ombre, et le but et le moyen, mais enfin je répète qu'il y a de bonnes raisons pour qu'on tente la chance. Or, pour la tenter, on vit dans l'agitation, dans la bousculade et dans l'écrasement, et ceux-là aussi doivent y vivre qui n'y ont point goût, car de n'être pour rien dans le mouvement qui pousse n'empêche point de subir la poussée.

De la question *sociale* aussi bien que de l'*économique*, un trait se détache qui se met en saillie : l'oubli des énergiques et savantes lenteurs dans l'inextinguible soif de vitesse. On veut vivre et l'on brûle la vie.

*
* *

Ainsi les baudruches verbales ne sont pas si vides. « Nous sommes à l'action » et l'on peut bien dire — en un certain sens du moins — que « les hommes d'action sont les maîtres de l'heure ».

Un livre prônant l' « action » viendrait donc à point. Mais ce livre, il faut le reconnaître, est tiré à tant d'exemplaires qu'il est plus distingué de ne le pas écrire. La « vie intense » étant inventée, rien ne peut être dit sur son compte désormais qui n'ait été dit cent fois.

Un livre d'opposition qui serait l'apologétique du « rêve » risquerait au moins d'être fort bien venu auprès des récalcitrants que le vacarme lasse et qui aspirent à « brahmaniser ». Mais, à moins d'en faire un poème, il serait vain, j'imagine, d'enseigner qu'on peut se dispenser d'agir.

En revanche, il n'est pas mauvais de préciser la valeur d'un mot qui est passé aujourd'hui à l'état de fétiche et qui prête à des confusions fâcheuses. On parle sans cesse de l'utilité de l'action, et l'on s'égare sur sa signification, sa portée, voire même sa réalité, si bien qu'en faisant son éloge, c'est son contraire qu'on exalte dans beaucoup de cas. On proclame la grandeur d'agir et l'on se dépense en agitations stériles, en mouvements étriqués, en gestes mesquins. Il n'y aura jamais trop de volonté d'agir, mais il y a parfois derrière notre volonté d'agir trop d'arguments misérables et de raisons factices. L'erreur de certaines époques n'est point tant de glorifier l'action que de ne la pas distinguer suffisamment de ses contrefaçons, en vue de la glorifier mieux.

Or, il m'apparait que la grande source de contrefaçon de l'action est dans son divorce d'avec le rêve. Quand on croit séparer pleinement le rêve de l'action, ce sont en réalité les contrefaçons du rêve et celles de l'action qu'on met en présence, et l'on ne peut qu'opposer à l'action stérile un rêve également stérile. Cette méprise écartée, on en viendra toujours à convenir que sans action il n'est pas de bon rêve et que sans rêve il n'est point d'action qui vaille le plus petit effort.

Il y a donc place pour un livre qui serait tout justement la négation des deux autres, et c'est celui-là que je voudrais écrire.

Le Rêve et l'Action

PREMIÈRE PARTIE

LIVRE I

HOMMES D'ACTION ET HOMMES DE RÊVE

CHAPITRE I

L'HUMANITÉ A GRANDS TRAITS

Ceux qui vivent. — Ceux qui regardent passer la vie.

Il y a en chacun de nous un histrion doublé d'un badaud.

A de certaines heures pourtant l'histrion nous quitte, et le badaud, resté seul, bâille devant les tréteaux où maints bouffons lui donnent la parade. A ces heures-là, nous sommes sur la cime, et le spectacle est dans la vallée. Il nous apparaît d'en haut que les marionnettes passant sous nos regards se bousculent dans une course folle, et nous découvrons à merveille combien vaines sont leurs prétentions, combien chimériques leurs craintes et leurs espérances, combien dérisoires leurs élans de haine ou d'amour. Cette reconnaissance d'ailleurs n'est pas sans orgueil, car à percer l'inconscience aveugle de l'homme-fantoche nous apprécions que nous sommes au-dessus de lui et que nous le dominons. Mais l'instant d'après c'est le badaud qui nous abandonne, et l'histrion qui est en nous va reprendre son rôle devant maints curieux, spectateurs de ses cabrioles. Nous quittons la galerie, nous entrons en scène, et nous sommes hélas! aussi ridicules que les plus ridicules marionnettes contemplées du haut de la montagne.

Il reste néanmoins que les deux attitudes s'opposent dont l'une revient à *vivre* et l'autre à *regarder la vie*.

Aucun homme n'est jamais de façon exclusive tout badaud ni tout histrion. Mais encore y a-t-il en chacun quelque préférence pour jouer ou bien regarder jouer. Aussi certains hommes se posent en acteurs très essentiellement, au lieu que d'autres sont doués surtout pour jouir du spectacle.

Des gens en foule se contentent de *vivre*. Ayant l'habitude de raser la terre, ceux-là ont quelques bonnes chances pour être adaptés au sol qui les porte. Ils excellent dans l'ordre pratique et le trafic quotidien de l'existence courante. Mais en revanche ils ne soupçonnent guère l'intérieur des choses, ni même l'intérêt qu'on trouve à le sonder. Ils sont dans l'action sans curiosité de l'action, et, grâce à cela justement, ils agissent beaucoup et quelquefois bien. Au bout de cette activité, il y a d'ordinaire la domination des hommes ou l'asservissement des forces de la nature. Mais la manière peut varier. Vous devinez déjà qu'elle n'est pas la même suivant que l'*homme d'action* est un agent de change ou Napoléon.

Au milieu de ces hommes un petit nombre d'autres sont occupés à *regarder la vie*. Comme « prendre du recul » est la condition de bien voir, ils opèrent de loin et de haut, et cela revient à dire qu'ayant pris à tâche de bien voir le sol ils doivent le quitter d'abord. Mais quitter le sol, c'est « perdre pied » par définition. Aussi l'excellence dans l'ordre pratique n'est nullement leur fait. Les plus élémentaires contingences les trouvent souvent mal prévenus et désemparés. Ils n'agissent guère parce que l'action — au sens habituel où l'on emploie ce mot — ne les tente pas, et l'action ne les tente pas parce que l'intérêt qu'ils cherchent est placé ailleurs. Les réalités ne sont pas exploitées par eux comme moyens de puissance ; elles le sont comme objets de satisfaction d'un instinct proprement humain : celui de la curiosité. Cet instinct, il faut le reconnaître, a de nombreuses façons de se donner carrière. Ici, comme plus haut, il y aura lieu de procéder sans doute à des distinctions. L'*homme de rêve* peut être un collégien distrait par sa puberté, mais il peut être Pascal.

Bien que les lignes de démarcation soient toujours factices, et sous cette réserve qu'il faut y voir des procédés commodes pour l'étude beaucoup plus que des cloisons étanches, on vient de séparer deux catégories d'esprits qui ne fonctionnent pas autour du même axe et n'ont pas le même aliment de vie. Spectateurs et acteurs se partagent le monde comme ils se partagent nos salles de théâtre. Mais au lieu qu'au théâtre il existe pour un acteur plus de mille spectateurs, on rencontre, dans le monde, quelques spectateurs de marque pour des acteurs en foule dont les plus insignifiants jouent leurs menus rôles sans même se douter qu'il y a un spectacle.

Entre les deux groupes d'intelligences il se fait des échanges. Les unes et les autres se frôlent constamment, se coudoient sans cesse, et la vie quotidienne qui est toute en surface les rassemble sans distinction. Mais elles demeurent étrangères et sans parenté dans leurs existences profondes. N'ayant pas une commune échelle des valeurs et parlant des langues différentes, elles ne se comprennent guère et sympathisent peu. On n'explique pas la nature de la poésie à des gens que leurs virtualités ont toujours maintenus entre les limites étroites des réalités tangibles. On ne fait pas entendre davantage à telle âme éprise de beauté les agréments d'une campagne électorale ni même l'intérêt d'une entreprise industrielle ou d'un coup de bourse bien réussi.

Ces oppositions, il est vrai, n'éclatent pas à chaque heure du jour, mais elles apparaissent en de certaines minutes qui sont décisives. Il arrive alors que, les esprits opposés se découvrant avec étonnement, les uns regardent les autres avec une pitié un peu méprisante. L'homme d'action soupçonne volontiers dans tout homme de rêve la marque d'une douce folie — en quoi il peut avoir tort, et l'homme de rêve à son tour tient les hommes d'action pour des philistins — en quoi il peut bien aussi ne pas avoir raison.

Il y aura toujours, malgré tout, des rêveurs pour faire fi de l'action et des hommes d'action pour dénigrer le rêve, car c'est chose très humaine que de croire à l'insignifiance des tendances et des attributs qui ne sont pas les nôtres. Cependant chacun est le complément de l'autre et aucun ne peut nier son contraire sans se détruire soi-même. Un monde où les hommes d'action n'auraient pas accès ne laisserait plus aux rêveurs nul prétexte de rêve. Et si les rêveurs étaient congédiés du monde, savons-nous ce que deviendraient tous les hommes d'action ?

CHAPITRE II

LES HOMMES D'ACTION

Qu'est-ce qu'un homme d'action? — L'action féconde et l'agitation stérile.

La vie du point de vue pratique : le monde comme champ d'exploitation. — Le culte de l'utile.

L'esprit positif. — La vision superficielle. — Le sens des réalités concrètes. — La vision circonscrite. — Le sens du proche et de l'actuel.

La pensée pratique : le sens commun et le bon sens.

L'adaptation à l'ambiance : l'esprit d'initiative et l'esprit de décision; le culte de l'effort et le culte du risque.

Les échantillons humains qui se posent en *acteurs* méritent d'être rapprochés par ce fait qu'ils ont une même conception du monde, et partant une même attitude en face de la vie.

En les désignant en bloc sous le nom d' « hommes d'action », j'utilise une appellation qui s'est précisée dans les temps modernes, et que je crois fort bon de préciser davantage encore par l'éclaircissement de quelques équivoques.

L'opinion courante voit le type de l'action dans tout ce qui vit d'une vie *extérieure*, dans tout ce qui présente aux yeux de l'entourage l'apparence grossière du *mouvement*. Le préjugé de la fonction guide généralement ses vues, et c'est ainsi qu'elle décerne un brevet d'action au parlementaire ou au financier, mais non pas au peintre ou à l'écrivain. Ce critère l'expose à compter souvent au nombre des hommes d'action de parfaits rêveurs, car enfin il n'est pas interdit de remplir en rêveur des fonctions actives. Tel homme qui se livre effectivement à une besogne positive peut mettre dans sa façon de la concevoir et de la diriger un tempérament d'artiste, et voire même, par surcroît, une imagination des plus vagabondes. Dans ce cas, la matière d'action n'est pour lui que prétexte à rêver. Ses produits portent une étiquette pratique, mais il fera d'une spéculation financière une épopée ou d'une entreprise industrielle un roman de chevalerie. Il y a dans l'objet de son activité l'indice d'une adaptation étroite à la vie réelle; mais dans ses moyens de traiter cet objet il y aura le désintéressement et la fantaisie du rêve. Ces faux hommes d'action existent en assez grand nombre parmi les gens de tous métiers.

Mais voici autre chose encore. L'action n'est pas un mouvement quelconque : elle est un *mouvement qui crée* — et j'entends ainsi qu'elle est un ensemble de motions bien coordonnées et tendant vers une fin qui marquera dans l'instant d'après une supériorité sur l'instant d'avant, et qui s'exprimera plus exactement par un progrès. Le seul critérium de l'action vraie, c'est la *création* — ce mot devant être compris d'ailleurs dans sa plus large acception. Or, il arrive tous les jours qu'on croit voir du travail utile où il n'y a que du bruit. Aux yeux de la plupart des gens, les hommes passent pour agir dès l'instant qu'ils font du tapage, et beaucoup de ceux que l'on appelle tout justement « les hommes d'action » dépensent de l'activité à faux et se donnent du mouvement à vide. Vous voyez ici la nouvelle erreur. Elle n'est plus de ranger dans l'Action tel représentant du Rêve, mais d'y comprendre la foule des hommes qui ressortissent à la *fausse action*.

Comme de faire le trémoussement synonyme d'utilité laborieuse est un travers de l'époque, je crois bon d'entrer plus avant dans le départ de l'*action féconde* et de l'*agitation stérile*. Il y a grande importance à marquer cette séparation, et j'y vois un thème sur lequel, de nos jours surtout, il n'y aura jamais trop de couplets.

A n'envisager que les caractères du mouvement, je trouve entre les *actifs* et les *agités* une opposition profonde. Les *agités* s'éparpillent, et leur volonté se dépense sans discernement. Ce qui manque à de pareils sujets, ce n'est pas tant la répétition de l'effort ni même sa vigueur : l'effort chez eux, est, tout au contraire, multiple et désordonné. Ce qui leur manque, c'est la continuité de direction. N'ayant pas la constance et l'unité de vue qui font l'esprit de suite, ils n'ont pas cette belle cohésion qui donne la fécondité. On reconnaît les hommes véritablement *actifs* à l'orientation constante de l'effort, à la subordination de toutes les volitions, de tous les sentiments et de toutes les idées du sujet au but vers lequel il tend. Une activité réelle ne se traduit pas en secousses convulsives et désordonnées ; elle se résout en une longue série d'efforts opiniâtres. Comparées aux tapageuses billevesées de certains hommes politiques, les opérations ascendantes de modestes industriels qui ont travaillé autour d'une idée en l'améliorant sans relâche, sont à cet égard, semble-t-il, du plus précieux enseignement.

Les *actifs* et les *agités* se distinguent d'ailleurs dans le but qu'ils poursuivent comme dans leur manière de le poursuivre — et cette note n'est pas la moins essentielle, encore qu'elle ne soit pas toujours la plus apparente. On ne s'agite guère qu'autour de soi-même et l'on ne fait tapage qu'autour de ce qui passe. Pour agir d'une activité féconde, il faut s'oublier un peu et savoir regarder au besoin par-dessus la minute présente. L'action vraie nous montre dans son mobile je ne sais quoi de généreux qui part du foyer et veut irradier. L'agitation, elle, n'a pas ce rayonnement.

Des liens égoïstes empêchent son essor et la font se débattre dans le périmètre de son auteur. Elle est ramenée vers lui par la chaîne, invariablement, comme le dogue à sa niche.

Il n'y a d'intérêt, pour les agités, que dans les choses qui sont « leurs affaires », de telle sorte que l'utile se confond assez fréquemment pour eux avec leur jouissance immédiate et leur avantage personnel. Beaucoup de ceux qu'on nomme très improprement « les hommes d'action » nous apparaîtraient, si nous ne tenions à nous abuser, comme les représentants de cette activité châtrée. Au lieu de voir leurs bras tendus largement vers une possession grandiose, nous verrions leurs doigts en crochets grattant des désirs avides et des ambitions mesquines, et il nous faudrait reconnaître, dans leurs réussites médiocres et leurs déceptions médiocres également, beaucoup plus de préoccupations factices que d'occupations véritables. Il y a une immobilité qui se fait prendre pour du mouvement; il y a une sécheresse qui vous a des airs de fécondité; il y a une fausse action qui se donne pour de l'action vraie et qui est pire que la non-action.

Qu'on ne vienne pas nous vanter l'énergie des hommes qui cultivent l'action sous cette forme-là! Il n'est point question d'énergie dans de pauvres pantins dont toutes les ficelles sont à la merci des mille suggestions de la vie extérieure. C'est la paresse de penser qui les mène tout droit au besoin de se mouvoir. S'ils ont l'air d'agir, s'ils se flattent surtout de ne jamais rêver, c'est qu'en vérité, rêver n'est point si facile qu'agir dans le sens où ce mot leur est familier. Il est plus simple de mettre à profit que d'inventer; il est moins pénible de s'abandonner au gré de la routine que de lutter pour la création. La création en effet — et nous avons dit que toute action véritable est une création — la création, si petite, si simple soit-elle, nécessite l'effort personnel. Or, l'effort personnel est ce qu'il y a de plus rare, et, pour ce motif, bien peu d'hommes agissent et beaucoup s'agitent. Les agités s'empressent et se trémoussent au pourtour d'eux-mêmes parce qu'ils ne peuvent pénétrer jusqu'à l'axe de leur vie profonde. Ils se montrent en dehors parce qu'ils sont justement trop superficiels pour se dépenser en dedans, et leur ardeur apparente est faite d'indigence foncière.

Oui — et ceci soit dit sans nul paradoxe — on se présente comme un « homme d'action » très souvent par manque d'énergie, par impuissance de l'effort et incapacité de l'attention soutenue; on se présente comme un « homme d'action » par médiocrité et insuffisance de toutes les belles qualités qu'il faut pour agir vraiment et pour agir bien.

*
* *

L'homme d'action — j'entends désigner maintenant non l'agitation mais l'action féconde — l'homme d'action voit essentiellement dans le Monde une *matière à exploitation.*

La tendance dominante de tout homme d'action est donc foncièrement pratique et répond au culte de l'*utile* dans le sens le plus large et le plus général du mot. Aborder les choses pour la simple curiosité de leur spectacle ou bien de leur étude n'est jamais son fait. Il reconnaît dans tout phénomène une source d'application. Et d'application à quoi? A la création d'autres phénomènes. Mais encore cette création même devra satisfaire quel but? Un but *matériel* toujours. Que ce mot n'effraye ni ne scandalise personne! Un seul mobile, en effet, oriente les humains dans l'emploi de leur activité pratique : le désir d'assurer leur vie et de l'améliorer autant qu'il se peut. A l'issue de tout ce qui est action, il y a toujours en fin de compte l'espoir d'un empire plus grand sur les gens ou bien sur les choses. Le geste, en vérité, peut être égoïste ou bien généreux, ou les deux à la fois. Mais dans les formes de l'action en apparence les plus étrangères aux fins matérielles, ces fins existent toujours au moins médiatement. Dans la promulgation d'une grande loi de justice, dans l'accomplissement désintéressé d'un acte de charité privée, il y a finalement le souci de produire du bien-être au profit d'un groupe ou d'une unité.

De ce point de vue, on pourrait objecter que dans les spéculations des rêveurs eux-mêmes, qu'ils soient philosophes, savants, artistes ou poètes, on doit découvrir, virtuelle, il est vrai, et comme en puissance, une fin matérielle appelée tôt ou tard à se réaliser. Mais en pareil cas le but matériel, si tant est qu'il existe au fond, reste au moins latent et dissimulé derrière l'intérêt moral ou intellectuel : il affecte de ne point se connaître. Le propre de l'homme d'action, c'est tout au contraire d'appréhender ce but *en fait* et *directement*.

Si l'utilité présumée est le terme habituel vers lequel s'orientent les tendances de notre homme d'action, il faut bien que ces tendances trouvent à s'appuyer sur des aptitudes convenables — et je pourrais au demeurant formuler ma pensée à rebours, en jugeant que les tendances n'appellent pas les dons, mais que les dons règlent les tendances. Peu importe d'ailleurs. Il reste que le goût de l'utile est soutenu par une complexion mentale qu'on nomme couramment *l'esprit positif*.

A envisager l'esprit positif d'un coup d'œil rapide, je dirais volontiers que les facteurs dont il se compose sont ceux qui marquent plus spécialement, dans l'évolution psychique, l'étape de l'âge mûr.

A cet âge, on ne vagabonde plus : les chimères se sont évanouies; le réel se détache de l'imaginaire, et le possible de l'impossible. Il semble que l'expérience ait comme limité le contenu de notre vie : tout se définit mieux, ou du moins tout se tasse, tout se réduit. Cela seul existe que nous palpons et sur quoi nous pouvons agir. Nous vivons dans les habitudes courantes de notre métier et de notre maison, et ceci nous éloigne des temps héroïques où, pendant les années de jeunesse, nous rêvions à un univers plus vaste, que nous faisions plus beau, mais que sans doute aussi nous serrions de moins près, et qu'en somme — disons le mot — nous ne possédions pas. Il y a, de l'une à l'autre époque, la distance d'un idéalisme ouvert largement sur des horizons fuyants à un réalisme étroit qui borne notre domaine, en rendant moins fictives toutefois nos prétentions de l'exploiter. L'esprit positif, c'est un peu, si vous le voulez bien, ce réalisme étroit qui marque l'âge mûr, encore que certains hommes mûrs n'aient nullement l'esprit positif, et qu'on puisse au contraire avoir l'esprit positif sans être arrivé pour cela à maturité.

Mais cette comparaison est insuffisante à définir complètement la tournure d'esprit que nous avons en vue. Il nous faut l'étudier maintenant d'une façon plus analytique, en mettant en relief tous ses attributs.

Un des traits les plus essentiels de l'esprit positif, c'est la *vision en surface* — et j'entends ainsi l'habitude d'envisager le Monde dans ses manifestations *patentes* et non point latentes. Ceci implique, en présence de chaque phénomène, un certain détachement des rapports profonds, une indifférence habituelle des moyens et du mécanisme, une insouciance ordinaire des causes et des fins, et par contre une observation minutieuse des rapports superficiels et des contingences immédiates, une connaissance rigoureuse et un respect scrupuleux des vérités de premier plan. Plus simplement, un pareil esprit donne son intérêt au dehors des choses ; il n'est point curieux de ce qu'il peut y avoir dans leurs profondeurs ; il ne se doute même pas qu'il y a dans leurs profondeurs quelque chose de plus que dans leurs apparences, et surtout il ne comprend pas qu'on puisse s'évertuer à la recherche de ce quelque chose.

De cet attribut un autre dérive tout naturellement. L'esprit positif a le sens du *concret* mais non point de l'abstrait. Il s'attache à ce qu'il voit, à ce qu'il touche ou à ce qu'il entend. Ayant foi dans l'observation, il joint d'ordinaire au respect du fait une incompréhension plus ou moins manifeste et un scepticisme systématique de l'idée et surtout de l'idée générale. Quand il pense, il pense volontiers à l'aide de formules toutes prêtes à servir ou à l'aide d'images. Mais le besoin de l'image n'implique point chez lui — qu'on ne s'y méprenne pas! — l'amour du symbole. Le symbole justement lui échappe. Un crépuscule ne sera jamais rien autre chose pour lui que le moment précis où la rotation de la terre dérobe à nos regards la lumière du jour. Une rose qui meurt, c'est une rose qui meurt, et rien de plus. C'est que le symbole est une abstraction vivante, une abstraction d'un genre très particulier, il est vrai, mais une abstraction enfin.

Au demeurant, il faut bien reconnaître que dans l'esprit le plus concret l'incapacité d'abstraire ne peut être que très relative. Ceux-là mêmes qui concrétisent tout doivent abstraire pour concrétiser, car les faits en tant que faits ne possèdent aucun sens. Ils ne prennent un sens que juxtaposés aux idées abstraites qui les apprécient, qui les groupent et qui les assemblent; ils ne prennent un sens que par l'abstraction d'ailleurs inconsciente qui les rend susceptibles de s'assimiler en trouvant à se classer dans le cerveau qui les a perçus. Et ceci revient à conclure que ce qu'il y a de meilleur dans l'expérience dépasse l'expérience. Les esprits concrets ne se doutent pas toujours de cette vérité mais il importe peu qu'ils s'en doutent : l'essentiel est qu'ils s'y conforment.

Un autre trait non moins important de l'esprit positif, c'est la *vision circonscrite* — je veux dire l'habitude d'envisager le Monde dans ses expressions *locales* et non générales. Au lieu que d'autres esprits, regardant de loin et de haut, sont enclins à voir les objets dans leurs rapports essentiels, et à prendre d'eux un aspect d'ensemble, l'esprit qui nous intéresse, regardant de plus près, ne voit qu'un objet et ne découvre même qu'un côté de cet objet à la fois. Dans chaque occurrence particulière il limite l'intérêt et concentre le champ d'examen en vue d'aboutir à une solution qui sera bien celle du cas actuel et non pas d'un autre. Il prend chaque problème pour soi, et comme si ce problème était le seul problème, ou du moins comme s'il existait séparé et indépendant de tous les autres problèmes auxquels il n'est pas relié d'une façon directe et bien évidente. Le mot d'ordre pour lui, c'est de prendre le chemin le plus court, et de ne point regarder en deçà ni au delà de *ce dont il s'agit*.

Mais, ici encore, notez bien que cette tendance à tout circonscrire se trouve tempérée, qu'on le veuille ou qu'on ne le veuille pas, qu'on le sache ou qu'on se pique de ne le point savoir, par cette simple proposition — qui n'est pas moins positive que les constatations les plus positives — à savoi que la vérité est une, et que la solution des pro blèmes les plus limités a toujours ses racines dans d'autres problèmes plus larges et plus généraux.

Quoi qu'il en soit, on pourrait déduire du trai précédent un dernier caractère qui en est le corol-laire : le sentiment du *proche* et de l'*actuel*. La réalité qu'il cultive étant par définition une réalité toujours fragmentaire, toujours passagère, l'espri positif est emprisonné dans les limites de l'espace et du temps qu'il occupe à mesure. Il se dirige d'après les facteurs qui sont à sa portée la plus immédiate, et qui s'offrent à lui d'emblée et directe ment. Dans une suite de propositions, l'esprit positi utilise au mieux la dernière donnée de la série pour asseoir la donnée suivante, mais les anneaux précédents de la chaîne ne l'intéressent guère, e pas davantage les consécutifs. Appliquant une for mule, il veut ignorer que cette formule a d'autre mérites que d'être applicable dans le cas présent Reconstituer le travail qui a pu présider à l découverte de cette formule, remonter à son ori gine, percer sa genèse : voilà une curiosité qu'i n'aura jamais. Établir un rapport entre l'appli cation actuelle qu'il fait de cette formule et l'en semble de ses connaissances, pour relier la syn thèse partielle qu'il poursuit à d'autres synthèse plus vastes : voilà une besogne qu'il ne tentera pas

Néanmoins, laissons entrevoir que l'emprisonnement dans le proche et l'actuel ne peut être complet sans nuire justement aux opérations. L'esprit positif doit garder le contact précis de la chose qui se présente et de l'instant qui passe; mais comme ici-bas tout se relie à tout et se prolonge plus ou moins dans la durée comme dans l'étendue, il manquerait en somme des vertus les plus positives s'il ne faisait nul cas de ce précepte fondamental, à savoir qu'on ne peut rien résoudre autrement qu'à l'aide de raisons qui débordent dans le temps tout comme dans l'espace la chose qu'on résout.

***

L'esprit positif implique forcément un mode de penser qui lui est propre et qu'il faut maintenant définir. C'est à ce mode de penser qu'on fait allusion quand on oppose à la pensée théorique la *pensée pratique.*

Le grand cheval de bataille de tous ceux qui pensent *pratiquement* se nomme le « bon sens ». On l'appelle aussi le « sens commun », dans ce qu'il a de plus élémentaire, et, si l'on peut dire, de plus essentiel. Mais, le sens *commun* étant par définition le sens de *tout le monde*, et *tout le monde* ne manquant jamais de se donner de l'encens, il est presque sous-entendu que le sens qui est *commun* doit se confondre avec le *bon* sens. On pourrait faire sur ce point d'énormes réserves, et j'en ferai tou à l'heure de plus audacieuses peut-être en disan que le *bon* sens lui-même n'est nullement le *vra* sens. Mais, en attendant, parlons du « bon sens » comme truchement de la *pensée pratique* et comme auxiliaire normal de l'action.

Établir d'après l'expérience des rapports d'une simplicité commode, et tenir ces rapports pour vérités stables en les faisant servir à la vie pratique, parce qu'ils ont fourni dans le passé des preuves d'efficacité, c'est essentiellement le propre du bon sens. Et ceci revient à dire que le bon sens assimile le fait d'expérience au fait nécessaire, et demande à « ce qui paraît être » le règlement de « ce qui peut être » et de « ce qui doit être ». Il puise à deux sources qui n'en font qu'une : l'évidence purement empirique et la vérité couramment admise, — deux puissances transformables en travail utile, sans implication de recherche extemporanée, sans nécessité de contrôle, sans besoin de revision. Je dis que ces deux sources n'en font bien qu'une, car user d'une pensée tout élaborée d'avance, recevoir cette pensée en bloc tout d'une pièce, pour l'utiliser sans remettre en question ses bases, c'est en somme prendre à son égard l'attitude qu'on a devant un fait d'expérience qui s'impose à l'observation directe et qu'on ne discute pas.

Quoique ceci paraisse très paradoxal, il est clai

que le bon sens n'utilise, au cours des opérations qu'il traite, que des valeurs frustes ou de pure convention : c'est à cela qu'il doit de penser pratiquement et de résoudre vite. Il parle toujours au nom des vérités reçues, des vérités venues à maturité, qui tombent en poussière déjà aux yeux du théoricien, mais qui sont en cours et qui peuvent servir sans contestation, rapidement et sûrement, pour cette raison même qu'elles sont usagées. Il n'est point le porte-parole d'une pensée réfléchie qui, n'étant pas toute faite, mettrait du retard dans la décision, et qui, n'étant pas une monnaie courante, serait d'ailleurs d'un usage restreint. Une pensée comme celle-là brouillerait les affaires. Elle peut être un joujou pour les imbéciles dont l'intelligence est trop développée, mais elle est, au sens positif, très pauvre d'action et très pauvre de vie.

Regardez tous les hommes actifs, qu'ils soient capitaines, journalistes, politiciens ou chefs d'industrie. Ils se servent tous de la même méthode. Ils n'opèrent jamais dans la profondeur, — et j'entends ainsi qu'ils n'opèrent jamais sur de vraies pensées ; ils ne mettent en œuvre que la surface, — et j'entends par là qu'ils ne mettent en œuvre que les opinions des hommes. Ils agissent et ils font agir par les convictions toutes faites : ces puissances toutes prêtes à servir, cette matière chargée d'énergie qu'on peut exploiter d'emblée pour créer le mouvement à fleur de la vie. Vous trouvez ici la marque des éléments par quoi nous définissions plus haut l'esprit positif, et vous voyez les rapports qui relient tout naturellement à l'activité pratique ce mode de penser qu'on nomme le « bon sens ». Ces rapports se résument d'un mot : élimination de la pensée obscure qui ne se connait pas, de la pensée nouvelle qui se cherche encore ; agrément de la formule consacrée qui simplifie et qui codifie, de la formule « servable » d'emblée, qui dispense des recherches trop longues, et qui met en outre à l'abri des vues personnelles, toujours anarchiques, toujours séparantes, toujours retardantes ; mise en œuvre d'un procédé mental qui fixe enfin l'emprise immédiate, donne à toute décision une impulsion prompte, facile, rectiligne, et résume ainsi justement les meilleures conditions de l'Action.

Notez bien que l'appel au bon sens n'est pas forcément l'indice d'un illusionnisme aveugle qui s'absorbe dans le préjugé, ou d'un positivisme terre à terre que la sensation matérielle domine tout entier. Mais les avantages dont il se recommande dans l'activité pratique n'empêchent pas qu'il soit fort indifférent et parfois tout à fait contraire à l'authentique vérité. Combien le simple bon sens n'a-t-il pas excommunié d'importantes découvertes jusqu'au jour où, ces découvertes étant venues à la connaissance de tous, le bon sens a dû se récuser ? Il n'y a rien de contraire au simple bon sens comme de croire que la terre est ronde et qu'elle tourne autour du Soleil. Le bon sens me dirait plutôt que la terre est une surface plane au-dessus de quoi le soleil décrit un demi-cercle, et jamais le sens commun ne saura me faire entendre qu'aux antipodes, pendant que je suis debout, d'autres hommes ont la tête en bas. Cela est si vrai que nos ancêtres ont mis à la roue les savants et les philosophes qui ont soutenu ces propositions, et qu'aujourd'hui même on provoque l'éclat de rire quand on les expose à des rustres ou à des enfants.

Il appert de cela que le bon sens, édifié grâce à l'expérience, est pris en défaut chaque jour au nom de l'expérience. Mais il n'y a dans ce fait nulle contradiction. L'expérience qui le crée n'est qu'une expérience provisoire, expérience tronquée et superficielle ; l'expérience qui le détruit est une expérience plus grande, plus complète, plus approfondie. Ainsi, chaque individu, agissant avec son bon sens, ne fait que se mouvoir au nom d'une science imparfaite déposée en lui par l'hérédité, par l'éducation, par les mille rencontres de la vie. Cette science-là est une pauvre science avec quoi nous ne saurons jamais la plus petite parcelle de la plus petite vérité. Mais elle est un outil précieux, grâce à quoi les humains qui passent peuvent remuer la terre qu'ils foulent de leurs pieds et faire lever le grain qui les nourrira et qui les fera vivre : elle commande l'Action.

Nous savons maintenant les tendances et les aptitudes qu'on découvre chez l'homme d'action, et nous avons établi leur retentissement sur ses habitudes mentales. Mais nous n'avons ainsi que préludé à l'étude de ses attributs définitifs qui, bien que secondaires dans l'ordre psychologique, restent néanmoins les plus importants dans l'ordre pratique. Il nous faut chercher à les dégager, en mettant l'homme d'action aux prises avec le milieu, et en appréciant son adaptation au monde extérieur.

L'homme d'action, avec tout le bon sens et l'esprit positif qui le caractérisent, ne saurait se flatter de connaître le réel ; mais en fait on peut dire de lui qu'il le tient en mains et sait l'exploiter. Il a au premier chef de l'initiative et de la décision ; il a le culte de l'effort et le culte du risque. Avec cela on manie les hommes et l'on asservit les choses.

La *faculté d'initiative* est cette qualité en vertu de laquelle on conçoit clairement le but à atteindre et les moyens qu'il faut employer pour y parvenir. Or, aucun esprit ne remplit mieux de pareilles conditions que l'esprit positif. Sa façon d'envisager le monde d'un point de vue toujours circonscrit le protège contre l'égarement et l'éparpillement. Ne retenant dans son champ visuel qu'un objet à la fois, il a chance de le voir sans nulle intrusion d'objets parasites. D'autre part sa compréhension plutôt rectiligne, sans complexité, pas encline aux nuances, point faite aux demi-tons, le laissera d'ordinaire peu embarrassé dans le choix des moyens. Il y aura donc une certaine simplification de son jeu. Supposez un homme dont la pensée gravite presque exclusivement autour de l'idée de fortune, et dont toutes les sources d'activité sont polarisées dans cette direction unique. Il aura naturellement plus de chances de mener à bonne fin l'entreprise conçue qu'un autre dont l'intérêt sera sollicité simultanément par d'autres idées et dont les pouvoirs se trouveront dispersés ainsi dans maintes directions.

La *faculté de décision* est une qualité voisine de la précédente et qui la complète. Elle est en somme le pouvoir de se déterminer sans hésitation et de choisir un parti promptement. Or, l'esprit positif résume sur ce point tous les avantages. Réduction du nombre parmi les buts mis en concurrence, et réduction du nombre parmi les moyens mis en parallèle : voilà justement ce qu'il faut pour ne point se confondre en atermoiements. Avec des pouvoirs critiques par trop affinés, il arrive que de multiples poids viennent dans la balance, et, tandis qu'on pèse mille raisons d'agi ou de ne pas agir, le fait bien certain est qu'o n'agit pas. Pour passer à l'acte sans hésiter, nu cerveau n'est si bien construit qu'un cerveau simpliste, pauvre de possibles contradictoires et qui n connait point l'angoisse retardante des esprits plu riches. Toute décision à prendre est une discussio à tenir. Réduisez au minimum les éléments d votre discussion et la conclusion ne se fera pa attendre. Soyez incapable de concevoir deux buts soyez même celui qui n'a qu'un moyen, et vou serez un homme de résolution. Mais pour fair pencher la balance, il n'est pas nécessaire pourtan d'être misérable à ce point. Quel que soit le nombr des poids qu'on met en présence, si ces poids son très inégaux, si l'un d'eux est prédominant, cel suffit pour que la pesée s'abrège. C'est plutôt ains qu'il me plaît de comprendre la décision rapide d tous ceux qui sont les vrais hommes d'action.

Et maintenant faut-il m'attarder longuement à l'explication de ces deux corollaires auxquels o accorde avec trop d'aisance la valeur d'un fai primitif — le *culte de l'effort* et le *culte du risque*

L'homme qui ne souffre nullement de la complexité des choses et surtout de la complexité d soi-même, qui n'a rien pour le détourner de voi simple dans le but et dans les moyens, qui regard sa décision enfin avec cet aplomb que donne l certitude, cet homme-là ne redoute pas l'*effort* car il met dans l'effort une confiance entière, et l'on se donne toujours à ce qui est objet de foi avec joie et sans restriction.

Le même homme aura pour le *risque* un penchant presque inévitable. Car par quoi sommes-nous empêchés de risquer? Par l'instinct qui fait que nous craignons d'entrer sous un bois la nuit. Regardez les lieux comme une simple allée, oubliez que des obstacles peuvent vous barrer la route, et surtout ayez dans vos jambes une confiance heureuse : vous irez dans le bois sans appréhension, et vous trouverez même au fond de votre audace un plaisir des plus savoureux. C'est justement le cas de notre homme.

Je ne pense pas conclure de tout cela que l'énergie relevée chez un homme d'action soit fruit de l'ignorance ou de l'insanité. Ou du moins je le penserais fort bien si j'étais tout à fait certain que ceux qui me lisent ne lisent dans les mots que ce que j'y veux mettre. Mais j'ai pris trop soin d'écarter de mon champ les faux hommes d'action, pour placer maintenant sur les vrais certaines étiquettes qui, prises dans leur acception brutale, prêteraient à des équivoques. La rencontre en un même sujet d'un imbécile et d'un « caractère » est chose fort commune : on l'a dit très souvent, ce qui me donne quelques raisons de croire qu'on l'a constaté parfois. Seulement les hommes énergiques ne sont point forcément des sots, et si d'un examen quelque peu profond il ressort d'une façon très nette qu'une simplicité de leur intelligence n'est pas étrangère au relief de leur volonté, cela n'implique en aucune façon que cette simplicité traduise la sottise. Elle traduit du moins une sottise qu'on ne saurait détruire au delà d'un certain degré sans détruire la vie.

CHAPITRE III

LES HOMMES DE RÊVE

Qu'est-ce qu'un homme de rêve ? — Le rêve fécond et la rêvasserie stérile.

La vie du point de vue critique : le monde comme objet d'étude. — La vie du point de vue esthétique : le monde comme spectacle. — Le culte de l'inutile.

L'esprit spéculatif. — La vision analytique. — Le sens des réalités abstraites. — La vision synthétique. — Le sens de l'Être et de l'Absolu.

La pensée idéative : la méditation.

L'esprit artiste. — La vision spectaculaire. — Le sens du symbole et le sentiment de l'ineffable.

La pensée imaginative : la rêverie.

L'inadaptation à l'ambiance : le détachement des réalités.

Comme les hommes qui se posent en acteurs, ceux qui sont *spectateurs* méritent d'être réunis, parce qu'ils ont, à quelques différences près, une façon commune de comprendre et de sentir, et par suite, une façon commune de se comporter dans la vie.

En les désignant en bloc sous le nom d' « hommes de rêve » pour les opposer aux autres, je me conforme à une habitude courante. Cette désigna-tion, que je conserve intentionnellement, trouve sa critique d'une façon constante dans la sub-tance même du présent chapitre, et nul besoi n'est d'ouvrir une rubrique pour faire ressortir (qu'il y a de mauvais dans le terme employé.

Mais laissant de côté pour l'instant l'impropriét des mots, je veux indiquer du moins ce qu'ils ren ferment, en éliminant d'abord certaines cause d'erreur.

On voit volontiers la marque du Rêve dans tou ce qui ne vit pas d'une vie nettement *extérieur* dans tout ce qui ne donne pas des signes apparen de *mouvement*. Comme nous l'avons constaté ai leurs, c'est à la fonction qu'on demande un critèr trop souvent, et l'on est exposé de la sorte prendre pour des rêveurs de petits hommes d'ac tion occupés à faire leurs affaires. Beaucoup d faux artistes et de faux écrivains sont de pur commerçants. Ils travaillent peut-être sur un matière de rêve, mais par les moyens qu'il exploitent et les fins qu'ils poursuivent ils révèler l'esprit positif le plus étroitement égoïste et le plu strictement adapté aux réalités de la vie maté rielle, car ils ont le culte du Veau d'or bie plus que celui de la Beauté ou de la Vérité Quels que soient les noms différents dont il parent leurs produits, on peut lire au-dessus d leur boutique cette enseigne, en gros caractères : « Marchand de bric-à-brac ».

Une autre erreur n'est pas moins fréquente. Elle consiste, non plus à ranger dans le Rêve tel représentant de l'Action, mais à confondre dans sa rubrique des types fort hétérogènes qu'on juge par les mêmes clichés quoique leurs attributs soient aux antipodes. Comme il croit apercevoir de l'utilité laborieuse dans tout ce qui s'agite, le vulgaire voit en revanche assez fréquemment un indice d'inutilité en même temps qu'un signe de paresse dans ce qui ne s'agite pas. Et comme les agités s'agitent d'ordinaire pour leurs petites ambitions, pour leurs petits intérêts, pour leur petit bien-être, le vulgaire découvre nécessairement, dans tout ce qui s'éloigne de cela, une insuffisance du bon sens pratique, quand ce n'est pas un manque d'équilibre.

En vérité, il y a dans ce malentendu mi-partie de bonne foi ignorante et mi-partie de quelque chose qui est assez semblable à de la malveillance.

Le rêve — j'entends certain rêve — n'est pas du domaine commun, et c'est la prérogative heureuse ou malheureuse d'une âme de rêveur que d'être bien entendue de ses pareilles seulement. Le vulgaire a toujours envers elle des défiances sournoises : il lui voue une secrète rancune qui ne veut pas s'avouer mais qui se manifeste de mille façons.

Et d'ailleurs comment les rêveurs pourraient-i
ne pas attirer sur eux cette rancune défiante qu'c
vient de constater?

D'abord, avec leurs façons de planer au-dessi
des soucis communs, avec leurs manières de m
pris pour ce qui intéresse tout le monde, ils voi
ont des airs d'irrespect tout à fait offusquants
des prétentions de supériorité tout à fait blessante
En restant ainsi le chapeau sur la tête penda
que d'autres sont prosternés, ne semble-t-il p
qu'ils vous disent toujours : « Je suis celui qu
l'égoïsme n'a pas vaincu »? Et qu'y a-t-il de pl
désagréable à entendre pour tous ceux qui ba
botent dans leur égoïsme?

Et puis les rêveurs — ceux qui rêvent et ne
contentent pas de ronfler — les rêveurs sont gén
ralement des artistes ou des philosophes. D
artistes? Ces gens-là se promènent sur la v
comme des libellules au-dessus d'un étang. On
les voit se poser que pour se balancer sur la ti
d'un jonc en se mirant dans l'eau. Est-il un exen
ple plus immoral qu celui de ces flâneurs passa
toute leur existence à des choses *qui ne servent*
rien ? Quant aux philosophes, ce sont des song
creux occupés à moudre des pointes d'épingles
à s'évertuer contre des fantômes. Ces gâcheu
d'idées n'habitent que les nuages, et, s'ils vienne
sur la terre, c'est toujours pour troubler la fêt
N'ont-ils pas l'habitude fâcheuse de donner de

lancette dans toutes les baudruches et d'ouvrir le ventre des poupées de son? Et ne dirait-on pas qu'ils ont pris à tâche d'empêcher de tourner le manège de chevaux de bois? Ils vont même jusqu'au comble de l'impertinence : ils veulent faire entendre à ceux qui ne rêvent pas qu'ils vivent justement dans un rêve idiot.

Aussi les médiocres ont-ils en horreur l' « intellectualisme » (un mot qu'ils emploient à faux). Ils lui opposent l' « action » (un mot qu'ils ne comprennent pas). Et comme ils bourdonnent autour de ce vocable, ils se croient dans le mouvement des idées nouvelles, sans se douter qu'ils en sont les pires adversaires. Les médiocres ont d'ailleurs découvert ceci qu'ils mettent à profit chaque jour : à savoir que lorsqu'on est nul il reste une suprême ressource, qui est de faire de la nullité une philosophie. Avec un peu de naïveté, il n'y a rien de si facile que de se prendre soi-même comme type de ce qui est bien et de juger du point de vue morbide les manières de vivre qu'on ne pratique pas, les façons de sentir qu'on ne sent pas et les modes de comprendre qu'on ne comprend pas. On voit donc pulluler les propos les plus subversifs et les sophismes les plus étranges pour ruiner le prestige de la distinction. Rêveur! il n'y a pas de vocable plus injurieux dans la bouche des sots bafouant tout ce qui les dépasse et plane au-dessus d'eux.

Les constatations qu'on vient de faire n'excluen pas un fond de vérité dans les préventions de l masse. Mais ce fond de vérité, il faut, pour l mettre en relief, opposer à la *rêvasserie stérile* le *formes fécondes du rêve.*

Il n'est pas douteux que certaine *rêvasserie* soi le refuge habituel de purs dilettantes, assez négligeables au point de vue social, et d'ailleurs asse pauvres de « vitalité » — au sens habituel où l'on comprend ce mot. L'état qu'ils cultivent est elu que nous connaissons tous, dès que l'esprit s détend. Quand notre attention s'éclipse, en effet nos représentations surgissent au hasard, incoordonnées et illimitées; elles inondent le champ d la conscience par un mécanisme tout spontané sans que la volonté intervienne en rien pour le provoquer ou les inhiber, si bien que, malgré nous il sort de ce dévergondage nombre d'idées d'images et de souvenirs que nous n'avions pa demandés. On dirait alors que le moi directeu abdique entièrement et qu'il lâche les rênes à no facultés. Nous vivons comme vivrait une chose tout ce qui se passe en nous est vraiment fatal e paraît marcher au gré d'une force arbitraire. Nous ne commandons plus, nous nous contentons d subir.

Cet état spécial de passivité n'est en somm qu'un signe de relâchement. Ce n'est pas à dir qu'il soit privé de charme, et les dilettantes l savent parfaitement. C'est pourquoi je ne songe pas à faire leur procès tel qu'on le fait trop souvent en arguant de leur paresse ou de leur impuissance. Comme ceux-là peuvent s'appeler Jean-Jacques, Amiel ou bien Senancour, il y a quelque impertinence à les condamner sur de pareilles bases. Leur penchant est, sans aucun doute, bien moins négatif qu'on ne se l'imagine : il est positif, encore que mal accessible aux esprits de lourdeur; il est même un pur raffinement. Car c'est une passion de gourmet que cette recherche de l'*âme diaphane*, de l'âme s'immobilisant dans une douce torpeur, hors de toute conscience appliquée aux choses positives, de l'âme éprouvant avec volupté l'émulsion de ses forces actives et se plaisant à la diffusion d'elle-même dans le cosmos.

Les amateurs qui cultivent ces impressions-là sont en vérité les monomanes d'un opium tout particulier : de cet opium naturel dans lequel s'extasient les Soufis de la Perse et les Yoghis de l'Inde. Et il faut entendre ces monomanes vanter cet opium de la rêvasserie grâce à quoi l'esprit apparaît à ses propres regards non seulement « dévêtu » mais « désubstancié », cet opium de la rêvasserie par lequel tout devient « fumée, ombre, illusion, vapeur », cet opium de la rêvasserie par lequel on sait à la fois « les joies de l'être et celle du non-être ».

Amiel, qui s'y connaissait, en parle longuement. Tant qu'on est plongé au milieu des hommes nous dit-il, on reste emprisonné dans certaines conditions de la durée et de l'espace, car on est « un individu qui a ses alentours, des amis, des ennemis, une profession, une patrie, qui doit se nourrir, se loger, régler ses comptes, veiller à ses affaires ». Mais on se dédommage aux heures où la pensée s'abandonne et flotte. Alors on peut « exister sous une forme pure », et c'est « la félicité des anachorètes qui ne luttent plus, qui ne veulent plus, qui adorent et jouissent simplement ». Il n'est en vérité aucun mot qui puisse rendre cette situation, car « nos langues ne connaissant que les vibrations particulières et localisées de la vie, sont impropres à exprimer cette concentration immobile, cette quiétude divine, cet état qui est le retour à l'unité, la rentrée dans le plérome, la vision de Plotin et de Proclus, l'aspect désirable du Nirvâna »[1].

Tout cela est fort bien, et, à titre de repos ou de curiosité, il n'est point si mauvais de devenir ainsi, pour quelques instants, le maître virtuel du Monde. Mais une telle ivresse n'est pas sans danger quand on s'abandonne à elle d'une façon constante. Elle finit toujours en bulles de savon. Le rêveur en revient « Gros-Jean comme devant », et pendant qu'il était absent dans l'évanouissement de l'extase, il est arrivé cinq fois sur six que des gens

1. Henri-Frédéric Amiel. *Journal intime* (Georg et Fischbacher).

à l'esprit plus lourd mais aux poings solides se sont emparés à son détriment d'une réalité qu'il pourra regretter.

A cette rêvasserie s'oppose le *rêve producteur*. Il offre, lui, les caractères les plus sûrs de l'activité la plus effective : il tend vers un but et concentre un groupe de moyens pour atteindre ce but. L'esprit qui le dirige est maintenu en état de tonus par cette faculté qu'on nomme l'attention. Loin de livrer au hasard le chaos de ses représentations, il compose à ces dernières un programme, en vue de les utiliser pour la connaissance du monde extérieur ou la création d'une œuvre.

Cette concentration active apparaît nettement chez le savant et chez le philosophe, dans toutes les opérations qui ressortissent à la *réflexion critique*, et d'une façon générale dans les occasions où la vie mentale utilise le mode de penser que nous appellerons tout à l'heure la *pensée idéative*. Elle est moins évidente mais aussi réelle chez l'artiste ou bien chez le poète, dans les opérations de la *rêverie esthétique* en un mot, et d'une façon générale dans les occasions où la vie mentale utilise le mode de penser que nous appellerons tout à l'heure la *pensée imaginative*

Dans ce dernier cas, et pour des raisons que nous aurons à envisager plus tard, le cerveau prend en vérité l'attitude « relâchée » que nous venons d'étudier ; mais il la prend par un acte de volonté expresse, et il ne la prend d'ailleurs que pa une moitié de lui-même, l'autre moitié restant atten tive à surveiller le cours des opérations. Sa manière ici, c'est de rendre les rênes sans perdre la direc tion, c'est de vagabonder en faisant du vagabon dage une exploitation réglée, c'est de donner car rière à l'automatisme en sachant extraire de l'auto matisme toutes ses richesses. Aussi bien la rêveri de l'artiste exige-t-elle la concentration et la cohé sion que nous ne découvrons pas dans la rêvasserie

Sans doute une activité de ce genre peut passe auprès de certaines gens pour de l'oisiveté. Beau coup d'hommes qui se croient les « actifs » y découvrent une sorte de flânerie. Seulement il se trouve que certains flâneurs flânent de telle façon qu'une minute de leur existence contient plu d'effort valeureux que la vie tout entière de maint « hommes d'affaires ». Le rêve qu'ils cultivent n s'enfante que dans un suprême labeur. Chaqu trouvaille nouvelle dont ils le grossissent représent une bataille gagnée ; chaque pensée dont ils l nourrissent est une formidable action. Et à cett école silencieuse de la grande vaillance, les plu vaillants pourraient bien être précisément les plu immobiles, les plus calmes et les plus retirés — car le tour le plus audacieux qui puisse être offer aux yeux de l'univers, n'est-ce point celui du poèt qui sculpte de la vie dans les flancs de la mort, qu refait de la puissance avec la misère humaine, qu compose de la joie avec la souffrance, et transmue jusqu'à sa douleur en cause d'énergie?

Le contraire de l'action n'est donc pas dans le rêve, ni surtout dans toute sorte de rêve : il est simplement dans la non-action. Le contraire de l'action, c'est le temps sottement gaspillé c'est cette attitude morcelée de beaucoup d'hommes distraits à la tâche, incapables d'efforts soutenus, et inaptes à poursuivre une fin, ou bien encore c'est cette attitude déviée d'autres hommes qui travaillent sans doute, mais toujours en dehors de ce dont il s'agit, qui s'appliquent sans doute, mais toujours *à côté*, et en somme *à vide*.

***

L'homme de rêve — j'entends désigner maintenant le rêve producteur, non la rêvasserie — l'homme de rêve découvre dans le Monde un *objet d'étude*, ou bien un *spectacle* tout simplement.

Ce sont-là deux points de vue distincts dont l'un est d'ordre *critique* et l'autre d'ordre *esthétique*. Mais tous deux répondent à un même instinct qui est celui de la curiosité. Comprendre et admirer sont deux façons de satisfaire au besoin foncièrement humain de connaître.

Qu'il donne son application aux catégories méditatives ou contemplatives de la connaissance, l'homme que j'ai en vue se tient en dehors et au-dessus de la vie agissante. Il ne s'attache pas aux choses pou leur possession : il s'y attache pour jouir de leur formes ou pour deviner leur sens. Et vous voye immédiatement quelle transposition des valeur devra résulter d'une telle attitude. A la valeu *positive* des phénomènes, à leur valeur en tant qu sources d' « applications », celui qui regarde la vi du point de vue critique ou bien de l'esthétiqu devra substituer leur valeur *significative* ou *repré sentative*, leur valeur en tant que source d' « abs traits » soit intellectuels soit émotionnels. Le ma en particulier, toute considération pratique étan mise à part, devra lui apparaître comme un thèm ouvert aux recherches spéculatives dans un cas, e dans l'autre cas comme un objet d'art. Il en vien dra donc à s'intéresser à ce mal ou à le contem pler, en faisant taire les antipathies ou les sympa thies que des préoccupations d'ordre positif pour raient lui dicter. En un mot, vivant dans la vi comme on vit au laboratoire ou dans un théâtr il verra les choses d'un regard désintéressé, dan l'anonyme et l'impersonnel, *sub specie æternitatis*

Cette disposition rendra l'homme de rêve tout fait incompréhensible aux jouisseurs, aux accapa reurs, aux dominateurs qui remuent de la matière Des notions que je viens d'exposer, il résulte e effet que la tendance dominante d'un pareil suj devient très exactement le culte de l'*inutile*. Mais i faudrait bien définir d'abord ce qu'est l' « inutile »

Il pourrait résulter de cette définition que l' « inutile », à ses heures, devînt le comble de l' « utilité ».

On dit couramment qu'une chose est « utile » quand elle satisfait des besoins *matériels*. Toutes les choses sont « utiles » qui servent à nous abriter, nous vêtir, nous alimenter. Mais les besoins matériels ne sont pas nos uniques besoins. A côté de l'existence physique, au-dessus d'elle, pour mieux dire, notre vie *morale* et *intellectuelle* a ses exigences. Et si même nous sommes un peu différents du reste des animaux, il me paraît bien que nous devons cette petite distinction à la présence de ce deuxième ordre de besoins, et mieux encore à sa préséance. En partant déjà de ce principe, on devrait élargir l'utile jusqu'à l'inutile, et l'on aurait à convenir qu'entre le culte de l'utile et le culte de l'inutile, il y a simplement la distance d'une utilité animale et inférieure à une autre qui est proprement humaine et d'un niveau sans doute plus élevé. On devrait enfin étendre l'utile à tout ce qui donne du bonheur, et l'on constaterait alors combien fréquemment l'on se trompe sur ce qui est utile et ce qui ne l'est point. Car ne voit-on pas appliquer chaque jour le terme d' « utilité » à de faux biens matériels qui n'ont d'autre application que la vanité ou l'envie, tandis qu'on le refuse aux biens spirituels les plus authentiques, à ceux justement qui ont cette rare vertu de savoir nous soustraire à la servitude misérable et de l'envie et de la vanité ?

Mais dans une société « pratique », et à un époque où l'on s'occupe d'intérêts plus volontie que de vérités intellectuelles ou de beautés mora les, il est une manière bien plus efficace de ram ner aux grands « inutiles » toutes les sympathie Elle consiste à faire ressortir qu'indirectement, par un enchaînement de circonstances trop souven méconnues, ces « inutiles » sont en somme le vrais artisans de tout ce qui se fait en fin de comp au nom de l' « utilité » la plus positive. Il y a tou jours, en effet, un utilitarisme dissimulé derrièr leur idéalisme apparent, de telle sorte que leu rêve d'aujourd'hui contient à l'état latent et comm en puissance les actions de demain. Cette notic banale éclate dans tous les domaines. On l'oubl pourtant si souvent qu'il n'est pas mauvais de rappeler.

Dans la vie *économique*, par exemple, on vo tous les jours le public s'engouer pour certai produits de l'industrie moderne et manifester u admiration bruyante pour ceux qui exploitent ce produits. Ce sont sans doute ces « utiliseurs » qu objectivent et qui réalisent effectivement l'em blème du progrès sous les yeux de la masse, a lieu que l'inventeur, le vrai promoteur, se tient l plus souvent dans l'ombre. Entre l'instant o jaillit l'étincelle au fond d'un cerveau et le momen où l'exhibition se produit, entre le point initial e le point terminal, un travail superbe s'est accomp pourtant d'étape en étape dont on ne se doute pas. Au point terminal on fête l'homme d'action qui est un automate : il n'existe pas d'ovation trop grande pour celui qui fait les mouvements. Mais au point initial il y avait un rêveur qui était tout simplement un homme de génie... dont on ne sait pas le nom. Il a été dit qu'un Ampère pouvait jouer dans la guerre moderne un rôle plus actif qu'aucun chef d'armée; il a été souligné que Pasteur, à lui seul, avait su donner aux travaux de la terre un plus grand essor que cinquante ministres de l'Agriculture placés bout à bout. Rien n'est plus évident. C'est qu'en ne songeant pas à l' « utile » dans son acception étroite et sous sa forme immédiate, ces rêveurs l'ont servi dans son acception la plus large et sous sa forme la plus durable. En passant au-dessus des réalités actuelles, ils ont posé des jalons qui assuraient la prise des réalités futures, et, à ce titre élevé, ils méritent notre admiration.

Dans la vie *politique* pareillement, on sait avec quelle ardeur le public s'attache aux mouvements sociaux, avec quel intérêt il suit même les opérations bruyantes et les discussions tapageuses des parlementaires. Ce sont, en effet, ces opérations et ces discussions souvent misérables, qui représentent pour la masse le sens de l'évolution. Mais on ne se doute pas assez que cette évolution tout entière est l'œuvre de ceux qui pensent, et que les politiciens qui s'agitent autour d'une petite intrigue sont, de loin ou de près, les facteu inconscients d'une idée lancée par quelque cerve de rêveur. Et l'on ne se doute pas surtout que marche d'une grande idée est semblable au majestueux d'un fleuve s'écoulant fatal comme temps qui passe, au lieu que la dispute qui a mettre aux prises les politiciens du jour n'est to simplement qu'un petit tourbillon qui s'est fait long du courant, autour d'un caillou, d'une alg ou d'un fétu de paille. L'histoire anecdotique pe bien s'emplir de noms de conquérants et de pol ticiens, mais les grands héros de l'histoire vérit ble ne sont pas ceux-là : pour peu que l'on ju d'assez haut, il est bien flagrant que leur passa ne modifie guère la marche de l'humanité. L vrais entraîneurs du mouvement sont, en somm les méditatifs qui dénouent à mesure l'écheve des aspirations et des destinées humaines. A ch que instant de la durée, leur parole est grosse d actions qu'accomplissent les hommes prétend « actifs ». Ce sont ces derniers qui exécutent pièce ; mais ce sont les autres qui la composer Ici, comme précédemment, la méprise commu consiste à ne savoir découvrir de l'activité « util que dans les actions qui se voient. Mais l'acti qui se voit, c'est l'action qui est au bout de chaine, et l'action qui est au bout de la chai n'a jamais été que l'affleurement de l'Action.

Et dans la vie en général, dans la vie *tout cou*

où l'on admire si souvent l'énergie des brutes, sait-on seulement que, parmi les leviers humains, le plus formidable est manié par ceux qui, suivant l'expression de Vigny, font d'une feuille de papier, d'une toile, d'un marbre ou d'un son, quelque chose qui ne doit pas périr? Plus encore peut-être que les savants et les philosophes, les artistes et les poètes, en effet, collaborent à l'évolution, et, pourrait-on dire, composent la réalité. Il n'est point nécessaire pour cela que l'art et la poésie deviennent des prétextes à « thèse » et que l'artiste ou le poète se fasse le porte-parole d'une Morale ou d'une Religion. Ce rôle d'à-côté peut venir par surcroît, mais on ne doit y voir, en vérité, qu'une attribution parasite et qu'on peut fort bien négliger. L'art et la poésie possèdent en eux-mêmes leur leçon et leur enseignement. Leur leçon est celle de la vie elle-même se manifestant sous tous ses aspects. Et leur enseignement consiste à *hausser* les hommes, en leur désignant une vie plus grande et plus belle, en leur apprenant à la comprendre, à l'aimer, et, par suite, à vouloir la vivre.

Ainsi faut-il reconnaître que l'humanité se *réalise* vraiment par tous les savants et tous les penseurs qui s'attachent à lui proposer des questions nouvelles et à lui fournir de nouvelles méthodes, par tous les artistes et tous les poètes qui lui font entrevoir des fins plus élevées. La vitalité profonde d'une nation a sa mesure occulte dans l'énergie et la qualité des *esprits théoriques* dont elle est pourvue, et la raison nous en est fournie dans cett proposition bien simple de Mæterlink : « C'es grâce à quelques hommes qui paraissent inutile qu'il y aura toujours un certain nombre d'homme incontestablement utiles. » Ceci veut dire qu'i revient à ceux qui se dispensent d'agir de conduir à travers le monde le bras de ceux qui agissent Seulement, — et Schopenhauer nous le fait observer, — toute la différence entre les œuvres qu sont issues du culte de l'inutile et les action qu'engendre chaque jour le culte de l'utile, c'es que les œuvres demeurent et les actions passent Des actions, il ne reste guère que le souvenir, à l condition que l'histoire veuille bien le recueilli pour le présenter aux générations futures, figé e comme pétrifié. L'œuvre se continue en revanch et répand à travers les âges une moisson toujour renouvelable d'actes féconds.

***

Si la tendance dominante de nos hommes d rêve est dans le culte de l'inutile, — entende maintenant : le culte de l'utilité largement comprise —, il faut admettre que cette tendance pour substratum certaines aptitudes mentales Mais ces aptitudes, sans doute, ne sont pas le mêmes suivant que le rêveur aborde plus volontiers le monde extérieur du point de vue *critiqu* ou bien de l'*esthétique*. *L'esprit spéculatif* répond à l'un de ces points de vue èt l'*esprit artiste* répond à l'autre. Ce sont là deux types de mentalités qu'il faut dissocier.

*
* *

L'*esprit spéculatif* est essentiellement caractérisé par une manière spéciale de concevoir les choses, en vertu de laquelle chaque expérience particulière, chaque événement retenu, chaque fait observé représente pour l'individu comme un document à interpréter, comme une matière à décomposer en ses éléments occultes. A cet esprit, le Monde apparaît comme un cabinet de travail, et plus précisément comme une vaste salle où des sujets de dissection sans nombre attendent le scalpel.

Cette mentalité résume assez couramment un groupe d'attributs qui forment avec ceux de l'esprit positif un contraste des plus frappants.

Un des traits les plus essentiels de l'esprit spéculatif, c'est la *vision en profondeur*,— et j'entends ainsi l'habitude d'envisager le Monde dans ses manifestations *latentes*. Ceci implique, en présence de chaque phénomène, un certain détachement des rapports superficiels et des contingences immédiates, une indifférence habituelle des vérités de premier plan, et, par contre, une recherche attentive des rapports profonds, un souci ordinaire

6.

des ressorts et du mécanisme, des origines et de fins. Un pareil esprit est toujours curieux de c qu'il y a derrière la surface des choses : il s'efforc d'en dégager le contenu et d'en fixer le sens. Tou lui devient transparent, et, derrière la surfac malgré lui, il aperçoit le fond. Des vérités essen tielles aux pures apparences, il y a un écart dor lui seul connaît la portée; entre la nature des réa lités existantes et les conventions sous lesquelle ces réalités sont dissimulées sans cesse, il y a un opposition que lui seul entrevoit. Discerner l monde véritable sous les enchevêtrements qui l dérobent aux regards, c'est sa grande affaire.

Cette capacité toute particulière d'émancipatio de l'erreur se ramène, en somme, à la faculté d *voir clair dans les différences*; ce pouvoir de luci dité critique, au milieu de la griserie commune revient en fin de compte au don d'*analyse*. Le do d'analyse veut dire : la prérogative très exclusi vement humaine de dépasser le fait en vue d l'expliquer, ou, ce qui revient au même, de résou dre en parties toujours plus menues la réalité tou jours divisible.

De cet attribut un autre dérive tout naturelle ment qui est le sens de l'*abstrait*. Le morcellemen de la réalité en ses parties constituantes ne peu aboutir, en effet, qu'à l'isolement de qualité diverses qui devront être envisagées séparémen comme autant d'entités abstraites, lesquelles, réunies et groupées de mille façons, permettraient d'ailleurs de reconstituer, intellectuellement du moins, la réalité concrète. Pour un esprit spéculatif, les objets ou les événements sont une matière brute qu'il s'agit de réduire en idées; la réalité concrète se présente comme une pure donnée dont la spiritualité est à dégager.

Au demeurant, il serait erroné de conclure qu'un pareil esprit, en abandonnant le concret, s'éloigne du réel. Il ne fait au contraire que l'embrasser mieux. C'est que l'abstrait n'est pas un caprice à côté de la réalité, en marge du monde; il est ce monde condensé, cette réalité même concentrée et quintessenciée.

Un autre trait non moins important de l'esprit spéculatif, c'est ce qu'on peut appeler la *vision en masse*, — entendez ainsi : l'habitude d'envisager le Monde sous ses aspects *généraux*. Au lieu que d'autres esprits, plus myopes, ne voient jamais qu'un objet dans un même instant, et ne s'appliquent jamais à découvrir plus d'un côté de cet objet à la fois, l'esprit qui nous intéresse, regardant de plus loin et de plus haut, est enclin à considérer les choses dans leurs rapports fondamentaux, et à prendre d'elles un aspect d'ensemble. Ce trait est naturellement appelé par le précédent. Généraliser, c'est toujours abstraire en quelque façon, puisqu'on ne peut généraliser san avoir réduit en un nombre progressivement res treint de qualités abstraites la multitude épars des phénomènes concrets; et abstraire, c'es en somme généraliser déjà, car il n'est pas d mot abstrait qui ne marque un côté commu de plusieurs êtres ou de plusieurs objets et qu ne se présente, par suite, comme un point d ralliement où viennent converger sous un sign unique tous ces êtres ou tous ces objets. Il rest que, pour un esprit spéculatif, toujours attent à des rapprochements possibles, la grande préoc cupation, c'est d'étendre une notion abstraite tout un groupe d'êtres, à toute une catégori d'objets, et, par corollaire, de transmuer e « lois » les faits qui ne sont au total que de accidents.

Ce pouvoir de groupement se ramène en fin d compte à la faculté de *voir clair parmi les ressem blances;* cette aptitude très spéciale à mettre d l'unité dans la variété n'est rien autre, en défin tive, que le don de *synthèse*. Le don de synthès veut dire, en effet : la prérogative très exclusiveme humaine de rapprocher les données concrètes e les classant, grâce aux abstractions, ou, ce qu revient au même, de réduire à quelques princip de plus en plus généraux et de plus en plu essentiels la réalité toujours simplifiable et toujou susceptible d'être unifiée.

Un dernier caractère peut enfin se déduire du trait précédent : le sentiment de *l'être* et de *l'absolu*. La réalité abstraite étant, par définition, une réalité que ne limitent ni le temps ni l'espace, les opérations d'un esprit spéculatif doivent théoriquement se prolonger jusqu'à l'infini dans l'étendue comme dans la durée. Aussi bien l'esprit spéculatif ne se dirige pas, d'ordinaire, d'après les facteurs qui se trouvent circonscrits dans le proche et l'actuel et qui s'offrent d'emblée et directement, ou du moins il cherche toujours au delà de ces facteurs. Dans une suite de propositions, l'esprit spéculatif ne peut se contenter d'asseoir une donnée sur les précédentes : par delà et en deçà, il voit les autres anneaux de la chaîne. Appliquant une formule, il remonte à son origine, et par suite il remet en cause les bases qui la justifient; il relie l'usage extemporané qu'il fait de cette formule à l'ensemble de ses connaissances, et s'efforce de rattacher la synthèse qu'il poursuit à d'autres synthèses plus vastes.

De tout cela ressort une conscience très nette, parfois même angoissante de ce qu'on peut appeler l' « interdépendance » des choses. Et vous voyez se dégager déjà cette conviction intuitive, à savoir que rien ici-bas ne vit dans l'isolement et que tout mène à tout — mieux encore : que rien ne saurait exister à part et que tout est dans tout. Cette même intuition qui fait entrevoir, sous la diversité des existences, l'identité mystérieuse de l'essence, nous la retrouverons au suprême degré dans l'esprit artiste, quoique sous une forme plus spontanée et plus inconsciente. Soulignons-là au passage, et sans plus attendre : elle est le « signe de race » des deux espèces d'hommes que je rapproche avec intention dans le présent chapitre.

Les aptitudes que nous avons prêtées à l'esprit spéculatif se traduisent naturellement par une forme d'activité mentale qui est propre à ce genre d'esprit et qui s'oppose à celle de l'esprit positif par ses qualités surtout théoriques. Cette forme d'activité répond à la mise en œuvre d'une pensée que nous appellerons, si vous le voulez bien, la *pensée idéative,* pour marquer son trait essentiel qui est d'utiliser surtout des *idées.* Elle trouve son application très pure dans cette attitude mentale qu'on nomme la *méditation.*

La *pensée pratique* dont nous avons indiqué l'usage tout à l'heure en démontant les rouages du « bon sens » et du « sens commun », la pensée pratique n'utilisait pas l'idée. Elle utilisait des données toutes faites : données empiriques issues de l'expérience toujours incomplète, ou données rationnelles issues de vérités couramment admises et traitées d'emblée comme faits d'expérience. Aussi ses fondements étaient arbitraires, mais son procédé commode et ses agissements rapides.

La *pensée idéative* au contraire utilise l'idée — et j'entends ainsi qu'elle met constamment en œuvre des éléments de plus en plus irréductibles et de plus en plus abstraits, qui sont obtenus par le mécanisme de l'analyse et de la synthèse et qui servent à leur tour à d'autres analyses et à d'autres synthèses. Il résulte de là que ses fondements sont plus authentiques parce que plus profonds, de telle sorte que passer de la pensée pratique à la pensée idéative, c'est en appeler de la raison incomplètement et superficiellement informée à la raison informée d'une façon moins superficielle et moins incomplète.

Mais en revanche la pensée qui nous intéresse n'est guère applicable aux usages courants. N'utilisant pas les données toutes faites, se proposant même comme but de les mettre en miettes quand elles se présentent, elle n'est pas recommandable à des gens pressés. D'autre part, n'étant pas agréée par le sens commun, c'est-à-dire le sens de tout le monde, et mettant au besoin toute sa gloire à le contrecarrer, il est bien certain qu'elle n'est pas non plus d'une circulation facile.

Résumons d'un mot. La *pensée pratique*, servant à l'*action*, était spéculativement une pensée médiocre : il importait peu que son métal ne fût pas très pur ; il fallait surtout que ce métal fût manié très vite et qu'il fût marqué de l'estampille convenue pour passer partout. La *pensée idéativ* réservée au temple de la *connaissance*, n'a qu faire de ces deux vertus de popularité et de rap dité; mais par contre elle doit posséder certain qualités qui lui donneront le droit d'extraire de ténèbres la vérité — non la vérité *qui sert*, ma la vérité tout court : entendez ainsi une vérité q ne sera toujours que relative, mais qui sera d moins, à titre relatif, une vérité *vraie*.

***

L'*esprit artiste* réside foncièrement dans un manière particulière de saisir les choses, en vert de laquelle tous les êtres, tous les objets, tous le faits, tous les événements n'ont d'autre justif cation que de constituer un spectacle. A cet espr le monde apparait comme une salle de théâtre o tout est dressé pour réjouir la vue — je dis : tou c'est-à-dire jusqu'au mal lui-même.

Cette mentalité suppose un groupe d'attribu qui forment avec ceux de l'esprit positif un con traste évident, mais qui ne sont pas superposabl pour cela aux attributs de la mentalité spécu lative, dont ils diffèrent au contraire par beaucou de côtés.

La *vision spectaculaire*, c'est-à-dire l'habitud d'envisager le Monde par ses qualités *représen tatives*, tel est le trait le plus saillant d'un espr artiste. Les réalités extérieures apparaissent à l'artiste comme autant de *thèmes*, comme autant de *sujets*. Il y voit toujours et avant tout des éléments capables d'entrer dans une œuvre future, qu'il réalisera ou qu'il ne réalisera pas, mais qui pourrait être réalisée. Une disposition particulière et une éducation spéciale de ses sens lui font apercevoir ces réalités invariablement et comme fatalement du point de vue *fictif*, et, si vous le voulez, au travers de l'*art*. Le peintre observe un paysage, malgré lui, avec l'œil d'un homme qui regarde un tableau, et le romancier est enclin, malgré lui, à lire dans la vie comme dans un roman. Pour l'un et pour l'autre, nature morte et nature vivante se résolvent en une succession de modèles qui se présentent et qui prennent la pose. Il n'est pas, à cet égard, de révélations plus fameuses que celles des Goncourt, et c'est merveille que d'entendre ces types du genre exprimer sans cesse leurs regrets cuisants de ne pouvoir saisir au passage tant de « motifs » délicieux qui défilent trop vite à leur gré.

La vision spectaculaire ne s'applique pas seulement, pour l'artiste, au monde extérieur; elle s'applique au monde intérieur. Ainsi que je l'ai démontré longuement dans une autre étude[1], on doit reconnaître que, chez tous les hommes,

1. *Le Dilettantisme sentimental* (*Revue philosophique*, 1910).

la passion comporte, en plus de sa vale « réelle » qui est d'ordre affectif, une vale « représentative » d'ordre intellectuel, qui pe être exploitée pour son propre compte comn source de passion. Et si cette remarque e applicable en de certaines proportions à chac de nous, c'est qu'en chacun de nous un poè sommeille. Seulement, chez le commun d hommes, le poète est en vérité peu de chose. en résulte qu'en toute passion c'est l'éléme *affectif* et non le *représentatif* qui domine : la sou france est *subie;* elle n'est point *pensée*, ou elle l'est guère. C'est justement le contraire que no observons chez l'homme qui nous intéresse. Da l'esprit artiste et tout spécialement dans cel modalité particulière qu'est l'esprit poète, l'é ment purement *affectif* de chaque émotion s'effa pour faire place au *représentatif*, de telle sor que les sentiments sont vus *du dehors*. L'esprit q les éprouve les *contemple* autant et plus enco peut-être qu'il ne les subit. Aimer, pour lui, c'e aimer sans doute; mais c'est aussi et davanta encore *se regarder aimer*, s'observer comme pr texte et comme occasion de l'amour. Souffrir, po lui, c'est souffrir certainement; mais c'est aussi davantage encore *s'éprouver souffrir*, prendre s soi-même une vue de la souffrance.

Ainsi peut-on dire que la vision spectaculai trouve à s'appliquer au monde intérieur des pu sentiments tout comme elle s'applique aux mille perceptions qui nous viennent du monde extérieur. Il y a, pour l'esprit artiste, une curiosité voluptueuse des choses de l'ambiance, et nous savons combien l'art du peintre et du romancier sait tirer profit de cette curiosité; mais il y a, pour l'esprit artiste également, une curiosité voluptueuse de ses états d'âme, et c'est en prenant le vertige constamment et comme à plaisir devant leurs abimes que les plus glorieux poètes nous ont dotés de maints chefs-d'œuvre.

De la disposition qu'on vient d'étudier il résulte que, si l'esprit artiste doit ressentir plus profondément que le commun des hommes les vicissitudes et les imperfections de la vie quotidienne, il devra aussi regarder ces vicissitudes et ces imperfections sous un angle qui n'est point celui des autres humains. Aussi bien l'esprit en question est-il doué sans doute pour souffrir, mais il est doué, en revanche, pour traiter sa souffrance par des procédés capables de la dominer, peut-être même par des procédés capables — qui sait? — de la changer en joie.

Et d'abord l'attitude *contemplative* confère à celui qui la recherche le pouvoir très spécial de s'arc-bouter contre la douleur en s'intéressant à sa simple représentation; elle lui communique le don très particulier de tenir en échec la misère de vivre en s'intéressant aux spectacles qu'offre la vie et non pas à la vie elle-même. Avec elle, en effet, la *chose* tend à s'éclipser, et c'est sur l'*image* que se concentre tout l'intérêt. La souffrance du poète qui nous fait sa plainte, par exemple, c'est bien sa souffrance à lui, mais c'est sa souffrance regardée du point de vue surtout objectif, sa souffrance placée dans l'abstrait et l'impersonnel. Or, prendre d'un sentiment une connaissance objective, c'est toujours à quelque degré le détacher de soi ou se détacher de lui.

Mais ceci ne représente encore que le côté négatif du *mécanisme compensateur* dont je marque les bases. Et voici maintenant le côté positif.

Un esprit artiste n'a pas simplement le pouvoir de se distraire du mal en l'objectivant. Les douleurs que lui fait éprouver sa sensibilité *naturelle*, cette sensibilité qui est affectée péniblement par ce qui est mauvais, il peut les transmuer en joies, du fait de sa sensibilité *intellectuelle*, de cette sensibilité qui est agréablement impressionnée par tout ce qui est spectacle. « Se mettre en face de sa peine, disais-je dans un autre ouvrage[1], c'est la connaître, et tout acte de connaissance étant dynamogénique s'accompagne d'éléments de plaisir. Mieux encore, comprendre sa douleur, au sens étymologique, c'est la posséder, et la posséder

1. *Les Mensonges de la vie intérieure* (Alcan).

c'est la dominer. Se poser en spectateur de sa misère, c'est s'élever au-dessus d'elle, c'est en être le maître et non plus l'esclave; savourer son chagrin, c'est l'oublier un instant pour lui substituer un spectre de chagrin dont la volonté souveraine peut faire son hochet ». Ne soyons donc pas étonnés si, comptant toutes les pulsations de son cœur, l'artiste entreprend de plein gré la dégustation de son mal, et s'il cherche même de la volupté dans le sang de ses blessures. Car la joie de regarder tarit la souffrance ou fait de cette souffrance du moins une souffrance nouvelle qui a pour caractère d'être « savoureuse ». Et la vérité de cette proposition éclatera surtout dans le cas où l'esprit artiste, étant producteur, saura fixer dans une symphonie ou dans un poème sa douleur transmuée en beauté. Fixer une passion dans une œuvre d'art, en effet, ce n'est pas transporter ses émotions simplement dans le domaine objectif, les projeter au dehors, les chasser de la vie affective; c'est les tenir à la merci de l'être intellectuel qui s'en joue très positivement.

Je répète que cette prérogative est fort inconnue de la majorité des hommes parce que, l'élément *représentatif* de leurs émotions ne comptant pour rien ou à peu près rien, ils subissent ces émotions simplement et intégralement « dans la pauvre

1. *Ibid.*

animalité passive de leur bête livrée qui ne fa qu'un avec sa souffrance et qui *ne se pense pas* » Au contraire, la marque très distinctive d'i esprit artiste, c'est d'opposer sans cesse au misères qui peuvent l'assaillir le remède augus et souverain dont il a le secret, et c'est de fai surgir, en toutes circonstances, « derrière sc âme qui souffre et se lamente, une autre âme q regarde et qui sait regarder »[1]. Avec cela on n'e pas empêché d'éprouver parfois que la vie n'e point bonne à vivre, mais on affirme toujou qu'elle est bonne à voir, et que ce n'est poi payer sa place trop cher ici-bas que de souffrir l réalités pour le droit de s'en repaître et de s'e divertir.

Voilà donc le corollaire habituel de cet attrib que nous avons appelé la *vision spectaculaire.* consiste dans la substitution des valeurs *rep sentatives* aux valeurs *naturelles*, des valeurs *esth tiques* aux valeurs *morales*. Et le résultat le pl remarquable que cette manière de transpositio procure à l'esprit, c'est de lui faire apprécier l misères du monde et goûter ses propres douleu non certes pour leur *bonté*, car le mal, en tant q mal, est toujours mauvais — mais pour leur *beaut* car on peut trouver de la beauté dans tout. Com ment : Dans tout? Même dans la laideur? — Pa

1. *Ibid.*

faitement : même dans la laideur, et je crois bien, soit dit en passant, qu'il y aurait une étude à faire, du point de vue artiste, sur l'*esthétique du laid*, car j'entends que la laideur jugée du point de vue artiste et suivant des valeurs représentatives n'est point superposable le moins du monde à la laideur telle que nous la jugeons du point de vue courant et suivant nos valeurs humaines. Aussi le mal, sous la forme de la laideur même, sous toutes ses formes d'ailleurs, peut devenir, au travers du prisme de l'esprit artiste, une source de beauté.

Si l'esprit artiste jouit des pouvoirs qu'on vient d'indiquer, c'est que sa transposition du *réel* en *représentatif* est un phénomène *actif*, un phénomène proprement vital qu'il faudrait se garder de croire assimilable à un phénomène *passif* de reproduction ou d'imitation. En effectuant cette transposition, l'esprit qui nous intéresse ne fait jamais de l'image une « copie » de la chose. Il concentre, il condense, il épure, — j'allais dire : il abstrait. Non, il n'abstrait pas, puisqu'il concrétise, mais il fait une opération qui est exactement un *équivalent concret de l'abstraction*. Pour l'esprit artiste, en effet, les objets et les événements sont une matière brute qu'il s'agit, non pas de réduire en *idées*, — ceci est l'affaire des spéculatifs —, mais de réduire en *symboles*, c'est-à-dire en des *abstractions vivantes*, — et je prononcerais volontiers : en des *abstractions concrètes*, malgré la forme paradoxale que présente cette alliance de mots, si l'on voulait bien observer simplement que les « abstraits » ne s'opposent pas aux « concrets » comme le jour s'oppose à la nuit, mais qu'ils se définissent avant tout par ceci qu'ils sont des « extraits de concrets ». Des « extraits de concrets », c'est bien justement ce que cherche en fin de compte notre esprit artiste, et c'était bien en fin de compte aussi ce que cherchait le spéculatif. Que ces « extraits » ne soient pas identiques dans les deux cas, et qu'ils soient même de natures nettement différentes, je ne puis en douter; mais leur rapprochement s'impose néanmoins, car nous tendons avec lui vers un point de synthèse fort intéressant.

Notez qu'entre l'opération symbolique de l'esprit artiste et l'opération abstraite du spéculatif, il y a ce trait d'union très fondamental, à savoir que l'une et l'autre aboutissent par des voies opposées à ce double but : *simplifier*, *généraliser*.

Je dis d'abord que l'esprit artiste, aussi bien que le spéculatif, *simplifie* ou *essentialise*. Il dégage, en effet, dans l'être concret, la ligne dominante, le trait le plus saillant, le caractère le plus intime, le plus profond et le plus stable; mais cela, il est vrai, par une intuition d'emblée, sans recourir à nulle analyse logique, à nulle synthèse rationnelle. Il creuse cette ligne dominante, enfle ce trait sail-

nt. marque ce caractère qui concentre tout l'inté-
t et représente l'*idée principale*. Retenez ce mot :
nous mène tout près de l'abstraction. Toute
sion esthétique, extériorisée ou non dans une
uvre d'art, implique une façon d'*abstraire*, si l'on
nge qu'elle remplace la complexité gênante des
nsations brutes par la simplicité schématique de
mpression essentielle et fondamentale. Et l'on
urrait dire, en termes plus concis, que toute
sion esthétique devient *idéale*, au sens littéral
mot, par cela même qu'elle extrait de la forme
dée.

J'ajoute que l'esprit artiste, aussi bien que le
éculatif, *impersonnalise* et *généralise*. En effet,
tte *idée principale* qu'il extrait de la forme n'est
s une propriété spéciale, exclusive, inhérente
l'objet qui en est accidentellement le prétexte et
mme le support; elle est applicable aussi à
autres objets, et, semblable par là au concept
ur qu'on voit s'appliquer à des unités nombreuses,
le est plus exactement l'expression d'un *type*.
etenez encore ce mot-là, car il complète absolu-
ent le rapprochement que je tenais à marquer,
pprochement qui fait de la « transsubstantiation »
mbolique un *équivalent concret de l'abstraction*,
qui m'autorise d'ailleurs à considérer cet équi-
lent concret, aussi bien que l'abstraction elle-
ême, comme une *quintessence de réalité*.

Ainsi peut-on dire très exactement des esprits

artistes ce que j'ai dit, il y a un instant, des s culatifs, et admettre que pour eux la réalité c crète se présente toujours comme une pure don dont la spiritualité est à dégager. Toute la di rence réside en ce que, dégagée par les uns, c dernière reste dissociée, démembrée, « dévit sée », pareille au cadavre bien autopsié dont t les organes demeurent étalés, et dont la recon tution ne peut être effectuée que virtuellement par un effort de l'intelligence, au lieu que, déga par les autres, elle se montre animée, mouvan « revitalisée », et directement perceptible aux se

Et je renouvelle, à propos des esprits artist une remarque déjà soulignée plus haut à pro des spéculatifs : je fais observer qu'il serait err de conclure que de pareils esprits s'éloignent réel pour ce fait qu'ils ne l'exploitent pas tel q se présente sous son aspect brut. En cela jus ment, ils ne font au contraire que l'embras mieux et surtout plus profondément. C'est qu ont leur manière de se mêler aux choses : manière inconnue de la plupart des hommes s'entrainent à l'exploitation de ces choses p les faire servir aux besoins matériels. Dépour de cette activité fébrile qui fait industrie du mon ceux qui nous occupent sont pourvus d'une â réceptive capable de communier avec son a biance, et cette ambiance même, dont les aut demeurent distants quoiqu'ils la pétrissent à plei mains chaque jour, cette ambiance, eux seuls la pénètrent qui ne font aucun geste pour l'effleurer.

Ceci nous conduit à un attribut nouveau, qu'on appelle parfois le *sens de l'ineffable*, et qui est à rapprocher de cette conscience intuitive de l'« interdépendance » des choses, telle que je l'ai décrite, il y a un instant, à propos des spéculatifs.

J'ai pu dire que, la réalité abstraite étant par définition une réalité sans limites dans l'espace et le temps, les opérations d'un esprit spéculatif devaient théoriquement se prolonger jusqu'à l'infini dans l'étendue comme dans la durée, et j'ai fait ressortir qu'au bout de ces opérations il y avait toujours pour un tel esprit cette conclusion impliquée, à savoir que rien ne saurait exister à part et que tout est dans tout. Or, la même conclusion s'impose à l'esprit artiste, avec cette différence qu'elle n'est point dégagée ici petit à petit, par une trituration logique, par un émiettement rationnel des réalités concrètes : elle est éprouvée *d'emblée* et *en bloc*. Chaque transposition du monde sur le plan esthétique se présente, en effet, pour l'esprit artiste, comme une traduction de l'harmonie universelle en phénomène limité, ou plus simplement comme une intégration de l'infini dans le fini; et c'est ce que veut exprimer Guyau, quand il dit de cette transposition qu' « elle relie l'individu au tout et chaque portion du temps à la durée entière ».

Cette notion nous explique d'ailleurs l'immer sympathie de l'artiste, son inépuisable besoin communion avec la nature entière, animée ou i nimée, enfin sa compréhension toute panthéisti du Monde, compréhension qui lui constitue, h des théories, à l'abri des systèmes, une mani inconsciente de philosophie.

Les aptitudes générales qu'on vient de met en relief répondent forcément, dans l'esprit artis à une forme habituelle de l'activité mentale qu ne saurait confondre avec celle du spéculatif. Ce forme d'activité répond à la mise en œuvre d'u pensée que nous pourrions appeler la *pensée i ginative*, pour marquer son trait essentiel qui d'utiliser surtout des *images*. Elle trouve son ap cation parfaite dans cette attitude mentale qu nomme la *rêverie*, — la *rêverie esthétique* s'e tend.

La *pensée idéative*, que nous avons étudiée il y un instant, ne construisait pas avec des imag c'est-à-dire des expressions sensibles directeme Elle construisait avec des idées, c'est-à-dire d concepts fixés à l'aide du langage. Ces conce revenant à autant de synthèses dont chacune le groupement abstrait de qualités empruntée des unités diverses, leur usage dispensait l'esp d'évoquer dans toutes ses opérations la représe tation intégrale des choses. Comme les signes algébriques, ces concepts avaient l'immense avantage d'abréger, en schématisant, le chemin qui devait aboutir à une solution cherchée. Mais en revanche, une pensée construite avec des schémas restait tout naturellement exsangue : elle pouvait aboutir sans doute à un morcellement de plus en plus minutieux de la vie posée comme objet d'étude — et c'est là ce que poursuit la science; mais elle était forcément inapte à nous rendre sensible la vie elle-même — et c'est à cela justement que l'art veut aboutir.

La pensée à laquelle je m'attache maintenant se développe au contraire au moyen d'images, ou, si vous le voulez, de représentations sensibles, que ces représentations soient traduites en lignes, en couleurs ou en sons, comme c'est le cas du peintre ou du musicien, ou qu'elles soient évoquées par le secours des mots, comme c'est le cas du poète ou du romancier. Une pareille pensée devient inutilisable, au moins d'une manière essentielle, dans tout genre de travail se proposant comme fin la connaissance scientifique du monde, c'est-à-dire l'organisation des réalités suivant une trame théorique, par un procédé d'analyse et de synthèse dont le résultat est de rendre ces réalités *intelligibles* à l'esprit humain. Par contre, ces réalités qu'une pensée idéative ne peut faire « comprendre » autrement qu'en les détruisant par le morcellement, la pensée imaginative est tout indiquée pour les rendre *sensibles* à l'intuition immédiate, sans altérer en aucune façon leur vie.

Ainsi la pensée *imaginative* peut-elle apparaître, aussi bien que la pensée *idéative*, comme un mode de la connaissance, mais à un titre tout différent. L'une de ces pensées, pour connaître le réel, devait le transposer sur un plan abstrait, en mettant en œuvre l'universelle raison : elle aboutissait ainsi à des rapports qui, suivant le langage bergsonien, doivent nous permettre de régler la direction de notre empire sur la *matière*, mais ne peuvent en aucune façon nous instruire sur l'*élan vital*, vu que ce dernier étant toute durée, toute mobilité, tout devenir, échappe forcément aux opérations de la science toujours « immobilisantes ». L'autre pensée, pour connaître le réel, cherche à le transposer sur un plan concret, en mettant en œuvre la sensibilité individuelle : elle aboutit de la sorte à des rapports qui, suivant le langage bergsonien, ne peuvent être d'aucun usage dans le gouvernement de la *matière*, mais nous laissent toucher, un instant du moins, par pure intuition. à la *substance même de la vie*.

Cette comparaison entre les deux modes de penser achève de marquer tout à la fois l'analogie et l'opposition des *esprits spéculatifs* et des *esprits artistes*, ces deux types de mentalités qu'il nous a fallu dissocier pour un temps mais que nous devrons unir de nouveau dans les considérations qui vont suivre.

*
* *

Nous connaissons maintenant les tendances et les aptitudes qu'on rencontre généralement chez les hommes de rêve, et nous sommes éclairés sur leurs habitudes mentales. Il nous reste à marquer leur place dans l'ambiance et à juger en particulier l'inadaptation au monde extérieur dont il est classique de leur faire grief.

En vérité, les hommes qui nous intéressent ne sont pas toujours très pourvus de ce qu'on appelle assez couramment le « sens pratique ». Mais ceci ne veut pas dire, comme on le croit souvent, qu'ils ignorent les réalités, ni même qu'ils les méconnaissent par une sorte de négligence distraite. Les vrais hommes de rêve pénètrent le réel plus profondément qu'aucun homme d'action. Seulement, il faut ajouter que cette érudition est leur pire ennemie, car le monde réel se donne bien plutôt à ceux qui l'effleurent, et ce n'est pas à le voir jusqu'en ses tréfonds qu'on se prépare à le manipuler. D'un autre côté, les vrais hommes de rêve sont doués, quant à l'attention, d'un pouvoir que peu d'hommes d'action connaissent. Mais précisément parce qu'elle se concentre, cette attention n'est pas accessible aux mille contingences qui ne manqueraient point de la capter si sa qualité était inférieure. Être très attentif à quelque grande chose, c'est le plus sûr moyen de se montrer distrait par rapport aux petites qui remplissent la vie. On ne peut pas se proposer de poursuivre la vérité en se laissant disperser dans toutes les combinaisons du menu savoir-faire : on ne peut pas se proposer de créer de la beauté en se laissant émouvoir par tous les hasards médiocres de la place ou de la rue. Quand on se voue à un idéal, il faut se détacher d'abord de l'ensorcellement banal qui prend la plupart des hommes : il est indispensable que certaines forces actives se tiennent assoupies pour que les facultés méditatives ou contemplatives s'exercent plus librement.

Mais si l'homme de rêve n'est point toujours, tant s'en faut, le mieux constitué pour vivre de la vie courante, il y a peut-être à cela une autre raison. Travailler à s'élever au-dessus de notre humanité moyenne, c'est forcément perdre son contact. Plus un homme se spiritualise, moins il est compris ; et moins il est compris, plus il risque d'être isolé. Or, de l'isolement — et j'entends de l'isolement moral ou intellectuel — il résulte toujours des inconvénients dont le moindre est qu'on ne peut guère évaluer les mobiles d'autrui d'après les siens propres sans être exposé à calculer faux. Si vous êtes le seul de votre grandeur, vous serez mal placé pour prévoir la petitesse et la mesquinerie des autres, et vous ne serez sans doute que moins qualifié pour être dans le groupe de ceux qui savent *se tirer d'affaire*. Un peu de vulgarité prépare beaucoup mieux à lire sans effort dans la masse des hommes et à se prémunir contre leurs embûches : condition excellente pour se ménager dans leur société quelques avantages.

Il reste que les meilleurs parmi ceux qui rêvent sont victimes parfois de leur propre chimère. Mais si la recherche des grandes questions peut faire oublier à quelques humains l'existence des petites, le nombre, certes, est plus imposant de ceux à qui l'intérêt des petites a enlevé jusqu'à la conscience des grandes. Et pour quelques fous magnifiques tombés dans un puits en regardant l'étoile, nous savons trop de gens qui n'ont jamais vu d'étoiles... et que cela n'empêche pas de choir au fond des puits. Il reste également que les meilleurs parmi ceux qui rêvent sont dupés invariablement par des imbéciles qui se flattent de les bien « rouler », en leur délivrant en outre un certificat de sottise. Allez dire à ces imbéciles qu'être joué n'est pas à la portée de tous, et faites-leur entendre, si vous le pouvez, qu'il peut y avoir une certaine volupté à passer pour sot auprès de certaines gens.

Enfin, si l'on était obsédé par l'idée que nos rêveurs, malgré tout, méconnaissent ou négligent la réalité, il est une question qu'il faudrait encore se poser. Cette réalité, savons-nous ce qu'elle est? Savons-nous aussi ce que nous sommes par rapport à elle? Je ne dis pas qu'une réponse négative devrait nous faire condamner les hommes qui mettent leur bonheur dans le commerce ou dans la finance. Mais je pense du moins qu'elle pourrait nous faire excuser ceux qui préfèrent un poème.

Que l'action extérieure ne soit que prétexte ou moyen, et que la vraie vie soit ailleurs et plus exactement au fond de chacun de nous, cela est si évident qu'on n'y songe même pas, et que n'y songeant pas on n'en tient pas compte. On accorde aux choses du dehors une valeur en soi, mais ces choses se mesurent finalement au cas que nous en faisons, ce qui revient à dire qu'il n'est de vie réelle pour chaque homme que sa propre vie. Aussi bien la vie n'est pas moins « réelle » pour tel romancier ou tel philosophe que pour tel ministre ou tel général d'armée. Ce qui fait la réalité de la vie, ce qui donne, par surcroît, le sentiment profond de son intensité, ce n'est point tant la nature du but auquel notre activité s'applique, c'est la qualité de l'élan qui dirige cette activité. Voilà pourquoi rien n'est plus « réel » ni plus substantiel que certaines existences consacrées au rêve, tandis qu'il n'est pas d'existences plus vides et plus « irréelles » que celles qui s'émiettent en de certaines actions.

On pourrait objecter peut-être que si rêver est une façon de vivre, c'est une façon de vivre en planant par-dessus la vie. Mais surplomber la vie en la dominant, ne serait-ce pas là une bonne condition pour la bien goûter, pour en faire sa chose consciemment et volontairement, pour en jouir en parfaite lumière? Ceux qui vivent autrement la traversent les yeux bandés. Comme ils sont compris dans le remous, ils jouent bien des coudes et donnent de la tête; mais s'ils sont lucides pour voir la matière qu'ils frappent, ils ont, en somme, la même cécité que cette matière elle-même pour percer la valeur et le sens de ce qui se passe. En mettant en œuvre leur clairvoyance pratique, ils déchiffrent l'existence tout à fait comme on lirait un roman dont on tournerait les pages en fixant une grande attention sur la forme des lettres et la qualité des signes d'imprimerie, sans se douter qu'il y a une histoire.

Mais alors, si je comprends bien, le rêveur n'est plus celui qui rêvait? — En effet, le rêveur, au vrai sens du mot, pourrait être fort bien cet autre qui passe comme un somnambule. Car le somnambule, au fond, c'est l'homme du convoi, ce n'est pas l'homme qui regarde passer.

Ainsi, vivre dans la vie ou au-dessus de la vie, c'est toujours rêver. Disons donc simplement que chaque moitié du monde rêve à sa façon. Seulement, les moitiés ne sont pas tout à fait égales. Il y a une très grosse moitié qui rêve sans le savoir et qui rêve bourgeoisement.

CHAPITRE IV

DEUX ASPECTS DE L'ÉNERGIE

Les fondements psychologiques des pouvoirs d'action. — Les fondements psychologiques des pouvoirs de rêve. — Réduction d'une antinomie.

Les considérations dans lesquelles nous sommes entrés jusqu'ici nous autorisent à envisager les *fondements psychologiques* des pouvoirs de rêve et des pouvoirs d'action sous un jour qui n'est point conforme à certains préjugés classiques.

Les fondements psychologiques de l'Action me paraissent résider, comme je l'ai fait entendre déjà, dans une disposition naturelle de l'organisme mental à voir son milieu d'un certain biais, à l'aide d'un certain objectif qui transforme invariablement ce milieu en un *champ d'exploitation* constamment ouvert. Chez l'homme d'action comparé à d'autres hommes, il n'est donc pas question, en principe, d'une *activité plus grande*, mais d'une *activité transposée sur un certain plan dont la situation est telle que cette situation confère aux rendements de cette activité un maximum d'objectivité patente et immédiate.*

Pareillement, les fondements psychologiques du Rêve peuvent être ramenés à une disposition naturelle de l'organisme mental, en vertu de laquelle le sujet voit son milieu constamment d'un certain biais, à l'aide d'un certain objectif transformant ce milieu tantôt en chantier d'*étude* et tantôt en salle de *spectacle*, mais de toutes façons en objet de pure *connaissance*. Chez l'homme de rêve comparé à d'autres hommes, il n'est donc pas question, en principe, d'une *activité moins grande*, mais d'une *activité transposée sur un certain plan, dont la situation est telle que cette situation confère aux rendements de cette activité un minimum d'objectivité patente et immédiate.*

Vous voyez en quoi de pareilles conclusions tendent à se dissocier des croyances courantes. Le point de vue courant, simpliste et superficiel, est tenté de rattacher toujours le « coefficient d'aptitude active » à des variations dans l'ordre de la *volonté*, variations traduisibles en termes *quantitatifs*. Le point de vue qui nous guide, au contraire, s'efforçant de remonter aux sources profondes, place les conditions de ce coefficient dans les variations primaires de la *sphère affective et intellectuelle*, variations exprimables en termes *qualitatifs*.

C'est une faute très commune dans l'ancienne

psychologie, aussi bien d'ailleurs que dans l'opinion vulgaire, de juger à part et *in abstracto* le pouvoir de se déterminer; c'est une bévue tout à fait ordinaire de découvrir dans la volonté un *deus ex machina*, sans tenir compte des racines nombreuses qu'elle plonge très avant dans le reste du tout psychique et qui doivent la faire regarder comme une *résultante*, sinon moralement, du moins psychologiquement. Il fallait éviter une semblable erreur, et j'ai tenu à m'en écarter en reliant fondamentalement les pouvoirs de Rêve ou d'Action à certaine modalité individuelle de comprendre et de sentir.

Mais j'ai dit de cette modalité qu'elle était appréciable en termes *qualitatifs*, et j'ai voulu exprimer par là qu'elle n'implique nullement du *plus* ou du *moins* dans le comprendre ou le sentir, mais une façon *propre* de sentir et de comprendre. Aussi bien l'*esprit positif* reste-t-il compatible en fin de compte avec des capacités variables, absolument comme l'*esprit spéculatif* et l'*esprit artiste* sont compatibles, eux aussi, avec des capacités générales restreintes chez les uns, brillantes chez les autres. Et c'est pour cela justement qu'il y a tous les degrés depuis la misère de l'agitation petitement stérile jusqu'aux plus magnifiques prouesses de l'action largement féconde, absolument comme il y a tous les degrés de la plus stérile rêvasserie jusqu'au rêve le plus riche.

Il n'en reste pas moins que les pouvoirs de Rêve ou d'Action se trouvent suspendus très essentiellement au mode suivant lequel les sphères affectives et intellectuelles exécutent leur *préhension* du monde extérieur. Fussiez-vous pourvu de la plus médiocre énergie, si vous êtes ainsi fait que l'abstraction vous est étrangère et que les complexités vous échappent, si vous voyez le monde dans le simple et le concret, dans le superficiel et dans le circonscrit, vous serez compté pour un homme d'action très probablement. Et, en vérité, dans ces conditions, vous ne sauriez être qu'un homme d'action — oh! de petite action, de très petite action. Inversement, fussiez-vous servi par une énergie toujours renouvelée, si vous brisez le cadre de l'instant actuel et de la chose présente, si votre œil trop aigu sait voir au travers des murs ou s'il plonge malgré vous dans les profondeurs, si vos mains trop nerveuses dénouent et renouent sans discontinuer l'écheveau des possibles, et si, plus indiscrètes encore, elles s'exercent à tâter sans cesse la rigidité, la solidité, l'authenticité de tout ce qui est dressé en papier mâché et en carton-pâte, alors vous n'êtes point, vous ne pouvez pas être, vous ne pourrez jamais être l'homme de l'Action.

Il est vrai que ces oppositions marquées n'éclatent dans leur évidence que . . l'on choisit, pour les mettre en regard, des types atrophiques d'une part et hypertrophiques de l'autre, et pa conséquent des types incomplets qui devron s'épuiser dans l'agitation stérile ou la rêvasseri stérile également. A mesure que le pouvoir d'ac tion s'élève dans la hiérarchie, il tend à se con fondre avec le pouvoir de rêve, de même que c dernier, se traduisant en valeurs plus hautes, ir se perdre à son tour dans le pouvoir d'action Lorsqu'on arrive sur les sommets, il n'y a plus entre les vrais hommes de rêve et les homme d'action supérieurs, cet écart qu'on perçoit si bien dans les bas échelons. A cette hauteur, les uns e les autres sont *créateurs* d'abord.

Seulement, il arrive que nos créations se pro jettent sur des plans divers, dans le temps e l'espace. Elles sont, suivant le cas, *latentes* ou *patentes*, et leurs résultats peuvent être *médiats* ou bien *immédiats*. Il y a des hommes dont la com plexion mentale est ainsi faite qu'ils sont *portés* e qu'ils sont *aptes* essentiellement à des genres de créations dont l'utilité paraît *immédiate* et se résout en termes *patents*. Ce sont ceux-là qu'on nous représente comme les *hommes d'action* : ce qui ne veut pas dire (et ne veut pas contredire non plus) que ce soient ceux-là qui accomplissen en fin de compte *les plus grandes actions*. Inverse ment, il y a des hommes dont la complexion mentale est ainsi faite qu'ils sont *portés* et qu'ils sont *aptes* essentiellement à des genres de créa tions dont l'utilité est *médiate* et se résout en termes *latents*. Ce sont ceux-là auxquels on peut appliquer, dans la bonne acception du mot, la désignation d'*hommes de rêve :* ce qui ne veut pas dire (et ne veut pas contredire d'ailleurs) que ce soient ceux-là qui accomplissent en fin de compte *les actions les moins profitables*.

Ainsi la psychologie peut noter des traits distinctifs parmi les hommes qui se dépensent. Les uns sont chargés d'énergie *motrice*, d'énergie *musculaire;* les autres au contraire d'énergie *idéative*, d'énergie *cérébrale*. Mais les uns et les autres *agissent* extérieurement ou intérieurement. Et d'ailleurs la vie qui roule cette activité n'a cure pratiquement de séparer la pensée des uns et l'action des autres, étant elle-même par essence une *pensée-action* qui se développe indéfiniment.

LIVRE II

RÊVEURS ACTIFS ET RÊVEURS PASSIFS

CHAPITRE I

DON QUICHOTTE ET HAMLET

Un nouveau point de vue : les « rêveurs » au sens vrai du mot. — Deux types de rêveurs suivant Cervantes et suivant Shakespeare.

Si l'on considère qu'étant tous rêveurs à quelque degré et de quelque façon nous sommes tous obligés d'agir, il faut bien reconnaître qu'en chacun de nous le Rêve et l'Action s'opposent ou se pénètrent de mille façons, et que du résultat de cette opération découle tout naturellement la conduite que nous tenons chaque jour.

J'entends donc reprendre le sujet d'un biais différent, et montrer qu'en chaque homme le Rêve et l'Action offrent une propension variable à s'appeler ou à se repousser, d'où il résulte que, suivant les cas, leurs rapports deviennent positifs ou bien négatifs : négatifs à outrance parfois, de telle sorte que le rêve paralyse l'action ; positifs à outrance au contraire, si bien qu'il la précipite dans une direction scabreuse.

Disons plus simplement que, en présence de l'Action dont le besoin se fait sentir et nous sollicite sans relâche, nous pouvons avoir le Rêve agressif qui nous jette sur elle, ou bien le Rêve boudeur qui nous en détourne. Dans un cas nous sommes Don Quichotte, et dans l'autre nous sommes Hamlet.

*
* *

Don Quichotte est séduit par un idéal, et cet idéal le prend tout entier. Il a lu les exploits des chevaliers errants et sa tête échauffée aux récits fantastiques d'Amadis et de Renaud enfante le projet le plus noble en même temps que le plus insensé. Il se voit chevalier, armé comme les paladins, et parcourant le monde en redresseur de torts, pour venger l'opprimé, secourir les faibles, défendre l'honneur des belles, protéger de sa lance les veuves et les orphelins. Et, comme « un chevalier sans amour est un arbre sans fruits », il entend que son but soit poétisé « par l'amour de quelque grande dame ». Quelle sera la dame de son cœur ? De cela il n'a cure. Est-il sûr seulement qu'elle existe ? Il importe peu. Dès l'instant qu'il y songe et qu'il la désire, elle doit exister. « Tout ce que je puis répondre aux questions polies que vous me faites, c'est qu'elle se nomme Dulcinée, et qu'elle est du Toboso; quant à sa qualité, Monsieur, elle doit être au moins princesse, puisqu'elle est reine de mes destinées ».

Si l'image illusoire anime d'un souffle puissant l'enthousiasme de notre héros, c'est qu'en vérité il ne brille ni par l'étendue de sa science ni par la pénétration de son jugement critique. Il se fait le champion de l'équité, mais la conception qu'il a de l'équité est une conception simpliste et rigide. Ses vues sur elle sont intransigeantes, exclusives, absolues et irréductibles. Car son esprit est comme sa figure : anguleux et raide, sans rondeur ni souplesse. Fasciné par l'idée, il ne voit que le coin de l'horizon où cette idée pointe, et reste inconscient des mille contingences qui font la complexité de la vie.

Aussi bien Don Quichotte est-il dans les conditions requises pour servir une cause et s'y vouer corps et âme en fermant les yeux. Il devrait douter de sa mission. Elle est, cette mission, si puérile, si folle! Il devrait douter des forces dont il dispose. Elles sont, ces forces, si misérables, si peu adaptées au but! Mais l'illusion veille. Ni l'incertitude de l'issue ni la difficulté des moyens ne viendront détruire la sérénité confiante du héros. Subissant la fascination de l'idée, Don Quichotte est fort désormais comme tous ceux qui croient. Il ira vers son idéal en halluciné, dût-il endurer pour le triomphe de sa cause les dernières souffrances et donner jusqu'à sa vie même.

Le chevalier de la Manche affronte les plus grands périls, brave tous les dangers, se jette dans les aventures les plus compliquées et les plus scabreuses. Tant est ferme sa foi qu'elle transforme à mesure toutes ses perceptions au gré de l'idée fixe. Les hôtelleries deviennent des châteaux. Il prend les moulins pour des géants, les bénédictins pour des enchanteurs, les troupeaux de moutons pour des colonnes en bataille, le plat du barbier pour l'armet de Mambrin. Le héros reste inaccessible à l'évidence même dès que cette évidence vient troubler son rêve. Pour la faire cadrer avec l'idée fixe, il trouve des raisons qui expliquent tout, qui justifient tout, et qui ne laissent par suite aucune prise aux leçons de l'expérience. Lorsque Dulcinée se présentera sous la forme d'une paysanne grossière, il n'acceptera pas le témoignage de ses propres yeux. Plutôt que d'y croire, il voudra se persuader que l'objet de son amour a subi quelque maléfice : « Innocente victime des enchanteurs cruels qui, pour me punir, ont osé cacher vos divins attraits sous la figure d'une villageoise ».

Mais l'idée qui anime Don Quichotte fait plus que de le détourner du monde extérieur en masquant à ses regards les réalités. Elle fait que Don Quichotte se détourne de Don Quichotte. Don Quichotte le héros a perdu conscience de Don Quichotte l'homme. Aussi le Chevalier de la Triste Figure ne vit pas pour soi, mais plutôt en dehors de soi. Il subit toutes les privations, il souffre toutes les misères. Les coups ne l'affligent point. les horions le laissent insensible. Aujourd'hui le voit sur le flanc, rossé, bâtonné, meurtri, laissé quasiment pour mort ; demain le retrouvera debout. enfourchant Rossinante et piquant des deux.

Les échecs se succèdent, les défaites s'accumulent, et l'optimisme demeure pourtant, et l'action ne tarit pas... jusqu'au jour où l'illusion tombe. Ce jour-là le héros retrouve sa raison. mais en la retrouvant il entre en mélancolie. On l'exhorte en vain à de nouveaux exploits. Hélas! « les oiseaux de l'an passé ne se trouvent plus dans le nid... » Don Quichotte a vécu de chimères, et quand les chimères ne sont plus, Don Quichotte n'est plus.

Hamlet, lui aussi, s'institue le champion de la justice; lui aussi poursuit l'idéal. Pardon ! Il ne le poursuit pas : il le cherche. Car pouvez-vous dire d'Hamlet qu'il connait vraiment l'idéal? Il en a plutôt le culte nostalgique. Il a soif d'idéal : il n'a pas la représentation déterminée d'un idéal défini. Je vois en lui un Don Quichotte *surpassé*, qui veut transporter l'idéal si haut que ce dernier ne trouve pas à se fixer ni surtout à se réaliser.

L'idéal d'Hamlet demeure idéal virtuel, fantôme d'idéal. C'est que nul idéal formel ne peut satisfaire son âme ; c'est qu'aucun n'est assez grandiose pour valoir le feu de son amour ni assez exclusif surtout pour fixer son choix. Et si nous demandions à notre héros quelle cause met obstacle à son engouement, il nous répondrait sans doute qu'il souffre du mal de savoir trop de choses et de disséquer toutes choses. Car son âme est comme son visage : fine et délicate, avec du mystère et de la profondeur.

Ce n'est pas lui qui reste insouciant des réalités, dans ce qu'elles ont de multiple et de contradictoire, de mobile et d'infiniment enchevêtré. Il en a une telle inquiétude que son attention se disperse à les observer, les scruter, les sonder, les interroger sans cesse, et qu'à cette besogne il oublie de faire partie du Monde.

Sa vie intérieure, la vie de ses passions et de ses sentiments est de toutes ces réalités celle qui l'intéresse et l'intrigue le plus. Il étale sous son objectif ses amours et ses haines, car il est curieux surtout d'en faire le recensement. Il détaille en parties menues ses aspirations et ses déceptions ; il accorde au besoin à leur inventaire le meilleur de son intérêt, comme s'il préférait parfois aux objets qu'il regrette ou bien qu'il désire ses désirs et ses regrets eux-mêmes. Au demeurant, si son analyse toujours en éveil ne se lasse pas d'émietter sa personne morale, elle s'entend également à pulvériser fort bien les choses du dehors. Le héros n'abandonne jamais l'œuvre morcelante qu'il n'ait tout réduit et tout épuisé au sein du Néant. Aussi bien sait-il la vanité de tout et de soi-même en particulier : il connaît la médiocrité de la vie. Parce que sans cesse il remet en cause le fondement des choses, il trouve que rien ne vaut : « O Dieu ! ô Dieu ! qu'elles me semblent fastidieuses, insipides et vaines, toutes les jouissances de ce monde ! » Et parce qu'il mesure l'éphémère durée des biens auxquels nous prêtons une valeur par pure illusion, il conclut que rien ne mène à rien : « Le ver est, parmi les mangeurs, le monarque suprême. Nous engraissons toutes les créatures pour qu'elles nous engraissent, et nous nous engraissons pour le ver. Un roi bien gras et un mendiant maigre ne sont qu'un service différent : deux mets pour une seule table. Voilà la fin de tout. » Comme son doute ironique forme un singulier contraste avec la croyance aveugle de Don Quichotte !

Et maintenant, voyez le résultat. Don Quichotte, naïf et crédule, escomptait le succès par avance. Hamlet, trop lucide et trop clairvoyant, est déçu avant de commencer. A quoi bon les gestes, quand on sait que les gestes sont vains? Et pourquoi se mouvoir, quand rien n'existe ici-bas qui vaille un mouvement? A coup sûr, l'héritier du trône de Danemark songe ardemment à venger son père. Mais dans quels méandres sa volonté n'est-elle pas engagée sans cesse! Les multiples causes qui la sollicitent sont tellement enchevêtrées et tellement mobiles qu'elle ne peut stopper quelque part ni même se reconnaître en quelque moment. Don Quichotte voyait court, jugeait simple, et par suite allait droit au but. Hamlet, au contraire, voit large et profond : il devine si bien la complexité sous les apparences, qu'il ne peut se résoudre à prendre un parti, et, plutôt que d'opter, il se fige. Cet homme, qui ne manquerait de courage, à vrai dire, ni dans la vie ni dans la mort, cet homme demeure en suspens devant la mort comme devant la vie : « Être ou ne pas être!... »

Le héros de Cervantes et celui de Shakespeare sont aux antipodes. Le premier était foncièrement *moral*, moral jusqu'à la comédie la plus ridicule; le second est tout *esthétique*, esthétique jusqu'au drame le plus angoissant. Néanmoins, tous deux sont sincères, et, par ce côté, l'un et l'autre sont sympathiques. Seulement, la sincérité pousse l'un à croire *jusqu'au bout*, de telle sorte que le geste ne fait qu'un avec sa pensée. Elle mène l'autre à douter *à fond*, de telle sorte que sa pensée se garde du geste. Mais, je répète encore : tous deux sont sincères.

Et pourtant l'un et l'autre aboutissent aux fins les plus désastreuses. Don Quichotte est roué de coups; il en fait pleuvoir sur ceux qui l'entourent; il en attire même sur ceux qu'il prétend défendre. En ne cherchant que le bien, il ne se dépense guère qu'en opérations nuisibles, et il va tout à l'opposé de son but, car il veut la justice et commet en fin de compte les pires injustices. Hamlet, lui, ne se fourvoiera pas dans des illusions grossières. Il n'ira point certes donnant de la lance contre des géants ou des enchanteurs. Mais sa noble pensée s'isole et se dévore elle-même. Or, quand leur pensée subit cette évolution, les hommes se dérobent d'abord aux actions fâcheuses, mais les événements les entraînent ensuite à des actions pires que toutes celles qu'ils ont différées. La fatalité veut qu'autour d'Hamlet tout le monde à la fin succombe, depuis Polonius jusqu'à Ophélie, Laërte, le Roi, la Reine et Hamlet lui-même. Si donc le Chevalier de la Manche est fait pour une destinée mauvaise, le Prince de Danemark est fait pour une autre qui ne vaut pas mieux. C'est que tous deux sont plongés dans le « rêve ». L'histoire du Chevalier de la Manche est celle d'un « rêveur », au sens *vrai* du mot, car c'est celle d'un homme qui va dans la vie très exactement comme on va dans un rêve, sans souci des réalités. Et l'histoire du Prince de Danemark est celle d'un « rêveur », au sens *vrai* du mot, ca c'est celle d'un homme qui cesse de participer aux choses de la vie réelle, comme on cesse d'y participer dans les états de rêve.

Don Quichotte, Hamlet : deux types de rêveurs. Mais, *tandis que le premier vit éperdument son rêve et le met en action, le second a transporté le sien hors de l'action et hors de la vie.*

Ces deux types, notre humanité les tire à maints exemplaires.

CHAPITRE II

LES RÊVEURS ACTIFS

La pénétration de la sensibilité par les éléments moteurs. — Intelligence constructive. — Foi dans le rationnel. — Aptitude à croire et tendance à dogmatiser. — Optimisme fondamental dans l'estimation des moyens et l'appréciation du but. — Enthousiasme et impulsivité par monoïdéisme. La projection de la vie intérieure dans la vie sociale. Attitude « sociétariste » et démocratique. — Interventionnisme politique et religieux. — Propagandisme et prosélytisme. — Esprit sectaire. — Fanatisme. — Insociabilité comme réaction paradoxale du « sociétarisme ».

Les Don Quichottes, — nous les appellerons les *rêveurs actifs*, — s'offrent à nous sous les formes les plus variées. Ce sont tous les hommes qu'un idéal hypnotise et qui se font les défenseurs de cet idéal éperdument et aveuglément. Ce sont les innovateurs tantôt bienfaisants et tantôt dangereux qui partent d'une abstraction et prétendent lui subordonner le réel. Ce sont les réformateurs tantôt utopistes, tantôt géniaux, et souvent les deux à la fois, qui se font une image du Monde et prétendent l'imposer au Monde. Ce sont les évangélistes les apôtres et les propulseurs de religions. Ils se nomment Luther ou bien Mahomet. Ce sont les constructeurs téméraires de systèmes sociaux. Ils s'appellent Cabet ou Thomas Morus, Tolstoï ou Jean-Jacques Rousseau. On voit naître dans leur milieu les héros, les martyrs, tous ceux qui servent une idée jusqu'au sacrifice et jusqu'à la mort. Ces héros, ces martyrs peuvent être saint Paul ou saint Dominique ; mais ils peuvent être aussi bien Ravaillac ou Charlotte Corday, voire même Ravachol ou Émile Henry.

On ne s'étonnera pas de rencontrer en même compagnie des noms vénérables et d'autres qui sont plutôt de funeste mémoire, car on sait comment et pourquoi ils voisinent dans l'étude que je viens d'entreprendre. Si je les rapproche en regardant d'un certain point de vue, il est bien trop clair que je ne prétends pas les identifier.

Les *rêveurs actifs* répondent à une complexion mentale dont le trait essentiel est une *pénétration de la sensibilité par les éléments moteurs*, d'où le caractère de cette sensibilité plus forte et plus impulsive que délicate et nuancée. Mais ce trait essentiel se rattache lui-même à des traits plus élémentaires qui le conditionnent, et qu'un examen psychologique minutieux pourra toujours révéler.

Tout d'abord il est assez frappant que les hommes dont il s'agit présentent invariablement une *intelligence constructive*, laquelle se trouve appuyée, chez eux, sur un *culte du rationnel* allant parfois jusqu'à ces formes extrêmes qu'on veut désigner quand on parle d' « esprit de système ». Ils ont la religion de l' « idée » ; ils croient à la vertu sacrée de la « logique » ; ils ont foi entière dans l'idole « raison » ordonnatrice et transformatrice du Monde. Ils édifient donc sur l' « idée », ils bâtissent avec la « logique », ils décomposent et recomposent au nom de la « raison ». Et, à cet égard, il n'est rien de plus démonstratif que de suivre, si l'on peut dire, au fil de l'évolution mentale, quelques-uns de ces esprits.

Voyez Rousseau. Cet homme qui a sous sa plume à chaque instant les mots de « rêve » et de « rêverie », nous raconte lui-même de quels magnifiques attraits se parait la nature dans son imagination complaisante et comment il ne cessait point de la voir habitée par des êtres « selon son cœur ». Or, il n'y a qu'un pas de l'image attractive à la conception qui se fixe et qui s'organise. Pour que ce pas soit franchi, c'est assez qu'un petit incident se produise, lequel agrégera autour de l'idée tous les matériaux qui doivent la ser[illegible]r. Jean-Jacques nous en avertit : « Une malheureuse question d'Académie vint tout à coup dessiller mes yeux, débrouiller le chaos dans ma tête... ». Aussitôt l' « âge d'or » maintes fois désiré se précise, apparait comme réalisable. Et voici que le programme se déroule, savant, ingénieux, raisonné, logique, démontrant l'excellence initiale de l'homme et fixant dans l'indépendance et la liberté les conditions définitives qui devront lui assurer sa félicité à venir. Cependant que Voltaire sceptique et goguenard prêche la tolérance, Rousseau enthousiaste et illuminé prépare la révolution.

Voyez Tolstoï. Il lui semble que la grande parole n'est point dite et qu'un talisman est à découvrir qui devra mettre fin aux misères des hommes. Ce talisman, il entend le rechercher lui-même, et il juge que pour le trouver c'est assez de recourir aux Saintes Ecritures, de les lire et de les relire très attentivement, de les interpréter ensuite en autodidacte. Il se met à la besogne, et ne songe pas que bien d'autres avant lui ont pénétré le sens des textes sacrés, que la société cependant n'a point trop varié, au moins dans son fond le plus essentiel, et que les mêmes problèmes sont éternellement ouverts. Suivant une tendance, d'ailleurs propre aux gens de son pays, il fait « table rase » : il biffe d'un trait de plume le passé, ses institutions, ses lois, ses coutumes et ses préjugés; puis, suivant une autre tendance également fréquente chez les Slaves, il saisit « à la lettre » les enseignements qu'il recueille et dont il s'imprègne : il adopte au sens littéral chaque parole des Prophètes ou des Évangiles, et, nanti de ces données, il construit le programme de l'avenir. Il est écrit dans les livres saints : « Tu ne tueras pas. » Et Tolstoï démontre que l'interdiction de frapper ne s'applique pas aux civils seuls, mais aux soldats pareillement. Il conclut : « Ne faites pas la guerre ; n'ayez pas d'armée. » Il est écrit : « Tu ne jugeras pas. » Et Tolstoï affirme que l'interdiction de réprimer, de venger ou de punir, ne s'applique pas aux individus seulement, mais aussi à l'État. Il conclut : « Supprimez les prisons et les tribunaux ; renvoyez les gendarmes et les magistrats. » La grande âme de ce Russe — qui est bien malgré tout l'un des spécimens les plus nobles et les plus « édifiants » que le monde ait jamais produits — la grande âme de ce Russe a puisé à la source pure une doctrine d'amour, de justice, de paix et de fraternité. Mais en transposant dans le domaine des faits une pensée sublime, il renverse d'un geste et démolit de fond en comble l'appareil de défense par quoi notre société se maintient. A travers un verset de la Bible interprété strictement et rigoureusement, le Sermon sur la Montagne se transforme en code d'anarchie.

Cet esprit de système, cette intelligence constructive appuyée sur le culte du rationnel, révèle constamment une certaine tendance à transposer la réalité sur un plan arbitraire qui est *simplificateur*. Les individus qui nous intéressent font une conversion du Monde en un Monde fictif où tous les rapports se présentent réduits et schématisés, en un Monde fictif dont l'on a banni les complexités, les relativités et les contingences qui rendent si pénible le déchiffrement du nôtre. La réalité vivante, c'est toujours la cohue embrouillée, la foule tumultuaire des choses, où tout est mobilité, confusion, désordre et enchevêtrement. Leur réalité à eux, logiciens et idéalistes, c'est l'architecture sommaire et dressée en lignes droites d'un édifice de pure convention aux formes géométriques, où tout est en place, et dont les parties s'emboîtent facilement.

Notez bien que ce besoin de simplification est fondamental dans l'esprit humain, qu'il trouve sa plus pleine et plus typique réalisation chez l'enfant et chez l'homme inculte, et qu'il ne commence à perdre son droit de cité que par la haute culture et dans les cerveaux rompus aux demi-teintes, aux subtilités et aux raffinements. Il revient en somme au besoin d'y voir clair d'emblée, et de prendre une position fixe sans louvoyer parmi les incertitudes et les tâtonnements, parce qu'il est fort expéditif de regarder la vie d'un œil plus arithmétique que philosophique, parce qu'il est plus vite fait d'opposer mathématiquement le bien théorique au mal théorique, le théoriquement vrai au théoriquement faux, que de rester engagé dans la lutte infiniment délicate du bien contre le bien et du vrai contre le vrai, parce qu'enfin il est plus aisé de construire en pensée un Monde rationnel que de mêler sa pensée à notre Univers vivant Mais ceci ne veut pas dire que le système créé soit en quelque façon une explication de la vie. Il est une simple *divagation logique* dont l'esprit se repaît pour tromper sa faim d'harmonie, sa soif d'unité.

Une divagation logique? Et quoi! La logique n'est-elle pas toujours « raisonnable »? Non, ma foi, elle n'est que « raisonnante », et la plus subtile peut tourner autour de chimères. Il n'est pas suffisant qu'un jugement se déduise d'un jugement, et ce n'est point assez que les propositions s'enchaînent : ce qui importe d'abord, c'est l'affirmation qui leur sert de base; et si cette dernière passe outre le réel au lieu de s'appuyer sur lui, je ne dis pas que tout croule — car tout se tient au contraire — mais je dis que tout est vain. Que la construction de la pensée soit irréprochable, cela n'empêchera pas sa matière de rester suspecte si cette matière s'est formée hors de l'expérience; et les vérités qui seront agencées par une telle pensée resteront sans aucun profit pour la vérité finale. Or, c'est le cas trop souvent des intelligences qu'une idée fascine. Elles ordonnent toutes leurs conceptions par rapport à cette idée qui déterminera la place de toute chose et qui réglera la valeur de tout. Cette idée, une bonne fois posée, elles entendent lui subordonner non seulement les raisons, mais encore les faits. Et comme tous les faits et toutes les raisons ne veulent point s'y plier, elles négligent d'instinct certains faits et certaines raisons : ces faits-là et ces raisons-là, au lieu de les reconnaître, elles les laissent de côté systématiquement. Il arrive ainsi qu'elles tronquent et qu'elles falsifient sans cesse, très innocemment d'ailleurs, la vérité qu'en somme elles respectent et dont elles voudraient le triomphe.

L'*aptitude à croire* n'en est pas moins l'un des apanages les plus importants de nos rêveurs fascinés par leur idée fixe. Car, si rien n'est loin de la croyance autant qu'un esprit complexe et pouvant regarder des points de vue nombreux, rien n'en est plus près qu'un esprit simpliste et qui voit les choses d'un seul biais. C'est celui-là en effet qui réalisera le type du convaincu pour qui tout est « arrivé », tout est sûr, tout est arrêté, et c'est lui qui aura le secret de croire fortement, sans restrictions, sans arrière-pensées.

Mahomet a la « certitude » qu'il est désigné par Dieu pour créer la religion de l'avenir; Luther a la « certitude » que le diable existe en personne, que le pape est un antéchrist, et qu'il faut réformer le vieux dogme chrétien. Ximénès et Torquemada ont la « certitude » que les faits de magie, de sorcellerie et d'apostasie nuisent à la bonne cause, et qu'il faut conduire tous les hér tiques au bûcher ou à la torture; Danton et Robe pierre ont la « certitude » que déesse Justice régner enfin, et que la guillotine pour l'y aider d purger la France de tout ce qui ne veut pas serv la théocratie nouvelle.

Mais pourquoi nous en tenir aux noms qu'illust l'histoire? Des groupements entiers, des partis, d classes de notre société ne fournissent-ils pas l exemples les plus probants, ceux du moins que no pouvons contrôler le plus commodément chaq jour? Nos scientistes militants ont la « certitude que la science est mieux qu'un simple assembla de spéculations relatives ayant leurs méthodes leurs objets propres, qu'elle est une métaphysiq et qu'elle doit tracer à l'humanité la voie de s bonheur en fixant de manière intégrale et définiti l'origine et la destinée du monde. Nos anticlérica farouches ont la « certitude » qu'il n'y a de re gion que dans l'obscurantisme et que le prêtre éternellement la chose qui fait de l'ombre sur lumière, et nos cléricaux irréductibles ont la « ce titude » que toute pensée libre est une perversio et que l'oubli de l'Église devra quelque jour no rendre à la barbarie. Nos socialistes illuminés o la « certitude » que tout le mal de la société vie de l'individu, nos anarchistes inspirés ont la « ce titude » que tout le mal de l'individu vient de société, et bien que les premiers soient absolume l'antithèse des seconds, les uns et les autres ont la « certitude » que l'on peut supprimer soit l'individu soit la société, et qu'il suffit de cela pour que tout aille bien désormais.

Ainsi les hommes qui nous intéressent ont la foi : une foi enthousiaste et ardente, une foi toute religieuse, toute mystique. Et cette foi, ils ont naturellement une tendance très forte à la faire respecter, mieux encore à la faire admettre et à l'imposer sans contestation — car en somme *systématiser* c'est déjà le prélude de *dogmatiser*.

Ceci nous explique assez leur méfiance pour tous ceux qui doutent, leur mépris pour ceux qui ont le sourire et le hochement de tête. Comme ils ont des formules avec quoi l'on peut affirmer sans crainte et nier du même geste sûr, comme ils se figurent sincèrement qu'avec ces formules on pourra fixer de manière absolue et sans discussion l'équilibre final du Monde, ils exigent de toutes les personnes le sérieux implacable dont eux-mêmes ne se départiraient jamais sans penser commettre un pur sacrilège. Rien ne leur est étranger, rien ne leur est odieux autant que l'ironie : l'ironie qu'ils ne comprennent pas et qui a le don de les scandaliser parce qu'elle a des airs d'irrespect. Ils y voient le plus souvent quelque tare morale ou intellectuelle, une marque d'envie ou un signe de neurasthénie.

Point n'est difficile de prévoir les conséquen que peuvent entraîner, dans le domaine de l'ac vité, les divers attributs qu'on vient de soulign Une vue simple, une pensée rigide, voilà bien source la plus certaine d'une volonté ferme et q n'hésite pas. Plus savante et complexe est réflexion, plus nombreux et nuancés sont les mot qui s'opposent, et plus longtemps les platea de la balance oscillent avant de se fixer. Pl rudimentaire est la discussion, plus simples plus rares sont les énergies qu'on met en pr sence, et plus prompt est le mouvement final. O ici, une idée domine, prépondérante, exclusiv tyrannique. Le débat est éliminé d'office.

Et puis ce n'est pas tout. Comme ils ont la fo nos rêveurs ont naturellement la confiance aveugl Un *optimisme* absolu les sert dans l'appréciati des *moyens* aussi bien que dans l'estimation d *but*. Leur rationalisme simpliste ayant pour eff d'écarter chez eux le soupèsement des multipl valeurs empêchantes, ils n'ont guère à se débattr avec l'impossible. D'autre part, ce même ratio nalisme simpliste ayant l'avantage de ne leur poin faire soupçonner la vanité de tout, ils peuven conserver l'illusion candide, mais combien puis sante, de servir l'Univers en le pliant à leur constructions et à leurs systèmes.

Sauf à son déclin et dans les heures noires où i se débat contre un vrai délire, on peut dire qu

Rousseau ne cesse pas d'espérer la gloire pour son propre compte et le bonheur futur pour l'humanité. Sa confiance, qui se traduit à chaque page dans l'assurance même de ses prescriptions, éclate par endroits de la façon la plus pure et la plus naïve : « Il suffit, dit-il, que partout où naîtront les hommes, on veuille en faire ce que je propose, et qu'ayant fait d'eux ce que je propose on ait fait ce qu'il y a de meilleur et pour eux-mêmes et pour autrui ».

Pareillement Tolstoï ne doute pas qu'en suivant son instinct de justice il pourra des préceptes de l'Évangile faire sortir tout l'ordre social nouveau. Et, cet ordre social, il ne doute pas que les faits s'en accommoderont et que les hommes y trouveront la fin de leurs misères dans un concert de paix et d'amour.

Ainsi peut-on dire que de semblables esprits sont tout entiers par avance dans la réalisation de leur idéal et le triomphe de sa cause, et c'est pour cela justement qu'ils vont à l'action d'emblée.

L'*impulsion par monoïdéisme* se présente ainsi comme le terme ultime dans la série des caractères psychologiques du rêveur actif. Elle est en même temps la clef de ses réactions extérieures ; elle ouvre les horizons sur son attitude sociale que je me propose d'étudier maintenant.

*
* *

Je pourrais résumer ma pensée concernant l'a titude sociale des rêveurs actifs en disant de ce dernière qu'elle est essentiellement « *sociétarist* et *démocratique* — et j'entends marquer par c épithètes qu'elle est avant tout l'antithèse et po ainsi dire la contre-partie d'une attitude « indi dualiste » et aristocratique. Le propre des homm que nous étudions, ce n'est généralement point se retrancher, de se tenir au-dessus et en deho de s'isoler orgueilleusement et silencieusem dans le tabernacle de leur vie intérieure; c'est t au contraire de se mêler, de se répandre, de pr jeter leur vie intérieure dans le milieu où évoluent.

Leur esprit, simpliste dans sa grandeur, pénètre guère les multiples nuances qui sépar toutes les sensibilités, toutes les intelligenc toutes les volontés humaines; il ne prend qu'u notion confuse de l' « unicité » de chacun p rapport au reste. Il favorise donc chez eux — ceci est le point essentiel — une compréhensi dogmatique et optimiste à la fois de tout ce q intéresse la question grégaire. Ces hommes-là o habituellement la notion abstraite d'un ordre soci supérieur, voire même extérieur aux individus, qui s'incarne dans les constitutions, dans les l et les règlements. Cet ordre social, ils y croient avec les mains jointes, religieusement, mystiquement.

Et qu'on ne vienne pas opposer surtout l'exemple des anarchistes qui tentent il est vrai d'abolir cet ordre, et qui ont l'air de le nier par là même, encore qu'ils soient justement les types les plus admirables de rêveurs actifs qu'on puisse présenter! Combien grande serait l'erreur! L'anarchiste destructeur des systèmes sociaux existants n'en prétend pas moins plier à une théorie les réalités politiques et économiques : il espère que les libertés individuelles abandonnées à elles-mêmes s'harmoniseront et constitueront une société libre, et il croit à cette société fermement.

La religiosité grégaire des rêveurs actifs nous fournit la clef de leurs réactions coutumières, en particulier de leur volonté de révolte et de réforme, et, pour tout dire, de leurs habitudes d'*interventionisme*. Interventionistes, ils le sont par excellence, que leur intervention se manifeste dans le domaine religieux, dans le domaine politique, ou dans tel autre domaine. Dans celui-ci ou dans celui-là ils ne doutent pas de pouvoir opérer d'une manière fructueuse, en posant et en imposant une règle absolue qui est la règle qu'ils ont conçue. Et la tâche leur devient d'autant plus aisée que leur sensibilité un peu rude ne redoute pas les frottements nombreux qu'implique toute activité de ce genre. A cette activité ils peuvent donc s'appliquer sans trop de gêne, sans trop de répugnance.

Aussi bien ne craignent-ils pas de manifester leurs sentiments très haut et avec fracas, sauf à surmonter s'il le faut insultes et railleries, et au risque même de voir piétiner les objets qu'ils ont à cœur de défendre et de faire respecter; aussi bien vont-ils de l'avant, sauf à résister aux oppositions qu'ils trouvent, et au risque de succomber ou d'être vaincus. Ils foncent dans la mêlée sans souci des horions, et, malgré les horions, malgré les échecs, malgré les leçons de l'expérience, ils continuent à lutter avec le même acharnement, avec la même force et la même conviction. Ils avancent ainsi, se déchirant aux épines, heurtant du front les montagnes, roulant dans les précipices, mais sans se départir jamais de leur carte d'orientation, qui est en somme toute leur raison de vivre, étant toute leur conception de la vie.

Une telle attitude ne va pas sans un perpétuel effort de *propagandisme* et de *prosélytisme*. J'ai déjà dit, en effet, qu'une croyance systématisée ne se développait guère sans un besoin de prolifération, d'expansion et d'élargissement. En imposant sa croyance, en la faisant partager aux autres, on se l'affirme mieux et on la renforce. Et puis, l'essence même de la vérité présumée — qu'elle soit présumée à tort ou bien à raison — n'est-ce pas justement de se montrer inondante et envahissante?

Rousseau ne se contente point de croire, il « prêche », il « évangélise », depuis le *Discours sur l'inégalité* jusqu'au *Contrat social* et jusqu'à l'*Émile*.

Tolstoï est encore d'un exemple bien plus frappant. Du littérateur émerge, chez lui, un beau jour, le philosophe anxieux de connaître le sens de la vie. Ce sens, il le cherche, et dès qu'il croira l'avoir découvert il n'aura plus d'autre souci, d'autre aspiration, d'autre volonté que d'en faire profiter ses frères les humains. Son seul objectif, l'objectif auquel il sacrifiera sa tranquillité, ses biens, sa famille, et jusqu'à son art et à son génie, ce sera désormais de convertir les hommes par l'exemple et par la parole. Il reniera son propre passé, il se mêlera aux humbles et aux paysans, il se livrera parmi eux à la dure besogne des travaux manuels qu'il glorifiera d'ailleurs comme plus près de la nature et plus conformes au salut de notre âme que les œuvres intellectuelles; et, s'il prend la plume quelque jour, ce sera dans le but exclusif de se faire mieux entendre du peuple qu'il instruira par des contes et des paraboles, qu'il exhortera enfin et qu'il imprégnera de sa doctrine. On retrouve ici la manière de tous les prophètes et de tous les apôtres de toutes les religions.

Avec cette propension de la croyance à s répandre et à s'imposer, nous touchons à un attri but qui en est le corollaire et qui n'est que trop fré quent chez les hommes que leur conviction aveugle j'entends parler de l'*esprit sectaire* et de l'intolé rance qui le caractérise. Nos rêveurs actifs, nou l'avons dit, croient assez volontiers qu'ils sont le dépositaires exclusifs d'une vérité immuable e immarcescible, et que cette vérité englobe toute l vérité. Or, si l'on adopte un pareil point de vue, i est bien certain que la liberté de croire n'es plus acceptable. Dès l'instant qu'il n'existe qu'un croyance vraie, il faut que cette croyance exter mine toutes les autres qui lui sont opposées et qu par suite sont forcément fausses. Et voilà commen les illuminés qui ont une foi intense en leur idéa tiennent pour hérétique tout homme qui ne l partage pas.

Cette loi se vérifie dans tous les domaines et à toutes les époques de l'histoire. Dans le domaine politique, on sait avec quelle ardeur les hommes de la Convention supprimaient quiconque n'étai point de leur bord. Aujourd'hui encore les secta teurs de certains partis, sous une forme seulement différente, ne montrent ni moins de violence ni plus de tolérance à l'égard de leurs adversaires. Dans le domaine religieux, on se rappelle les fureurs de l'Inquisition, les atrocités de la Saint-Barthélemy. Aujourd'hui, les pratiques et les maximes de quelques ennemis farouches du clergé ne sont-elles pas empreintes de cette même intransigeance qu'ils prétendent justement reprocher au cléricalisme? Substituer une intolérance à une autre, il semble que ce soit là le jeu éternel des croyances adverses. C'est dans tous les cas le résultat misérable et déconcertant de bien des luttes entreprises au nom même de la liberté.

En signalant la tendance au prosélytisme et la fréquence de l'esprit sectaire chez le rêveur actif, nous avons fait une incursion dans les conséquences indirectes de son attitude interventioniste. Il nous faut suivre maintenant cette attitude pour la voir aboutir à son expression la plus accentuée qui n'est autre que le *fanatisme*.

Le *fanatisme*, c'est la conclusion dernière et logiquement amenée des rapports qu'entretiennent avec leur milieu les hommes possédés par une idée fixe. Cette idée, en effet, ils doivent lui sacrifier tout, et ils doivent la pousser jusqu'au bout. Esclaves du principe, aveuglés par la règle tracée, ils obéissent à ce principe étroitement, ils suivent cette règle à la lettre. Pour mettre leur conduite en harmonie avec leur croyance, ils n'admettent aucun compromis et conduisent la sincérité dans cette voie jusqu'aux limites extrêmes que la logique autorise toujours mais que le bon sens réprouve très souvent.

Ibsen a mis sur la scène, dans le personnage d Brand, un rêveur actif qui incarne au suprêm degré cet esprit outrancier capable, son idéal étan posé, de poursuivre cet idéal dans l'absolutism le plus intransigeant, au mépris de toutes les con séquences. Brand est l'apôtre emmuré dans so obsession, et dont la conduite répondra d'un bou à l'autre du drame à la maxime familière au hommes de sa trempe : « Tout ou rien ». Il comme objectif de réformer le monde par l'amou divin, et, cet objectif, il n'admet avec lui aucu compromis : « Sache que mes exigences son dures... Une défaillance, et tu auras jeté ta vie à l mer. Pas de concession à attendre dans les instant difficiles, pas d'indulgence pour le mal! Et si l vie ne suffisait pas, il faudrait librement accepte la mort. » Quand sa mère est agonisante, il refuse quoique prêtre, de l'assister, parce qu'elle n laisse pas aux pauvres l'entière jouissance d ses biens, et lorsqu'on lui annonce que tou est fini, il constate seulement qu'elle est mort sans contrition. Il habite une région malsaine il sait que son enfant mourra s'il ne quitte l place. Mais il ne doit pas quitter la place, i ne la quitte pas, et son enfant meurt. Sa femme pleurant le petit disparu, voudrait s'attacher au choses qui le rappellent et garder au moins se vêtements. Mais il la contraint pour se morti fier à donner la dernière relique. Et ce n'es pas assez qu'elle ait donné : « As-tu donné sans regret? »

Il n'est malheureusement pas nécessaire d'aller au théâtre pour connaître l'esprit outrancier des hommes qui vont dans la vie, fascinés par un idéal. Cet esprit, nous le voyons percer déjà dans le programme conçu placidement par tous les réformateurs qui posent un principe, et prétendent le faire triompher sans souci des moyens et des résultats.

Rousseau et Tolstoï, que j'ai eu maintes fois l'occasion de citer, ne reculent point devant les conséquences possibles de leurs doctrines. Ils ne s'inquiètent pas de savoir si ces dernières, qui ne veulent nier que l'État ou l'Église, peuvent ou ne peuvent pas devenir par ricochet la négation de quelque chose de plus important, et si, en particulier, elles n'entraîneraient point, en passant de la conception du principe à l'application du fait, un retour à la barbarie. Et de ces deux grands hommes, tous deux outranciers et intransigeants, le plus intransigeant et le plus outrancier est évidemment — ceci est logique — celui qui a l'âme la plus forte, la plus ardente, la plus sincèrement croyante, celui qui fut vraiment et dans la grande acception du mot un apôtre : Tolstoï.

Seulement, le fanatisme, ici, reste forcément virtuel. C'est ailleurs qu'il faut s'adresser pour le découvrir dans ses formes actives, dans ses expressions vécues.

L'histoire, à cet égard, ne manque pas d'exemples. Combien d'idéalistes illuminés, possesseurs de certitudes absolues, ne nous montre-t-elle pas entraînant autour d'eux les plus sanglantes hécatombes au nom d'un principe souverain ? C'est un idéaliste illuminé qui se donne pour mission de conquérir sur les infidèles le tombeau du Christ et des millions d'hommes périssent aux Croisades ; c'est un idéaliste illuminé qui se donne pour mission de substituer au vieux dogme un dogme nouveau, et des guerres dévastent l'Europe au nom de la Réforme ; ce sont des idéalistes illuminés qui se donnent pour mission de remplacer un régime inique par un autre plus équitable, et des milliers de têtes tombent sur l'échafaud dans l'intérêt de la Révolution. Ce sont des idéalistes illuminés qui se donnent pour mission de supprimer les grands et les riches ; et les grands et les riches, avec une quantité beaucoup plus considérable de petits et de pauvres qui n'en peuvent mais, sont détruits pêle-mêle par les engins meurtriers de l'Anarchisme ou du Nihilisme.

Les hommes et les femmes qui rêvent de sauver une cause au prix d'un forfait sont connus depuis que le monde existe. Sous les noms les plus divers nous trouvons chez eux le même état d'âme excusant toujours, par la sublimité d'un idéal entrevu le meurtre accompli froidement. Consultez Judith ou Charlotte Corday, Ravaillac ou bien Caserio, e toute la liste touffue des vengeurs célèbres et des régicides fameux. Le mobile justificateur de l'acte est toujours compris dans l'une de ces deux formules : « Pour Dieu! » ou « Pour la Patrie! »

La psychologie moderne du mystique sanguinaire qui jette sa bombe dans une foule, avec l'espoir chimérique de tuer un principe, relève du même point de départ, et répond au même mécanisme : une idée ayant la valeur absolue et indiscutable de l'axiome en mathématique, une ligne droite partant de cette idée et aboutissant au geste, un geste accompli fièrement et résolument. L'humanité souffre, il faut l'affranchir; pour l'affranchir, il faut la refaire; et, pour la refaire, il faut la détruire d'abord. Et maintenant, par quelle aberration fantastique un être peut-il admettre que de l'explosion de la bombe il sortira la fraternité? Par quel invraisemblable métabolisme des processus psychiques cet être, partant de l'idée qu'il ne faut pas se nuire mutuellement et réclamant pour tous le droit de vivre, est-il conduit à préméditer la mort et à prononcer un irrévocable arrêt contre des hommes qu'il ne connait pas et qu'il laisse au hasard le soin de désigner, contre des hommes rassemblés en tas et parmi lesquels se trouvent peut-être ceux-là mêmes qu'il prétend sauver? Effroyable contradiction qui laisse la pensée humaine interdite! Et pourtant cette contradiction n'est plus une énigme quand on sait que l'idée

fixe est une idée monstrueuse et hypertrophi
qui digère les autres idées et se les incorpore, u
végétation parasite qui prend tout, qui accapa
tout, qui absorbe tout et qui couvre tout. C'e
justement de cette végétation que notre homn
est victime. La fascination idéale d'un bien to
hypothétique entrevu dans les temps à venir ob
curcit chez lui jusqu'à la conscience du mal tr
réel qu'il fait dans le présent. Faut-il s'étonner d
lors s'il peut accomplir une besogne néfaste
restant convaincu de servir l'intérêt commun.
s'il peut se glorifier d'un crime odieux et stupi
comme d'un acte utile à l'humanité?

Mais l'autocratie de l'idée doit faire mieux q
d'éteindre les sentiments altruistes; elle est capab
même d'éclipser — ceci est le grand tour de for
— les tendances égotistes les plus primordial
Vivant alors en pleine hallucination, le suj
néglige ses intérêts les plus évidents; il oubl
jusqu'au sentiment de la conservation de soi-mêm
Nul effort ne lui coûte pour défendre et pour pr
clamer sa foi : la douleur le trouve insensibl
la mort elle-même ne l'effraye pas. Les martyrs
l'antiquité sont les prototypes de ce fanatism
extrême qu'on a vu se renouveler encore, à cer
taines époques et en certains lieux, sous l'influen
des persécutions dont le résultat est essentiellemen
de porter à leur paroxysme les croyances qu'ell
prétendent détruire. Les fanatiques de ce nouvea

genre ne ressemblent guère, sans doute, à ceux que j'ai décrits plus haut, puisque c'est contre eux-mêmes que se tourne l'aveuglement de leurs croyances. Et cependant, nous pouvons bien dire que dans leur fond essentiel les uns et les autres ne diffèrent point. Ils font à l'idée le sacrifice de tout, y compris de la vie.

Le fanatisme qu'on vient d'esquisser sous différentes formes est un fanatisme vainqueur, un fanatisme qui se réalise. Mais un autre existe, auquel aboutissent les natures plus faibles qui croient posséder, comme les précédentes, la vérité tout entière, mais qui manquent de force pour la soutenir. C'est le fanatisme impuissant, le fanatisme « invaginé » qui se replie sur lui-même et qui se mue en misanthropie.

La misanthropie, en effet, n'est pas un renoncement. Elle est une activité concentrée qui se bute mais ne désarme pas. Elle dissimule même un fol optimisme, car le misanthrope a derrière ses airs renfrognés l'âme d'un grand confiant. Sa réserve hostile et farouche est la preuve qu'il tend justement vers une société meilleure et qu'il croit à cette société de toutes ses forces aveugles. Donnez au misanthrope ce qu'il n'a pas, c'est-à-dire une volonté plus puissante ou simplement une santé plus belle, et vous mettrez en dehors le fanatisme virtuel qu'il condense en rongeant son frein.

En matière de misanthropie, l'exemple de Rous-seau est assez joli. Je le trouve même trop beau, car il perd un peu de sa valeur en nous éloignant du domaine normal pour nous entraîner tout droit dans la psychiatrie.

Sans insister plus, retenons simplement ce qui est un paradoxe chaque jour vérifié, à savoir que, vouant à la société un culte enthousiaste et se donnant à ce culte de toutes ses forces, le rêveur actif peut être en fin de compte l'homme le plus *insociable* parmi les hommes.

***

Et maintenant je voudrais apprécier d'un mot ce qu'il y a de grandeur et de misère chez ceux que nous venons de peindre. Leur misère et leur grandeur à la fois, c'est de *rêver leur pensée sans penser leur rêve*. Aussi bien leur rêve est une force; mais cette force est un esclavage. Qu'un grain de quelque chose empêche l'esclavage, tout est là.

CHAPITRE III

LES RÊVEURS PASSIFS

La pénétration de la sensibilité par les éléments intellectuels. — Intelligence destructive. — Sens du relatif et du contingent, sentiment des contradictions, pénétration des complexités. — Aptitude au doute et culte de l'ironie. — Pessimisme fondamental dans l'estimation des moyens et l'appréciation du but. — Réserve et inhibition par polyidéisme.

La séparation de la vie intérieure et de la vie sociale. — Attitude « individualiste » et aristocratique. — Abstentionisme politique et religieux. — Concentration et recroquevillement. — Esprit libéral. — Dilettantisme. — Sociabilité comme réaction paradoxale de l' « individualisme ».

Les Hamlets — nous les appellerons les *rêveurs passifs* — ne figurent dans le monde qu'en nombre restreint. Mais surtout leur nombre est mal apparent, car leur existence bien souvent reste insoupçonnée. C'est qu'ils n'ont point l'habitude de projeter au dehors un rêve constructeur bruyamment et tumultueusement : ils ruminent au fond d'eux-mêmes un rêve destructeur dans le silence et l'obscurité. Ce sont tous les grands héros de la vie inté-

rieure, qui mettent un abîme entre l'Idéal et l
Monde, à force d'abaisser le Monde et de place
l'Idéal trop haut; ce sont les âmes trop lucides
trop pénétrantes dont l'enthousiasme n'about pa
dont le désir n'est pas satisfait; ce sont les victim
fameuses du mal de penser, dont les lèvres se cri
pent, et dont les bras quelquefois robustes retom
bent cependant inertes et découragés devant l
spectre obsédant de l'inutile effort.

On pourrait mettre des noms illustres sur cett
famille. Elle est faite en masse d'esprits philo
sophes et d'esprits poètes — de tous ceux que l'o
connait, et de beaucoup d'autres que l'on ne con
naît pas. En lisant dans Maurice de Guérin et dan
Sénancour, dans Alfred de Vigny, dans Maine d
Biran, dans Amiel surtout, vous en saurez long su
les principaux. Mais ce qu'il y a en eux de plu
essentiel, il se pourrait déjà que vous l'eussie
appris en lisant dans vous-même simplement, sur
tout si vous tenez un journal de vie.

***

Les *rêveurs passifs* répondent à une complexio
mentale dont la note caractéristique est une *péné
tration de la sensibilité par les éléments intellectuels*
d'où le caractère de cette sensibilité, plus riche
plus fine, plus nuancée que vigoureuse et impul
sive. Mais cette notion se réduit en des élément
qu'il faut dissocier.

Tout d'abord, les hommes qui nous intéressent ont une *intelligence destructive*, disposée à mettre sans cesse la raison en lutte contre elle-même, et formant ainsi l'antithèse de l' « esprit de système ».

Par leur clairvoyance peu commune des *complexités*, par leur pénétration aiguisée des *contradictions*, par leur sens profond du *relatif* et du *contingent*, ils sont mis en défiance contre tout jugement qui serait entaché de simplisme et d'absolutisme, et d'ailleurs contre tout jugement quel qu'il soit, pour cela même que juger c'est toujours arrêter, décider, fixer. Ce ne sont pas eux certes qui auront le culte aveugle de l'idée et la velléité de bâtir sur un principe immuable et rigide une construction qui sera le dernier mot du vrai. Oh! non. Ils savent trop qu'un principe n'est jamais immuable et qu'il n'y a point de dernier mot. Nulle image ne pénètre dans leur conscience qui ne soit envisagée dans l'enchevêtrement de ses rapports avec d'autres images; nulle pensée ne les effleure, qui ne soit escortée d'une foule d'harmoniques. Or, il est évident que cette disposition multiplie le nombre des points de vue, et quand on regarde les choses de points de vue multiples, on ne manque pas de découvrir derrière leur simplicité de surface des complexités profondes, et sous leur unité apparente des oppositions cachées. Aussi de pareils hommes voient-ils constamment l'antithèse en regard de la thèse. Ils ne savent pas de vérité qu'une autre vérité ne contredise. Mieux encore, ils n'observent aucune vérité sans y soupçonner une portion d'erreur, aucune erreur non plus sans y soupçonner un coin de vérité. Ils en déduisent que l'erreur comme la vérité sont un peu partout et n'existent positivement nulle part, que par suite nulle allégation ne peut être soutenue sans qu'on y introduise, pour la compléter, une allégation contraire, et qu'enfin pour quiconque a sondé le relatif de tout, rien n'est plus déplacé que l'assurance impudique et niaise de ceux qui affirment ou qui nient complètement et absolument.

Amiel fait entendre que « chaque opinion est également insignifiante en elle-même » et que « toutes les opinions sont parties prenantes à la vérité », de telle sorte que, par aversion pour ce qu'il nomme les « proscriptions intellectuelles », et par crainte des « décisions arbitraires » il se dispense de conclure. Ainsi se comportent tous les esprits que nous avons en vue : par profondeur et subtilité, ils se privent de toute certitude et se refusent à toute conclusion.

L'*aptitude au doute* devient du même coup un des caractères les plus importants de nos rêveurs passifs. Parce que l'analyse a pour résultat de leur montrer en toutes circonstances le danger des affirmations ou des négations, ils ont une crainte naturelle de l'adhésion trop hâtive et tiennent leur croyance « en laisse ». Mieux : parce que l'analyse aboutit à leur faire savoir que tout est vrai par une de ses faces et faux par une autre, que tout est soutenable par ceci et contestable par cela, ils n'ont plus de critérium pour fixer un choix; et partant ils se refusent à croire, puisque croire c'est choisir.

Au demeurant, ils trouvent dans l'incertitude elle-même je ne sais quelle saveur d'un ordre esthétique; ils jouissent de leurs doutes et ils les cultivent au besoin pour leurs équivoques, pour leurs demi-teintes et leurs contours irisés. Ils ont enfin une certaine volupté intérieure à voir clair, coûte que coûte, au prix même du désabusement; ils ont une certaine impression profonde de puissance et de pleine liberté à rester à jeun au milieu de la griserie, et à s'évader bravement de la duperie commune, pour regarder du dehors et d'un œil critique l'illusion dont les autres hommes sont le jouet complaisant.

Le *culte de l'ironie*, voilà bien leur spécialité. Car l'ironie n'est-elle point basée très essentiellement sur le sentiment des désharmonies occultes dissimulées partout derrière l'harmonie visible? N'implique-t-elle point précisément que tout ici-bas est contradiction, et que tout est duperie dans l'individu, dans la société et dans la nature? Ne souligne-t-elle pas justement le fond d'irrémédiable illogisme qui existe en toutes choses et qui fait toute l'absurdité de la vie? Or, qui donc serait apte à la cultiver si ce ne sont les esprits qui possèdent au suprême degré l'intuition des conflits, des antinomies, des oppositions du Monde?

L'ironie qu'ils cultivent est d'ailleurs la belle ironie, non point la laide qu'on nomme le cynisme. Le cynisme est le fait d'une nature simpliste et bornée qui rit sans discernement parce qu'elle voit toutes choses du même biais et qu'elle ne soupçonne nullement l'essentielle variété de la vie; il est le fait d'un esprit vulgaire qui rit bruyamment par indifférence et par apathie, à moins que ce ne soit par dépit, par envie et par sot orgueil. L'ironie de ceux qui nous occupent est bien au contraire le fait d'une intelligence ouverte qui sourit à propos parce qu'elle voit profond; elle est le fait d'un cœur généreux qui sourit avec amertume parce qu'il souffre en silence d'une imperfection que rien ne peut réduire. Car n'allez pas voir surtout dans l'ironie de nos rêveurs un signe de froideur et moins encore de sécheresse. Même impassible en apparence, elle n'est jamais détachée au fond; même gouailleuse dans son expression, elle cache une tristesse intime, une aspiration douloureuse, un regret malheureux. Il y a derrière son mépris un amour qui se consume, et sa bouche moqueuse n'exclut pas la mélancolie.

Quoi qu'il en soit, les attributs qu'on vient d'exposer doivent avoir dans le domaine de l'activité une répercussion fâcheuse. La richesse et la plasticité de la pensée ont toujours été les plus grands obstacles à la volonté. Le concours simultané d'une foule de mobiles empêche tout agrégat stable de se constituer; l'affluence d'une infinie multitude de possibles enlève à chacun d'eux sa force attractive; le pouvoir d'accueillir des idées nombreuses et diverses prive chacune d'elles de sa valeur propre comme source d'action.

Au demeurant, le doute qu'ils professent dicte à nos rêveurs une juste méfiance des choses et d'eux-mêmes, d'où résulte naturellement, chez eux, au seuil de toute entreprise, un *pessimisme* fondamental concernant les *moyens* aussi bien que le *but*. Ces moyens, ils les ont trop étudiés, ils mesurent trop bien leur faiblesse; ce but, ils l'ont trop scruté, ils éclairent trop bien sa misère et sa vanité.

Rien n'est plus édifiant que les aveux d'Amiel constatant chez lui-même les inconvénients d'une pensée trop riche et qui multiplie les points de vue à outrance, de telle sorte que ceux-ci en viennent à se neutraliser sans cesse : « Arriver à l'immobilité par l'excès de mouvements, au zéro par l'abondance des nombres, c'est étrangement bouffo tristement drôle; la moindre commère peut faire des gorges chaudes ». On découvre che même, au plus haut degré, l'influence désillusi nante et décourageante d'un sens critique t pénétrant, d'une réflexion trop aiguisée, au s de l'action. Il sait la valeur de cette influence chez lui, « a réduit presque à rien, dit-il, la sp tanéité, l'élan, l'instinct, et par là même l'aud et la confiance ». « Tu gâteras tout parce que vas droit au défaut... » : voilà bien le résultat cette analyse trop poussée, et voilà bien la ca irréductible du manque de confiance dans le et dans les moyens. Le but n'est point sû « Quand il faut agir, je ne vois partout que cau d'erreur et de repentir, menaces cachées et c grins masqués ». Et les moyens non plus ne s point sûrs : « J'ai peur d'une synthèse imparfa fautive, et je reste dans le provisoire par timi et par loyauté... Il te manque deux grains brutalité virile et de satisfaction de toi-même En vérité, si cette grande âme voit l'insuffisa de tout, c'est qu'elle aspire à la perfection n'existe pas et qu'elle prend pour unique mes l'infini que nous ne connaissons pas. Dans amour trop grand de l'idéal, elle se stérilise plaçant l'idéal hors de toute atteinte. « Je mour sans avoir vraiment déballé » : c'est ainsi qu' augure de son propre sort, et les faits ne dém tiront point ce présage, car l'intelligence critique devra, chez Amiel, détruire jusqu'au bout le génie créateur. Amiel ne laissera point d'œuvre, point d'œuvre composée, point d'œuvre voulue; il laissera mieux qu'une œuvre, il est vrai, car il nous léguera, dans des feuilles admirables de sincérité, le testament de son cœur et de sa pensée.

Maine de Biran, un autre rêveur, pourrait illustrer pareillement cette paralysie de la volonté par les interférences inhibantes, cette incertitude pessimiste portant sur tout et sur soi-même en particulier. Les mémoires du grand philosophe nous fournissent en effet les révélations les plus explicites. Il suffit d'en extraire ces lignes : « Je ne me trouve jamais assez prêt pour agir, parler ou écrire, et, soit dans le monde, soit dans la solitude, un sentiment intime de défiance, joint à l'idée exagérée des difficultés des choses les plus simples que je vais entreprendre, font que j'hésite sur tout, et que je m'embarrasse quand il n'y aurait qu'à me laisser aller. Tout se complique et se hérisse à mes yeux prévenus, quand il n'y aurait qu'à voir les choses comme elles sont pour les trouver simples et faciles... Ma vie se passe ainsi dans une inaction plus fatigante qu'une suite ordonnée de travaux... Je me prépare sans cesse à agir; j'ai tout l'embarras et la fatigue de l'action sans rien faire... »

Et combien d'autres hommes, qui ont écrit lei journal ou leurs confessions, devraient comme l précédents nous servir d'exemples pour mettre e relief cette conséquence presque inévitable d mal de penser : malaxer les raisons d'agir et n pas agir !

L'*inhibition par polyidéisme* est en vérité l terme final dans la série des caractères psycho logiques du rêveur passif. Elle nous explique le manières extérieures qui lui sont familières ; ell nous laisse prévoir déjà l'attitude sociale qu' adoptera le plus souvent et qu'il convient d mettre en relief.

L'attitude sociale des rêveurs passifs se défini essentiellement par ceci qu'elle est *individualist* et *aristocratique*.

Ces hommes-là évitent de se mêler. Ils main tiennent leur vie intérieure à l'abri des promis cuités de la rue ; ils se cantonnent même dan cette vie intérieure, si la rue les obsède. C'es qu'ils ont la conscience très nette et le respect trè grand de ce qui les « sépare ». A la volonté d nivellement qui est le propre de l'instinct social ils opposent, dirait Tarde, « la singularité profond et fugitive des personnes, de leur manière d'êtr de penser, de sentir, qui n'est qu'une fois et qu n'est qu'un instant ». Écoutez Alfred de Vigny

La tête de chacun est un moule où se modèle toute une masse d'idées. Cette tête une fois cassée par la mort, ne cherchez plus à recomposer un ensemble pareil : il est détruit pour toujours. » Écoutez Benjamin Constant : « Il y a entre les autres et soi une barrière invisible. L'illusion seule de la jeunesse peut croire à la possibilité de la voir disparaître ». Aussi, nos rêveurs se sentent isolés parmi les *nombreux*, et ils se complaisent dans leur isolement. Ils disent aux *nombreux :* « Vous pensez ainsi, vous sentez ainsi; je pense et je sens autrement. Il n'y a rien de commun entre vous et moi ».

Les désharmonies qui les séparent du milieu reconnaissent d'ailleurs de multiples causes dont chacune se déduit des autres très logiquement.

Et d'abord, une intelligence à la fois profonde et nuancée, comme est celle des rêveurs passifs, a pour résultat de « distinguer » son homme, et par conséquent de le séparer en l'élevant. Mais surtout — ceci est bien décisif — elle a pour résultat d'introduire chez lui une compréhension à la fois sceptique et pessimiste de tout ce qui concerne la « chose sociale ».

Nos rêveurs passifs, avec leur pénétration habituelle des complexités, savent trop bien que la vie dépasse de beaucoup en richesse et en variété tous les cas prévus par le code moral, et que chaque nouveau cas est un problème particulier, unique, imprévisible, qui échappe à toutes les formules; ils savent trop bien que toutes les certitudes courantes sur quoi notre société s'appuie sont des vérités caduques, arbitraires, suspectes, qui ne résistent jamais à un examen profond. Aussi leur dédain va-t-il très naturellement à la cohorte des philistins pontifiants et cérémonieux qui, dans leur dogmatisme simpliste, ont une conception rigide de l'ordre social et une aveugle confiance dans la vertu des principes admis par tout le monde; aussi leur pitié s'épanche-t-elle sincèrement sur la populace compacte des esprits confits dans leur sacerdoce, qui croient à l'importance de leur rôle et qui s'y dépensent avec componction.

Et puis, nos rêveurs passifs, en raison de leur esprit critique toujours aiguisé, pénètrent trop bien tout ce qu'il y a de mensonge dans les simulacres de la société agissante; ils percent trop aisément la part inévitable de fausseté qui accompagne le cortège tyrannique des convenances et des préjugés; ils découvrent trop facilement l'égoïsme foncier et les sentiments d'esclave qui se cachent derrière la façade d'un altruisme solidariste, l'âpreté des ambitions particulières et des appétits personnels qui s'abritent sous le manteau de l'intérêt commun. Aussi estiment-ils que les agitations de la vie sociale ont quelque chose de factice et de superficiel qui s'oppose aux aspirations purement et profondément sincères; aussi apprécient-ils que ces agitations ne valent pas qu'on s'y donne et que cette vie sociale ne mérite pas qu'on s'y mêle.

Mais ce n'est point tout. Une sensibilité raffinée comme est celle des rêveurs passifs souffre de la laideur, appréhende la souillure et craint les froissements. Le contact des « hérissons humains » doit faire éprouver à de pareils esprits un insurmontable malaise; les promiscuités nocives et les empiétements malsains doivent leur procurer un mélange de désolation un peu dégoûtée et de honte craintive. Ils sentent autour d'eux la rapacité, la férocité, l'animosité, l'envie, et cette impression devient une source constante d'horripilation et de recroquevillement; ils redoutent la promiscuité d'une foule agitée qui vous pousse et vous foule aux pieds, et la crainte d'être bousculés les invite à ne point fréquenter le dehors et à s'envelopper d'eux-mêmes. « Il faut bien admettre, dit Amiel, cette condition des sociétés humaines : le tapage, la haine, la fraude, le crime, la férocité des intérêts, la ténacité des préjugés; mais le philosophe en soupire et n'y peut mettre son cœur; il a besoin de regarder de haut l'histoire et d'entendre souvent la musique des sphères éternelles. »

C'est pourquoi ces hommes-là n'entrent guère en lice. Non point qu'ils soient lâches : ils ont moins peur de recevoir des coups que d'en donner.

Mais ils ne sont pas faits pour lutter de violen et couvrir les cris de la racaille. Ils dédaignen l'action pour ce qu'elle entraine d'agissements lou ches et de compromissions suspectes, ils sorten du « tas » par dégoût de la vulgarité, ils se réfugien dans une dignité hautaine par horreur de « tout c qui disperse l'âme en la faisant dépendre de choses ».

Si nos rêveurs cherchent à se dégager de entraves sociales, ils tiennent la société, e revanche, quitte de ses faveurs. Peu importe leu rôle dans la mascarade. Ils n'ont cure d'êtr quelque chose : ils aspirent plutôt à être quelqu'un Ce qu'ils admirent dans l'homme, en effet, ce n'es pas l'homme social, mais bien l'homme tout court Ils ont très souvent le culte du génie et de l noblesse d'âme, le respect des types surélevés d l'espèce ; mais à l'illusion du grade, de la situation des titres et des honneurs, ils ne sont accessible que difficilement. Si l'obéissance leur est odieuse le commandement, à vrai dire, ne les séduit pa davantage, ou du moins ils s'en passent fort bie sans nulle perte pour leur bonheur. L'ambition d pouvoir n'est point trop leur fait, et, dans l marche du troupeau, ils négligent même volontier pour eux-mêmes ce que les têtes de bétai appellent l' « avancement ». S'ils n'ont pas « un grosse place », ils s'en consoleront toujour comme Stendhal : « Je ne suis pas mouton, e c'est pourquoi je ne suis rien. » Amiel, qu'on aurait cent fois l'occasion de citer, s'explique sur ce détachement : « Le public n'a jamais été pour moi qu'une grandeur négative. Je n'ai jamais rien demandé ni attendu de lui, pas même la justice, et me constituer dans sa dépendance, solliciter sa bonne grâce ou son suffrage m'a paru un acte de courtisanerie et de vassalité auquel s'est instinctivement refusé mon orgueil. »

Ainsi, les esprits qui nous intéressent laisseront volontiers la médiocrité intrigante remporter sur eux certains avantages, car aux sacrifices que requiert le succès, leurs goûts ni leurs aptitudes ne sauraient se plier. Ils ne sont jaloux que de leur liberté. Leur unique souci, c'est de réaliser toute l'indépendance réalisable au sein d'une société qui est un mal nécessaire et qu'ils sont obligés de subir. Pratiquement, il s'agit pour eux de s'accommoder de toutes les lois et de tous les usages, mais de s'en accommoder justement assez pour s'en évader sans frais, sans rompre de lances et sans lutter de front, comme on fait d'une mode à laquelle on se plie sans lui faire pour cela aucun sacrifice profond. Il s'agit aussi de réduire les relations autant qu'il se peut, et de ne s'affilier aux groupes, aux ligues, aux partis, que dans les strictes limites qu'exige la sécurité ou la bienséance. En dehors de cela, « opposer aux hommes une surface lisse, leur livrer l'apparence de soi-même » — dirait Barrès; « se promener parmi les hommes comme s'ils étaient des arbres » — avait déjà dit Descartes. Et, ce qui résume tout : séparer la vie « poétique » de la vie « politique » — pour parler la langue d'Alfred de Vigny.

Seulement, l'homme d'une telle attitude indispose toujours son milieu. Car la société qui tend de toutes ses forces à tuer le sentiment de l'individualité et de l'unicité pour lui substituer le nivellement, la société n'admet pas l'irrégularité, l'indépendance, le non-conformisme; elle ne tolère pas ceux qui vivent « en marge » d'elle-même. Le troupeau n'aime pas ce qui n'est pas le troupeau. On est forcément coupable par devant lui en ayant une âme dégagée de toutes les servitudes, en méprisant l'allure pontifiante et l'implacable sérieux de ceux qui tiennent un rôle dans la comédie sociale. Être embrigadé, enclavé dans la masse, est une condition d'estime par devant tous ceux qui la constituent. S'évader des biens qu'ils honorent et ne les point rechercher, voilà le crime qu'ils ne pardonnent pas. C'est que la multitude de ceux qui jugent, n'ayant d'autre espérance que d'être un objet de respect au point de vue social, considère comme une sorte d'offense directe une attitude irrévérencieuse ou simplement indifférente à l'égard de ce qui est socialement respecté. Les hommes asservis ont certain malaise à découvrir chez les autres un geste d'indépendance et d'élévation : ils s'en vengent toujours de quelque façon.

Vous voyez dès lors le cercle vicieux qui doit s'établir. Le sentiment de leur désharmonie avec l'agrégat social éloigne nos rêveurs passifs de cet agrégat, et ce dernier, réagissant par ses brimades, confirme ce sentiment et l'accentue davantage. On peut bien dire, en effet, que la désharmonie en question n'est pas simplement conçue par de tels esprits : elle est *éprouvée* par eux chaque jour pratiquement. Et si la société organisée leur apparaît comme la génératrice de toutes les humiliations et de toutes les misères, c'est que, ces humiliations et ces misères, ils sont aptes à les ressentir d'une façon plus intense et à les « ruminer » plus longuement que le commun des hommes dont l'existence est prise tout entière par l'assiduité à l'action et l'accaparement du monde extérieur. La conséquence naturelle de cet état de choses est la transformation de leurs besoins sentimentaux comprimés en une résignation hautaine, parfois dédaigneuse et méprisante, plus souvent indulgente et sereine. « Un désespoir paisible sans convulsions de colère et sans reproche au ciel est la sagesse même », dit Vigny, et le silence est en fin de compte « la meilleure critique de la vie ».

En vérité, c'était une richesse exceptionnelle de

la vie intérieure qui avait conduit le plus souvent nos rêveurs passifs à quitter la cité humaine, et ce sera par cette même richesse de la vie intérieure qu'ils pourront vivre dans le recueillement. Tous, ou presque tous — oh ! que ceci est bien spécifique de leur caractère ! — ils écrivent leur *journal intime*, et là, comme en un sanctuaire secret, ils déposent leurs idées et leurs impressions chaque jour. « Le journal tient lieu de confident, c'est-à-dire, d'ami et d'épouse; il tient lieu de production, il tient lieu de patrie et de public. C'est un trompe-douleur, un dérivatif, une échappatoire ». Grâce à lui, ils vivront autant et mieux peut-être que beaucoup d'hommes, car au lieu de rester asservis au sein de l'Univers ils seront libres avec l'Univers en eux.

On ne s'étonnera pas, après cela, si les rêveurs passifs sont étrangers à tout interventionisme politique ou religieux. Bien qu'on puisse m'opposer quelques exceptions, — exceptions plus apparentes que réelles —, il n'est pas douteux qu'ils doivent être et qu'ils sont pour la plupart des *abstentionistes*, au sens général du mot.

Vous en devinez la raison. Elle est double.

Il y a une raison de fait qui est celle-ci : on n'intervient jamais d'une manière effective sans se mêler, sans « se colleter » au moins moralement avec ceux du parti adverse, et nos rêveurs n'aiment pas cela. Ils n'ignorent point d'ailleurs qu'ils ont toutes les chances d'être battus d'avance, parce que leurs ennemis emploieront sans doute certaines armes qu'eux-mêmes ne savent point, ne veulent point manier.

Mais il y a une raison de principe qui est bien plus importante et qui fait que la question même ne se pose pas. Elle réside justement dans leur compréhension pessimiste et sceptique de la « chose sociale ». Ces hommes-là ont pénétré la contradiction foncière et irréductible qui sépare le groupe de l'individu ; ils ont acquis une défiance raisonnée de tout ce qui est agrégat, corporation ou association, secte ou parti. N'ayant aucune illusion sur le sens du mal, ils n'en ont pas davantage sur la qualité des remèdes. Ils ne croient guère au perfectionnement et n'ont point trop foi dans les tentatives des sociologues optimistes qui se flattent de créer de toute pièce une architecture sociale ; ils ont un sourire pour les prétentions des réformateurs qui espèrent rebâtir le monde sur le plan d'un rêve. Or, avec des dispositions pareilles, on manque tout à fait de ce qu'il faut pour « donner du museau dans une des souricières où les esprits affranchis ont hâte de se faire prendre ».

Amiel, qui ne veut communier qu'avec les exemplaires nobles de la race humaine, estime que ces exemplaires sont un peu partout ; et il conclut :

« Ma patrie de choix est avec les individus choisis... l'illusion patriotique, chauvine, familiale, professionnelle, n'existe pas pour moi. »[1]

Vigny, qui est plus attaché au terroir, n'en estime pas moins que toute politique repose invariablement sur un cercle vicieux qui est éternel dans l'Histoire. En matière politique, il s'agit toujours d'une minorité antérieure tyrannisée qui deviendra une majorité ultérieure tyrannisante. Les despotismes et les servitudes changent de nom, mais ce sont toujours des servitudes et des despotismes. Alors « peu nous importe quelle troupe fait son entrée sur le théâtre du pouvoir... L'ordre social est toujours mauvais. De temps en temps il est seulement supportable. Du mauvais au supportable, la dispute ne vaut pas une goutte de sang. »[2]

Ce n'est pas qu'Amiel, ni Vigny, ni tous les autres que j'ai cités n'aient aucune préférence pour certaine patrie, et aussi pour certain parti. Ils peuvent être pour une opinion plutôt que pour une autre. mais à la manière de M. Bergeret. Vous me comprenez.

Enfin, — ceci vient en corollaire, — les rêveurs passifs n'ont aucun désir de propagandisme et de prosélytisme. Ils tendent justement vers le con-

1. Henri-Frédéric Amiel. *Loc. cit.*

2. Alfred de Vigny. *Journal d'un poète* (Delagrave).

traire, c'est-à-dire la *concentration* et le *recroquevillement*.

Faire du prosélytisme implique une affirmation, puisque cela se ramène à persuader les esprits. Or, comment affirmer, quand toute chose paraît équivoque? En vertu de quelle force entraîner chez les autres la persuasion, quand on est un douteur soi-même?

Et puis, faire du prosélytisme implique une façon de contrainte, puisque cela se ramène encore à plier, à soumettre les volontés. Or, ne serait-ce pas la pire des contradictions pour un esprit qui sait combien les individus sont impénétrables les uns par les autres, et qui a le culte des différences et de l'unicité? On ne saurait prétendre à communiquer aux autres sa façon de comprendre et de sentir, quand on est bien persuadé que chacun ici-bas doit suivre son chemin à soi et non pas celui du voisin. Il y a toujours dans la propagande quelque chose comme un viol, et le viol répugne foncièrement aux âmes individualistes. Une pudeur un peu féminine leur commande constamment « la protection du sentiment, l'ensevelissement des expériences individuelles, le silence sur les meilleurs secrets ». « J'incline, dit Amiel, à l'ésotérisme, à la discrétion pythagoricienne, par aversion de la jactance grossière... Connaître me suffit, exprimer me semble parfois profaner; faire connaître ressemble à divulguer. »

On ne s'étonnera pas davantage si l'esprit de nos rêveurs passifs est nettement opposé à l'esprit sectaire, et s'il incarne, au contraire, l'*esprit libéral* et la tolérance qui en est forcément le plus bel apanage.

La tolérance a toujours marché de pair avec la pénétration de la pensée. Voir jusqu'au bout, c'est s'éloigner du blâme et s'interdire la rigueur. Comprendre à fond, c'est généralement respecter, souvent même accepter.

Dans leur intuition remarquable du « relativisme » spéculatif, les hommes qui nous intéressent ont appris depuis longtemps que nul ne possède la vérité tout entière et que nul n'en est totalement privé, qu'aucun n'a tort entièrement ni entièrement raison, qu'il n'y a pas d'idée tout à fait fausse ni tout à fait juste, que toutes sont discutables et possibles, qu'il faut donc savoir les entendre toutes et les mettre toutes au grand jour. Ils estiment que la seule erreur bien certaine, c'est de vouloir « parquer » le vrai étroitement, systématiquement, et que la seule vérité bien sûre, c'est de savoir découvrir simplement la part de vérité qu'il y a dans chaque chose... et même dans la vérité. Le résultat est qu'ils sont vis-à-vis d'eux-mêmes et des autres dans la posture la plus équitable. Ils ne songent pas à faire de leurs opinions à eux les seules opinions valables; mais à toutes les opinions qui se présentent ils accordent une sorte de foi provisoire et atténuée, et, dans tous les cas, un accueil bienveillant pour ce qu'elles ont de bon.

Et puis, ce n'est pas tout. En vertu de leur sens aiguisé du « particularisme » psychologique, ces mêmes hommes doivent éprouver mieux que personne ce qu'il y a de sacré dans la retraite impénétrable qu'est une conscience humaine. Ils savent, en effet, que derrière les différences apparentes d'idées, il se cache essentiellement des différences de tendances et de tempéraments, et que de telles différences sont irréductibles. Ils jugent que la conviction d'un être appuyée sur des bases aussi primordiales, c'est plus que sa propriété intime, plus que son bien personnel, c'est son tout lui-même, et que, par suite, ni les États ni les Particuliers n'ont titre pour briser de force cette conviction ou pour l'expulser d'office. Ils estiment enfin que de contraindre un être à se renier et à se démentir, c'est pousser jusqu'à ses dernières limites ce viol dont nous parlions tout à l'heure, c'est se livrer à un sacrilège brutal autant que ridicule, c'est commettre une profanation cruelle et stupide à la fois.

Pour les deux raisons qu'on vient de mentionner, nos rêveurs sont donc libéraux; mais ils le sont aussi et surtout peut-être pour une troisième raison, qui est moins « raisonnée » et plus inconsciente : ils le sont, parce que de ne pas l'être serait incompatible avec une tendance qui est l'aboutissement de leur psychologie, — et j'entends parler de leur tendance au *dilettantisme.*

En poussant à fond la « croyance » des rêveurs actifs, nous aboutissions à les présenter comme des fanatiques ; en poussant à fond l'« incroyance » des rêveurs passifs, nous aboutirons à les présenter comme des dilettantes.

« Mon inclination est de voir les choses telles qu'elles sont, abstraction faite de mon individu, correction faite de tout désir et de toute volonté. Mon antipathie n'est donc pas pour celui-ci ou celui-là, mais pour l'erreur, le parti pris, le préjugé, la sottise, l'exclusivisme, l'exagération. » Quand on parle ainsi, — et c'est ainsi que parle Amiel, et avec lui la plupart de ses pareils —, on est mis en garde à coup sûr contre le dogmatisme outrancier, et l'on est préservé à jamais du geste de l'*idolâtrie.* Nulle disposition n'est plus apte à bien mettre au point la valeur des choses et à écarter du même coup les indignations outrées et les enthousiasmes inconsidérés.

Seulement, la tendance peut aller plus loin. C'est fort bien de ne donner aux choses que l'importance qu'elles méritent, mais on est par là sur le chemin de ne trouver de l'importance dans rien.

C'est fort bien de ne point s'indigner, ni s'enthousiasmer plus qu'il ne convient, mais on est par là sur le chemin de perdre jusqu'au goût et jusqu'au pouvoir de s'indigner ou de s'enthousiasmer. A l'attitude passionnelle et active on substitue, dans la pratique même de la vie, l'attitude intellectuelle et spectaculaire. C'est à cela qu'aboutissent nos rêveurs passifs, et c'est en cela qu'ils sont dilettantes. La claustration dans une réalité spéculative après évasion de la réalité positive, la béatitude de connaître après l'évanouissement du vouloir, voilà bien leur fait. Ils savent que leur point de vue est supérieur, et ils répudient définitivement les soucis et les intérêts communs. Ils savent le bien-être de philosopher doucement, et ils vont dodelinant de la tête et regardant par-dessus le mur simplement tout ce qui sue et tout ce qui s'agite. Ils savent la joie pure d'être homme, et ils se composent, au sein du grouillement, une figure lointaine et comme étrangère. Ils disent avec Gœthe : « Heureux ceux qui donnent à leurs occupations frivoles ou même à leurs passions des noms magnifiques et les portent en compte au genre humain comme des œuvres de géants, faites pour son salut et pour son bonheur! Mais celui qui reconnaît dans son humilité où toutes choses aboutissent..... celui-là est tranquille, car il se compose un monde en lui-même..... et, si étroite que soit sa sphère, il porte toujours dans son cœur le doux sentiment de la liberté. »

Ce dilettantisme peut être d'ailleurs de tonalit infiniment variées, comme est infiniment vari l'âme de ceux qui le pratiquent.

Veuillez comparer *René*, *Adolphe*, *Obermann* trois types de rêveurs passifs dans lesquels, sa nul doute, Chateaubriand, Benjamin Constant, S nancour n'ont fait que se mirer en nous l offrant. Ils savent tous trois qu'ils ne sont p et qu'ils ne peuvent pas être en harmonie sentir et de penser avec le milieu social, tous trois ils tendent à s'isoler *spéculativemen* ils se disent tous trois qu'aucun but ne vaut peine d'un effort, et tous trois ils méprisent l mobiles de l'activité humaine *spéculativemen* ils cultivent tous trois avec un immense amo l'orgueil infini de leur royauté douloureuse qu' n'échangeraient point, j'imagine, contre tous l plaisirs du monde, et tous trois ils n'ont ri vraiment qui les intéresse en dehors d'eu mêmes *spéculativement*. Mais, en fait, *René* e un égotiste qui se rend à lui-même la vie impo sible; *Adolphe* en est un second qui la re impossible aux autres; *Obermann* en est un tr sième qui la prend, en fin de compte, ain qu'il convient, et qui ne laisse pas, si je me so viens bien, de la rendre agréable à ceux qui fréquentent.

C'est qu'il y a un dilettantisme qui reste *spécu latif* et qui donne à son homme une séréni majestueuse, parce qu'il est entretenu chez lui par cette tolérance magnifique de l'intelligence qui est le produit dernier de la plus haute culture, et qui est vraiment la fleur sur la cime. Ceux qui sont dilettantes suivant un tel mode se créent tout au fond de leurs âmes un asile que rien ne peut troubler, en se rendant eux-mêmes supérieurs au reste du monde; mais ils ont l'ironie toute pleine de pitié, et, comme l'on aime toujours ce que l'on plaint, cette ironie-là recouvre un amour silencieux peut-être, mais encore un amour sincère des hommes et de la vie. Et puis, il y a un dilettantisme *effectif*, un dilettantisme qui se détache par indifférence et par égoïsme. Celui-là s'accommode de tout et répond simplement à tout ce qui se présente : « Qu'est-ce que cela me fait? »

Nous devrons revenir sur cette distinction en lieux opportuns. Je me contente de la signaler ici, avant de mettre en relief une conséquence générale de grande importance : l'habituelle *sociabilité*.

De même que les rêveurs actifs, en dépit de leur « sociétarisme » foncier, nous réservent ce paradoxe d'être *insociables* très souvent, de même les rêveurs passifs, en dépit de l' « individualisme » qui leur est propre, nous réservent ce paradoxe d'être *sociables* généralement.

Ce serait une bien grande erreur, en effet, qu de vouloir confondre individualisme et misan thropie. Ces deux termes s'opposent. Le misan thrope est un convaincu qui croit avec fureur un idéal quelconque de société organisée, et qu entre en conflit avec la société existante, parc qu'elle ne répond pas à cet idéal. L'individualist est un sceptique dont l'idéal demeure étranger a milieu social et cherche à se réaliser en dehors d lui, ce qui rend parfaitement inutile et même fo incommode une opposition active à l'égard d la société existante comme d'ailleurs à l'égar de toute société.

Mais il y a mieux. Si nos rêveurs passif n'aiment pas *les groupements humains*, parc qu'ils voient dans la communion corporativ quelque chose de factice et de conventionnel ils aiment assez volontiers *les hommes en généra* et *chaque homme en particulier*, parce qu'aime leur est naturel dès l'instant qu'il n'y a pa d'obstacle.

Très accessibles aux *affections électives*, il ont d'ordinaire un culte profond de l'amitié Il n'est même point rare de les voir recher cher avec une ardeur jalouse l'intimité des per sonnes qu'ils ont jugées dignes d'entrer dan le secret de leur vie intérieure, car la sensi bilité qu'ils compriment trop souvent ne demande qu'à se donner carrière, aussitôt qu'elle a de raisons sérieuses pour se croire à l'abri des heurts.

Très accessibles en outre aux *émotions panthéistiques*, ils ont souvent un sens très profond de la dépendance universelle des êtres et des choses ; ils se comprennent dans cette dépendance et ils s'y complaisent volontiers. Ils vont même jusqu'à l'exalter mystiquement, car leur sensibilité comprimée trouve encore une échappatoire très sûre dans une sorte d'amour abstrait, d'amour « spiritualisé » pour un univers anonyme, qui ne les trompe pas, qui ne les déçoit pas, étant lui-même une valeur abstraite, une simple entité. Mais que ce mysticisme-là est loin de celui que nous prêtions aux rêveurs actifs ! L'un était orthodoxe, et, — bien qu'on dise que toute religion est une poésie, — il était, en vérité, sans poésie, une pure religion. L'autre, celui des rêveurs passifs, n'est ni orthodoxe, ni hérétique : il plane dans une sphère où les oppositions de ce genre ne trouvent aucune place, et, — bien qu'on découvre en toute poésie un fond de religion, — il est, lui, sans religion, une pure poésie.

Les capacités de sympathie dont il est question ici trouveraient maints exemples pour s'illustrer. Écoutez de Vigny. » Il m'est arrivé, disait-il, de passer des jours et des nuits à me tourmenter de ce que devaient souffrir les personnes qui ne m'étaient nullement intimes et que je n'aimais pas particulièrement..... Un instinct involontaire m forçait à leur faire du bien, sans me laisser con naître. C'était l'enthousiasme de la pitié, la pas sion de la bonté que je sentais en mon cœur. Et Amiel : « J'ai faim et soif de simple bonté... Le dégoût de ma vie individuelle et l'engloutis sement de ma volonté privée dans la conscienc pure de l'activité universelle, c'est mon penchant ma faiblesse, mon instinct. »

Voilà des aveux comme on en trouve constam ment sous la plume d'individualistes très purs, e ceci n'a rien qui doive nous surprendre. D'o vient, en effet, l'individualisme de nos rêveurs Leur attitude d'isolement ne serait-elle pas tou justement un dérivé logique du besoin de com munion, et ces hommes-là ne seraient-ils pas, e somme, de faux impassibles dont l'âme trop sen sible a souffert de la malveillance sociale? D'autr part, cet individualisme, où va-t-il ? Au culte d moi. Mais se cultiver soi-même, dans le grand sen du mot, n'est-ce pas d'abord se faire une âm belle ? Or, comme il n'y a pas de beauté san amour, il n'y a pas de vrai culte de soi-même san une immense sympathie qui enveloppe les être et les choses.

Et maintenant on jugera d'un mot toute la pau vreté et toute la richesse de ceux que l'on vieu d'esquisser. Leur richesse et leur pauvreté à la fois, c'est de *penser leur rêve inlassablement*. Aussi bien leur rêve est une liberté ; mais une liberté ne fut jamais, à elle seule, une force. Qu'un grain de quelque chose apporte la force : voilà toute la question.

CHAPITRE IV

DEUX RÔLES ET DEUX DESTINÉES

Pourquoi la foule s'attache aux rêveurs actifs. — Ce qu'i advient de cet attachement. — Pourquoi la foule s'éloign des rêveurs passifs. — Ce qu'il advient de cet éloignement — A travers la Civilisation et l'Histoire.

Nous avons distingué deux types de rêveurs qu s'opposent à la fois par leurs caractères primor diaux et leurs réactions extérieures. Il nous rest à entrevoir le rôle social de tels hommes, et à mettre en opposition leurs influences dissemblable à travers le Monde.

On ne s'étonnera pas que les *rêveurs actif* deviennent facilement des idoles pour le peuple car on sait que le peuple est toujours en quête d'u demi-dieu qu'il puisse adorer.

Dans l'œuvre de Cervantes, le peuple c'es Sancho. Or, Sancho se doute bien que son maîtr ne jouit pas en toutes circonstances de l'entière possession de soi-même. Il exprime d'ailleurs en termes parfaits l'opinion de la foule jugeant les illuminés : « ..... Quant à votre valeur et à vos exploits, les uns disent : c'est un fou assez agréable, et les autres : il est courageux, mais toujours battu. » Et cela n'empêche pas Sancho de suivre ce « fou agréable », et de le suivre même quand il est « battu »; cela ne l'empêche pas de quitter pour lui son pays, ses biens, sa femme, son enfant; cela ne l'empêche pas de supporter à ses côtés toutes les privations, toutes les avanies, et de lui être dévoué jusque dans le malheur et jusqu'à la mort.

Pareillement le peuple s'enthousiasme pour ceux qui ont ou paraissent avoir un grand idéal; il se laisse fasciner par leur assurance audacieuse et prompte, et souvent aussi par leurs belles promesses. Car le peuple croit au pouvoir des illuminés, comme Sancho croit à la vertu des chevaliers errants. Il dit, lui aussi : « Un chevalier errant est une chose toujours à même d'être empereur ou roué de coups, aujourd'hui manquant de tout, demain pouvant disposer de trois ou quatre royaumes qu'il donne à son écuyer. » Mieux encore, si les royaumes ne viennent pas, s'il ne pleut que des coups, le peuple est prêt à reconnaître, comme l'écuyer : « Monseigneur, je suis un véritable âne, il ne me manque que le bât, et, si vous voulez le mettre sur mon dos, je serai loin de m'e plaindre ; vous ne ferez qu'une justice. » Il n'e point très rare, en effet, que le peuple marche « bât sur le dos » et se laisse conduire de la sor aux situations les plus périlleuses.

Mais alors, il ne serait point déplacé peut-êt d'appliquer au peuple « marchant sous le bât » mot de la duchesse : « Puisque Don Quichotte e fou, puisque Sancho, son écuyer, le connaît po tel, et que, malgré cette connaissance, il ne lais pas de le suivre et de s'associer à ses folies, s'ensuit que mon ami Sancho doit être un peu fo lui-même. » Oui, parfaitement, le peuple-Sanch souffre d'une douce folie. Seulement, sa folie à l est amorphe. Elle s'appelle tout simplement, d'u mot, la *suggestibilité*.

En vérité, si les rêveurs actifs trouvent aupr de la foule des faveurs sans cesse renaissante jamais épuisées, c'est que la foule se reconnaît e eux. Ces rêveurs sont simplistes, ils sont schéma tiques, et cela plaît à la foule : elle aime la co densation de la vie en quelques formules trè claires qui polarisent ses aspirations confuses e les concentrant sur un but précis, facile à conce voir. De plus, ces rêveurs savent croire sans hési tations et sans restrictions, ils sont confiants, il sont sûrs d'eux-mêmes, et cela plaît encore à l foule : elle veut adhérer sans arrière-pensée, ell désire s'entendre affirmer les choses, elle exig qu'on lui apporte des convictions tranchantes qui lui en imposent et qui la rassurent en lui suggérant une impression de force. Enfin, ces rêveurs sont *moraux*, foncièrement *moraux*, en ce qu'ils ont une foi très sincère dans l'excellence de quelqu'un ou bien de quelque chose sur quoi ils comptent fermement pour mettre du bonheur parmi les hommes et de l'ordre dans la vie. Or, la foule n'est-elle pas morale, morale par essence? Si, n'est-ce pas, puisque la morale même n'existe que pour elle et par elle, puisque sans foule il n'y a pas de morale qui soit, et que sans morale il n'y a pas de foule qui puisse être, — j'entends de foule constituée.

Dans cet enthousiasme des masses pour les rêveurs illuminés, on peut voir certes le petit côté, le côté vaudeville, et, pour nous reporter à l'exemple-souche, le côté du Sancho mesquin, cupide et grotesque. Il n'est pas douteux, en effet, que le peuple attaché aux pas de certains hommes escompte bien souvent un profit ou une récompense qui ne sera point toujours « le gouvernement d'une île », mais qui se traduira du moins par quelqu'une de ces menues pâtures qu'un seigneur donne aux gens de sa suite, quand il est content de leurs offices. La vie sociale de tous les temps illustrerait de maints faits divers cette notion banale sur laquelle je n'insiste pas.

Seulement, je me plais à reconnaître qu'en regard

de cela, il y a le grand côté, le côté tragique, e pour nous reporter à l'exemple-souche, le côté d Sancho de la dernière heure, généreusemer dévoué et presque héroïque dans la profondeur naïv de son attachement. Car le peuple n'est pas att ché seulement aux hommes qui ont un idéal fe vent, parce qu'il compte en tirer quelque bénéfic le peuple est attaché aux hommes qui ont un idé fervent, parce que le peuple est humain et qu' est humain de croire en ceux qui croient.

Rappelez-vous les lamentations du vieil écuy cramponné au chevet de son maître mourant. Je n connais rien pour ma part qui soit d'une beauté pl émouvante, et d'un sérieux plus dramatique, so des apparences bouffonnes, que l'obstination d cette âme simple à ressusciter le génie de l'ancie Don Quichotte redevenu Alonzo Quixano et à ra peler de toutes ses forces désespérées l'idéal q meurt avec lui, — cet idéal dont elle a souffe pourtant, cet idéal qui n'a pas tenu ses promess et dont elle n'a récolté que des tribulations et d amertumes, cet idéal qu'elle a renié, qu'elle déserté, et qu'elle voudrait faire revivre encor malgré tout. « Non, Monsieur, s'écrie éperdume Sancho, vous ne mourrez point; il n'est pas po sible que vous mouriez..... Je ferai tout ce q vous voudrez; nous irons où il vous plaira : berg chevalier, écuyer, tout m'est égal, pourvu que sois avec vous..... Si vous ne pouvez pas vous co soler du malheur d'avoir été vaincu, je dirai que c'est ma faute, je déclarerai, j'affirmerai par serment que j'avais mal sanglé Rossinante, que c'est à moi seul que l'on doit s'en prendre..... » Il y a du sublime dans cette charité suprême, et la raison qui l'inspire nous affirme suffisamment quelle force incommensurable est l'idéal, quel amour sans limites peuvent suggérer ceux qui l'incarnent, quel formidable levier tiennent en mains ceux qui jouissent de cette force et qui suscitent cet amour, et quelle puissance est la leur enfin pour soulever les hommes et pour les conduire à travers le Monde.

Où les conduisent-ils? A quelque chose d'extrême invariablement. Or, si l'extrême peut être parfois dans le bien, il est dans le mal plus souvent, pour cette raison qu'il est l'extrême. En fait, la foule qui se laisse entraîner par eux n'y trouve d'ordinaire que des « malencontres », et quand on la regarde au cours de l'Histoire, on ne peut guère s'empêcher d'évoquer tout droit l'image de Sancho berné par les Ségoviens.

Il est vrai que l'Histoire ne se juge point à courte échéance, et que des malencontres d'un jour on a vu sortir un bonheur durable. Il resterait à savoir si ce même bonheur n'eût pu se constituer sans ces malencontres. Mais le moment n'est pas venu d'ouvrir pareille discussion. Quand même le bonheur ne viendrait jamais, et pourvu qu'elle croie qu'il viendra sûrement, la foule, si bern qu'elle soit, oublie ses misères et se contente d consolations qu'on veut bien lui offrir : « Co ment donc, mon fils ! est-ce que l'on t'a battu ? Eh! par la sambleu ! je vous le dis depuis u heure. — Ne t'en inquiète pas, crois-moi; car je va faire tout à l'heure mon excellent baume de Fier-Bras, avec lequel nous serons guéris dans u clin d'œil..... »

Seulement, il peut arriver tout de même qu furieuse d'être leurrée, la foule, un beau jour, tourne contre l'idole et la brise. Il n'est même p rare qu'elle commence par là, et si c'est la prér gative des illuminés d'entraîner les masses, il fa ajouter que c'est leur lot aussi d'être lapidés p elles. Adorés aujourd'hui, ils peuvent être demai foulés aux pieds.

* * *

Tout autre est le rôle, et tout autre la destin des *rêveurs passifs* qui, eux, ne subjuguent ni n'e traînent le peuple, pour cette raison qu'ils n'aime point « se mêler », et pour d'autres raisons enco qu'on prévoit déjà.

D'abord, le peuple ne les comprend pas. Ils so insondables dans leurs profondeurs, ils sont éni matiques avec leurs finesses, et le peuple n'aim pas à s'embarrasser des complexités gênantes des subtilités qui empêchent d'y voir simple et gros. Et puis le peuple n'a que faire de les suivre. Ils ne savent pas croire sans réserves et ne regardent jamais une face d'un objet sans voir l'autre par transparence; ils hésitent, ils suspendent leurs jugements, et le peuple ne hait rien tant que le doute et l'incertitude, — car que peut-il faire de gens qui n'affirment rien, qui sourient et qui hochent la tête? Enfin le peuple sent bien qu'ils n'auront jamais, eux et lui, une même conception de la vie. Car sa conception, à lui, est tout forcément *morale*, puisque sociale, puisque grégaire, et la leur étant *esthétique*, individualiste et aristocratique, ne peut pas plus y rentrer que le jour ne peut rentrer dans la nuit.

Aussi la foule regarde généralement les rêveurs passifs du même œil dont Polonius regardait Hamlet. Or, si je me souviens bien, Polonius regardait Hamlet comme un grand enfant qui a des caprices un peu singuliers, et qui s'amuse, par exemple, à voir dans un nuage un chameau après une baleine. Inversement, les rêveurs passifs pensent de la foule ce qu'Hamlet pensait de Polonius.... Et vous savez ce qu'Hamlet pensait de Polonius.

Concluons. Les rêveurs passifs ne sauraient trouver dans la masse le plus faible écho. Voilà pourquoi ce ne sont pas eux qui lancent les religions, qui fondent les empires, qui soulèvent et bouleversent le Monde, et voilà pourquoi ce sont le autres qui font l'Histoire. Mais, à défaut de fair l'Histoire, ils font, eux, tout simplement..... j'allai dire : la Civilisation. Ce ne serait pas exact d tout. Ils ne la font pas, puisqu'ils ne font rien Disons cependant qu'ils n'y sont peut-être pa étrangers tout à fait. Si cela est vrai, — et je croi bien que cela est vrai, — leur part n'est point tro mauvaise, car, en somme, la Civilisation pourrai bien être la pièce du théâtre dont l'Histoire n'es que la parade.

DEUXIÈME PARTIE

LIVRE I

LA VIE, SYNTHÈSE DE RÊVE ET D'ACTION

CHAPITRE I

LE MÉCANISME DE L'ACTIVITÉ

Le plaisir et la douleur. — Le désir et l'espérance. — La volonté et l'effort.

La vie se présente à nous sous les apparences du mouvement, et, quelque conception que nous puissions avoir de son essence, nous trouvons qu'elle se ramène toujours en dernière analyse au mouvement. Dans l'individu comme dans la société, comme aussi dans le cadre qui les entoure, tout se meut, tout se transforme et change. Tout ce qui existe est effet d'une cause et cause d'un effet. Tout est agi et tout agit. Vivre, devenir, agir : termes synonymes, ou du moins termes qui s'impliquent.

Si nous sommes fixés sur la valeur de l'activité, nous ne le sommes pas moins sur la nature de ses mobiles. Depuis la plante qui végète jusqu'à l'homme qui pense, tout ce qui vit ne se meut qu'en vue du bonheur. Rechercher le *plaisir* et fuir la *douleur*, c'est l'unique stimulant qui anime l'obscure volonté de la plante et le vouloir supérieur de l'homme. Ce stimulant est universel, il est impérieux, il est instinctif et ne peut faire défaut dans nul cas. Le geste altruiste, pas plus que l'égotiste, n'échappe à son influence. L'un et l'autre en effet résultent d'un choix, et le choix s'oriente forcément dans le sens du plus grand bonheur. L'acte généreux suppose, il est vrai, qu'entre les plaisirs on choisit le plus noble et le plus délicat. La Rochefoucauld n'a pas dit autre chose que cela, et je ne veux pas dire autre chose que La Rochefoucauld.

Le plaisir et la douleur, ces deux principes de l'activité, engendrent le *désir*. Le désir n'est en somme que la propension qui nous porte vers le premier en nous éloignant de la seconde; mais c'est déjà une propension orientée, un mouvement tendu vers un but. Ce but est fixé par nos dispositions internes, par nos tendances et nos inclinations en un mot. Et ceci nous donne à entendre qu'en dépit de la liberté dont nous semblons jouir moralement, nos raisons d'agir véritables demeurent foncièrement obscures puisqu'elles ont leurs racines dans la subconscience. Il reste néanmoins que le désir — nous dirions aussi bien l'amour — commande à nos volontés, car ce que nous aimons, nous le voulons. Nulle volonté n'existe sans désir, et de l'intensité de celui-ci dépend tout naturellement la force de propulsion de celle-là.

Le désir est l' « aspirateur » de notre vouloir. Il ne suffit pourtant point à l'appeler d'une façon certaine. Cet appel implique une disposition de l'esprit à croire que le désir est réalisable, et cette disposition n'est autre que l'*espérance*. Un désir qui ne s'accompagne point d'espérance ne peut pas se transmuer en vouloir. Je peux « désirer » faire dans la lune un voyage, mais je ne puis le vouloir positivement. Au contraire, le désir chargé d'espérance engendre le vouloir : non pas encore le vouloir « réalisé » qui est le commencement de l'acte, mais le vouloir « proposé » qui n'en est que le prélude. Car nous sommes ici tout simplement au seuil de la volonté.

La *volonté*, voilà l'étape consciente et active qui fait suite à l'étape subconsciente et passive du désir.

Elle comprend elle-même deux phases qui se pénètrent dans la pratique, mais qui sont dissociables par l'analyse : elle implique d'abord une *délibération*, une discussion intérieure entre les motifs d'agir et de ne pas agir, et puis elle implique ensuite une *détermination* qui est déjà un commencement de l'acte. Vouloir, c'est en premier lieu choisir entre les mobiles; et puis c'est, en second lieu, tendre notre effort dans la direction que nous avons choisie.

Il peut arriver, d'ailleurs, que la première phase soit singulièrement réduite. En pareil cas, notre moi conscient ne prend point la peine de mettre les poids dans la balance, et les éléments de la vie affective déterminent notre activité d'emblée et sans réflexion : l'émotion se transforme en motion sans aucun arrêt. C'est ainsi que s'opèrent les actes instantanés qui résultent d'un ébranlement profond et soudain de notre être affectif, et, pour ne citer qu'un exemple, c'est ainsi que nous accomplissons un acte de sauvetage d'une manière spontanée et comme impulsive, sans compter avec le danger que nous pouvons courir.

En revanche, il peut arriver que la première phase, prenant une importance inaccoutumée, s'oppose à l'accomplissement de la seconde. Alors, notre moi conscient met si bien en balance les divers mobiles que les plateaux ne cessent point d'osciller. C'est ainsi que nous demeurons parfois dans l'indécision, incapables de prendre parti.

Les deux occurrences qu'on vient de supposer ont

leurs traductions extrêmes dans la pathologie mentale qui nous offre à la fois des exemples d'impulsivité conduite jusqu'à l'automatisme et des exemples d'irrésolution conduite jusqu'à l'aboulie.

Il reste qu'on ne peut parler de volonté, au sens vrai du mot, que s'il survient une résolution précédée de délibération consciente; et, comme cette dernière fonction se ramène finalement à l'inhibition de mobiles instinctifs par des mobiles plus réfléchis, il en résulte que, dans son essence, la volonté n'est pas tant une faculté de propension qu'une faculté de retenue et d'arrêt.

Je ne rappellerai pas quels flots d'encre ont été versés sur la question de savoir si la volonté ainsi présentée est libre ou ne l'est pas. Tous les hommes qui ont un peu réfléchi doivent reconnaître aujourd'hui que le problème du « libre arbitre » — puisqu'il faut l'appeler par son nom — repose sur des discussions oiseuses. Il nous paraît comme une vérité presque élémentaire que la liberté du moi comprise en un certain sens ne peut être légitimement soutenue, mais que cette même liberté comprise d'une autre façon subsiste tout entière incontestablement. C'est ce qui ressortira toujours d'une étude un peu approfondie des phénomènes volitifs envisagés dans leur mécanisme intime.

Suivant une comparaison très juste de Schopenhauer, notre esprit, mis en demeure de se déterminer, se meut comme une girouette : il se tourne vers chaque motif, de telle sorte que tous les possibles peuvent influer sur lui tour à tour, et il croit à chaque fois dans son pouvoir nouveau de vouloir telle chose ou telle autre et de fixer la girouette en une position donnée. Mais, en vérité, l'esprit ne peut vouloir ceci qu'à la condition de ne point préférer cela, et comme nos préférences pour ceci ou cela dépendent malgré nous de notre vie affective profonde, laquelle est l'œuvre constante du milieu et de l'hérédité, il en résulte après tout que nos mobiles nous sont imposés d'une manière fatale, et qu'enfin les éléments de notre discussion intérieure, en chaque circonstance, ne dépendent pas de nous. Fort bien. Mais si le vouloir est subordonné pleinement à notre vie affective profonde, pour cette raison que nul mobile n'existe qui ne soit un mobile affectif, n'oublions pas que notre vie intellectuelle intervient justement ici sous la forme de la réflexion pour mettre en présence les mobiles, pour les faire valoir ou les éclipser, pour les détruire ou les exalter les uns par les autres. Vouloir librement, ce n'est point, certes, s'échapper des mobiles affectifs, car ce serait s'échapper du vouloir lui-même. Ce n'est pas opposer non plus d'une façon directe aux mobiles affectifs des raisons intellectuelles : une pareille tentative serait bien illusoire. Mais c'est opposer du moins des tendances affectives à d'autres tendances affectives par des moyens rationnels, en dirigeant les débats selon le but qu'on se propose d'atteindre.

Entre l'idée et les sentiments, il se produit en effet comme un double courant d'osmose. L'idée se vivifie en groupant autour d'elle certains sentiments comme pour s'en nourrir et s'en fortifier, et ces sentiments à leur tour s'orientent et se polarisent par rapport à elle. Il en résulte que, si l'idée n'a nulle influence directe sur nos actions, elle peut modifier du moins le conflit des tendances et par conséquent l'issue de ce conflit duquel nos actions dépendent. C'est bien ainsi qu'il faut comprendre la liberté, et c'est dans cette manœuvre que se résume, en somme, toute la volonté consciente.

Si tel est le mécanisme intime de la volonté, il faut reconnaitre qu'elle est un pouvoir susceptible de s'accroître comme tous les autres par un entrainement méthodique, et l'on doit admettre qu'au cours d'une œuvre à poursuivre, en présence d'un but à atteindre, nous pouvons, à la faveur d'un exercice approprié, acquérir un empire croissant sur nous-mêmes.

La méditation fait les premiers frais de cette acquisition. S'il vient à surgir dans votre conscience quelque sentiment favorable au but que vous poursuivez, disent les pédagogues, fixez l'attention sur lui de telle sorte qu'il appelle toutes les idées, tous les sentiments qu'il peut éveiller; obligez-le ainsi à proliférer, à donner tout ce qu'i peut donner. Si le sentiment favorable ne surgi pas de lui-même, voyez avec quelles idées il pour rai e lier, et, ces idées, maintenez-les fortemen dans votre conscience, appliquez sur elles tout votre attention pour favoriser l'appel des asso ciations et l'essor possible du sentiment. Agisse enfin d'une manière diamétralement opposée à l'égard de tout sentiment contraire qui exist déjà ou qui tente d'apparaître en vous.

Mais cela est insuffisant. La méditation resterai forcément stérile si ses résultats n'étaient cons tamment soutenus par l'activité elle-même. Comp tez donc sur les bienfaits de l'habitude, ajouten les pédagogues. Car nos actions répétées agissen sur notre pouvoir et développent en nous un aisance qui s'accroît insensiblement. Chaque petit victoire réalisée consolide l'acquis, facilite de accomplissements nouveaux et appelle de nou velles victoires. Il arrive par là que des acte considérés d'abord comme pénibles deviennent s faciles et si désirables qu'ils sont transformés e besoins.

Il est inutile d'insister sur les avantages qu procure la volonté comprise de pareille façon Elle confère la maîtrise de soi, et par suite ell représente le bien le plus précieux et le plu fécond en heureuses conséquences, autant pou les esprits spéculatifs et les esprits artistes qu pour les esprits positifs. Elle est en vérité le plus grand levier des uns et des autres, parce que la maitrise de soi est l'indispensable instrument pour tout ce que l'homme fait d'utile et de grand dans la vie.

Ce qui donne sa valeur à la volonté, c'est qu'elle est productrice et conservatrice d'*effort*, et, pour cette raison, l'on peut avancer que vouloir est déjà le commencement d'agir. L'effort, en effet, c'est l'action elle-même envisagée du point de vue dynamique, dans ses sources vives et, pour ainsi dire, dans son écoulement. Que l'effort soutenu par la volonté soit à la base de toute évolution ascendante et qu'il soit le facteur nécessaire de tout progrès, c'est une vérité qui se dispense de longs commentaires.

Mais il convient d'observer que la fécondité de l'effort ne dépend point seulement de sa vigueur : elle dépend aussi et surtout de son orientation. Ce qui importe d'abord, c'est l'idée directrice qui subordonne et qui polarise nos autres idées, nos sentiments et nos volitions pour nous faire agir. Aussi bien n'y a-t-il point d'étude de l'action sans étude préalable de l'*idéal*, qui est l'âme de l'action.

CHAPITRE II

LA FONCTION DE L'IDÉAL

Le pouvoir de mécontentement et la conception du mieux. — L'aspiration comme cause efficiente et comme cause finale. — L'échelle des valeurs et le sens de l'action.

L'*idéal*, pour un être quelconque, c'est la repré-sentation, sous une forme déterminée, de la plus haute perfection qu'il puisse concevoir à un moment donné de la durée. Disons encore, si vous le voulez, que c'est la formule de son désir, car ce deuxième mode de définition est naturellement impliqué dans l'autre. Quel que soit d'ailleurs le mode qu'on adopte, il reste applicable aussi bien aux individus qu'aux peuples et à l'humanité tout entière.

Considéré dans cette acception très large, l'idéal reconnaît certains caractères qui sont essentiels, et que l'on doit retrouver invariablement dans toutes les formes particulières qu'il revêt.

Et d'abord, l'idéal ne surgit pas du néant : il semble être, à certains points de vue, un effet avant d'être une cause, et il est bien, à la vérité un effet du mécontentement. La faculté de mécontentement, voilà qui distingue vraiment notre espèce humaine des autres espèces, et c'est à elle sans doute que nous devons de modifier sans cesse le milieu dans lequel nous vivons, alors que les animaux s'adaptent à ce milieu simplement. On peut donc dire de cette faculté qu'elle est la source de tout progrès, car c'est dans le malaise de l'insuffisance que l'homme puise sa force d'aspiration au mieux. Sans cette protestation incessante contre le présent, sans cette querelle continue qui s'adresse au fait accompli, nul idéal ne saurait éclore. C'est dans la critique de la chose acquise que naît invariablement la volonté d'une acquisition nouvelle, et c'est dans l'appréciation du médiocre actuel que se développe le rêve enthousiaste du mieux à venir.

L'idéal, avons-nous dit, n'implique pas simplement la notion de perfection possible; il implique la représentation de cette perfection sous une forme donnée. Ceci revient à affirmer qu'il est autre chose qu'une idée pure; il est une tendance incarnée dans une image, tantôt vague, tantôt précise, mais toujours existante à quelque degré. C'est la nature de cette image, et c'est sa position dans le temps et dans l'espace qu'il s'agit de bien déterminer si l'on veut pénétrer dans son mécanisme la fonction que nous envisageons.

L'image, incarnation de l'idéal, n'est pas un représentation de la réalité pure et simple. Ell n'est pas contraire au réel, sans doute, mais ell ne lui est pas identique : elle le prolonge. Elle n'e pas opposée aux choses, mais elle anticipe sur le choses. En s'élevant au-dessus des réalités pré sentes, elle exerce une sorte de fascination su ceux qui l'ont reçue ou qui l'ont formée, et leu activité la prenant pour modèle tend à s'élev jusqu'à sa hauteur.

Mais si l'image en question n'est pas une repr sentation de la réalité imparfaite, elle n'est pa davantage une représentation de l'absolue perfe tion, laquelle serait imperfectible et constituera par là même la limite décisive et l'arrêt définit de tout idéal. L'essence de l'idéal, en effet, c'e d'être possible indéfiniment et, par suite, de n'êt point réalisé jamais et de reculer à mesure s limites.

L'idéal se présente ainsi dans son mouveme d'ascension comme une *perfection comparati* toujours supérieure à l'état actuel, toujours inf rieure à l'absolue perfection, et toujours faisa effort du premier vers la seconde.

En somme, vous voyez ici un double mouv ment : aspiration continue de notre activité p une perfection relative et aspiration continue cette perfection relative par une perfection abs lue qui ne peut être réalisée. A chaque instant la durée nous avons, par rapport à toutes les choses qui sont désirables, comme la vision prophétique d'une existence supérieure à notre existence actuelle. C'est sur cette conception de la réalité dépassée que notre attention reste constamment rivée, et c'est vers elle que nous montons de toute la puissance de notre effort. Mais l'image représentative de cette conception n'est en vérité qu'un jalon et, pourrait-on dire, un point théorique au cours d'une évolution indéfinie. En nous représentant cette image, nous ne faisons qu'établir, sous une forme concrète, le terme *provisoire* de notre activité; nous ne faisons qu'édifier, pour un instant qui ne dure pas, le couronnement *provisoire* de notre pensée. Dès que le terme est atteint, et sitôt que le couronnement doit être effectif, l'image désormais privée de sa force attractive s'évanouit, et une autre lui succède qui rehausse du même coup l'aspiration de la pensée et les limites de l'activité. Chaque synthèse idéale, appuyée sur une synthèse réalisée, se réalise elle-même sous l'influence directrice de l'idée-désir qui la constitue; puis, devenue une réalité patente, elle fournit, à son tour, une base à l'organisation d'une synthèse idéale nouvelle qui lui est supérieure, et ainsi de suite indéfiniment.

L'esprit humain doit être envisagé à la fois, dans cet enchaînement, comme la cause efficiente et la cause finale de sa propre ascension : cause efficiente puisqu'il crée son avenir à mesure par une coordination libre de ses éléments actuels sous forme de représentation idéalisée, et cause finale puisque la réalisation de sa propre existence transformée et améliorée représente le but qui appelle son effort et qui sollicite son activité. Mais ce sont là deux aspects d'une même énergie qu'on ne peut dissocier que par la théorie. D'une manière indiscontinue, le rêve suscite et transforme l'action, en même temps que l'action sert de point d'appui à un rêve plus beau et plus loin situé.

Ainsi, tout ce qui vient au jour existe d'abord dans le désir des hommes à l'état de représentation d'une forme future, et cette forme non existante renferme en puissance les perpétrations à venir qu'elle implique et fait naître petit à petit. L'idéal n'est pas autre chose que l'avenir lui-même qui doit être et qui sera et qui déjà devient. Il est un rêve simplement, mais il est un rêve qui met en dehors, à mesure, nos puissances latentes, et qui nous oblige à nous surpasser sans cesse. Il est un rêve simplement, mais c'est ce rêve qui fait finalement la réalité de la vie.

Pour comprendre toute l'importance de la fonction qu'on vient d'esquisser, il suffit de rappeler les applications qu'elle trouve constamment dans notre existence morale.

C'est à l'idéal qu'est subordonné sans relâche et

à notre insu le jeu de nos pensées. Penser, cela revient à peser ce qui est, et à le comparer, par suite, à ce qui devrait être. Penser qu'un jugement est faux, qu'un tableau est laid, qu'une action est mauvaise, c'est, en somme, leur opposer un jugement meilleur, un tableau meilleur, une action meilleure. Dans toutes nos pensées, nous créons un type supérieur au fait, et c'est au moyen de ce type idéal que nous évaluons et que nous qualifions le fait lui-même. Nous jugeons toutes choses à travers un rêve de parfait et conformément à ce rêve.

C'est encore à l'idéal que se subordonne sans cesse la masse tumultueuse de nos sentiments. Il tient lieu, par rapport à eux, d'accumulateur et de régulateur, en les concentrant sur un point, en les polarisant dans une direction, en les disciplinant et les unifiant au lieu de les abandonner au chaos et à l'anarchie.

C'est sur l'idéal que se règle enfin notre activité de chaque jour, car, en concentrant nos tendances sur tel mieux à réaliser, l'idéal fixe à nos efforts leur destination : il donne l'impulsion et assure la continuité de l'essor, en même temps qu'il commande le cadre dans lequel se déploie le mouvement.

Concluons que l'idéal, pour un individu, pour un peuple, pour l'humanité, ce n'est pas seulement la formule de son désir, c'est très exactement la formule de sa vie. De l'idéal dépend l'échelle de valeurs et par suite le sens de l'action. Or, l'échell des valeurs et le sens de l'action pour un individu pour un peuple, pour l'humanité, c'est toute s conception de l'existence d'une part, et c'e d'autre part toute sa destinée. Avoir ou n'avoi pas d'idéal, avoir tel idéal ou tel autre, voilà bie ce qui importe ici-bas, et voilà au fond ce qui distingue les hommes.

Seulement, l'idéal ne pousse pas au hasard d nos impulsions. Il est autre chose qu'un capric autre chose qu'une pure fantaisie. Il est la syn thèse plus ou moins précise des matériaux qu nous apporte chaque jour la connaissance, et nou le composons réellement par un travail tout à fai actif de notre vie intérieure. Nous ne pouvons éta blir, en effet, d'une manière certaine ce qu'il nou serait à la fois préférable et possible de deveni sans nous appuyer sur la conscience exacte de c que nous sommes, et sans tenir compte aussi avec la plus grande précision possible, du rappo des choses dans le monde extérieur. En d'autre termes, la victoire du mieux que nous concevon ne peut être assurée que si la conception elle même ne se montre pas opposée à l'expérience à la raison. Et vous voyez survenir ainsi, pou seconder l'idéal, tout en le refrénant, tout en l contrariant et lui faisant échec, un autre élémen qui se nomme le *libre examen*.

CHAPITRE III

LE RÔLE DU LIBRE EXAMEN

Le principe de l'adaptation. — L'ironie bienfaisante et la réduction de l'enthousiasme. — La connaissance des conditions extérieures et la conscience des dispositions internes. — L'inhibition, facteur du progrès.

Le *libre examen*, c'est la confrontation des valeurs proposées à notre agrément avec les données de l'expérience acquise et de la raison fondée sur cette expérience.

Comme l'indique son nom, il suppose la complète liberté d'esprit, et l'on doit comprendre par là qu'il vise à la simple attitude critique, détachée de tout préjugement et abstraite de toute préférence. Or, si l'on songe que la raison basée sur l'expérience n'est autre chose qu'une adaptation qui s'est produite et qui continue de se produire à mesure entre les circonstances de l'action et l'être agissant, si l'on songe qu'elle exprime en fin de compte les rapports qui se sont formés entre le système humain et les autres systèmes de l'univers, on comprendra bien qu'on ne puisse esquiver son intervention dès l'instant qu'il s'agit de prévoir une réalité humaine. Toute réalité humaine devant s'appuyer sur de tels rapports, chaque image conçue par notre idéal doit tirer sa forme de l'expérience et se régler sur elle, sous peine justement de ne devenir jamais une réalité.

Nul idéal ne peut être viable s'il ne tient compte des nécessités ambiantes et s'il ne trouve, en particulier, un appui solide aussi bien dans les conditions extérieures où il se développe que dans les conditions intérieures dont il dépend. Régler l'idéal sur ces conditions tant extérieures qu'intérieures, et par conséquent permettre à cet idéal de ne se point consumer dans le vide, mais de se transformer en progrès réel, c'est là le rôle du libre examen.

Il appartient d'abord au libre examen d'établir la juste valeur du *but* auquel nous visons et de ne point nous laisser verser dans l'irréflexion et dans l'« emballement ». Les hommes pèchent plus facilement par inclairvoyance que par enthousiasme, et l'on ne peut ignorer que l'énergie, livrée à elle-même ou mal dirigée, devient un danger plutôt qu'une ressource. Il faut donc chercher à ne pas être dupe. L'ironie qui donne ce pouvoir n'est point, certes, à elle seule une activité, mais elle est du moins une bonne condition pour que l'activité qui a sa source ailleurs ne se disperse pas en vain. Aussi n'est-il pas exact d'y voir, comme on le fait souvent, une cause de stérilité. L'ironie n'est pas empêchante : elle est dirigeante. Elle ne détruit pas l'enthousiasme : elle le modère en le rappelant sans cesse à sa condition humaine ; elle le guide en le gardant des destinations fâcheuses ou des ferveurs excessives. Parce qu'elle nous confère une certaine maîtrise, et, pourrait-on dire, une façon de supériorité par rapport à nos propres sentiments et nos propres idées, elle nous préserve de l'idolâtrie pour les sentiments et pour les idées de la minute présente. Parce qu'elle tend à réduire l'importance factice de certaines valeurs, elle nous donne du même coup une conscience plus nette des valeurs réelles. Et cette « mise au point » n'est pas sans influencer nos aspirations, en leur permettant de se déterminer plus judicieusement.

Mais ce n'est pas tout. Il appartient également au libre examen d'apprécier la juste valeur des *moyens* dont nous disposons pour atteindre le but vers lequel nous sommes orientés. Ce but, en effet, si désirable qu'il soit, peut fort bien ne pas être réalisable, pour des raisons qui dépendent des faits extérieurs ou de nos aptitudes elles-mêmes. Préluder par la connaissance critique de ces faits et de ces aptitudes est indispensable. Il n'est pas une aspiration fondée sans analyse des réalités ambiantes, sans conscience des rapports, des limites, des nuances, des degrés qui séparent ou qui unissent ces réalités ; il n'est pas une aspiration fondée sans introspection qui nous fasse connaître aussi nos dispositions intérieures, car cette condition s'impose pour que nous demandions à nos facultés tout ce qu'elles peuvent rendre, sans exiger d'elles plus qu'elles ne peuvent donner ni autre chose que ce qu'elles peuvent donner.

Ainsi le libre examen remplit-il toujours, par rapport à notre idéal, une fonction d'arrêt ; mais par là justement, il le rend possible et réalisable. Il empêche nos aspirations d'errer dans les voies stériles, et, par conséquent, il évite les retards ; il éloigne les représentations mauvaises, les compositions dangereuses, et, par suite, il permet de concevoir en toute liberté des représentations meilleures, des compositions plus sûres. Sous les apparences constantes de l'inhibition, il demeure dynamogénique en fait, et, par l'intermédiaire de l'idéal qu'il seconde, il devient indirectement producteur d'action et source de progrès.

CHAPITRE IV

L'ŒUVRE VITALE ET LA CRÉATION ESTHÉTIQUE

L'artiste et la matière. — L'inspiration, la technique et l'ébauche. — La pensée dans l'œuvre et l'œuvre dans la pensée. — Le gouvernement du rêve et l'art de la vie.

Les détails dans lesquels nous sommes entrés concernant le mécanisme de l'activité, la fonction de l'idéal et le rôle du libre examen, paraissent susciter d'emblée cette comparaison qui devra plus tard se préciser davantage : *tout se passe dans la vie comme si la vie était une œuvre d'art en voie de formation*.

L'œuvre d'art suppose un *artiste* et puis une *matière*, le premier façonnant la seconde. Pareillement la vie est imaginée et réalisée sans cesse par cet *artiste* qu'est l'*homme*, et l'homme façonne son *milieu*, c'est-à-dire lui-même et tout ce qui l'entoure, pour en faire sa vie, comme l'artiste façonne sa *matière* pour en faire une œuvre, à cela près toutefois que la vie est une œuvre jamais finie, toujours à l'état d'ébauche et toujours en exécution.

Toute l'activité de l'artiste est issue de son *inspiration*, et toute notre activité humaine d'improvisation vitale naît à mesure, elle aussi, d'une inspiration qui se nomme l'*idéal*. Entre l'idéal et l'inspiration, il y a communauté de mécanisme et communauté de genèse. Communauté de genèse : car c'est le mécontentement de la vie effective reconnue médiocre, qui nous suggère, pour nous évader de sa médiocrité, l'invention d'une vie supérieure fictive, incarnée dans l'art ; et pareillement nous savons que c'est le mécontentement de la réalité acquise qui nous pousse à imaginer une réalité meilleure et nous fait projeter dans notre idéal la représentation de cette réalité. Ici et là, même constatation pessimiste dans les prémisses. Communauté de mécanisme : car l'inspiration artiste représentation anticipée de l'œuvre consommée implique un essor vers la création de cette œuvre et pareillement nous savons que l'idéal, représentation anticipée de la réalité qu'on souhaite, entraîne le mouvement qui produit à mesure cette réalité. Ici et là, même valeur dynamogénique, et même processus d'une réalité virtuelle vers l'accomplissement d'elle-même.

Enfin, de même qu'une *technique* doit intervenir qui règle et gouverne l'activité de l'artiste, une technique intervient aussi qui s'appelle le *libre examen* et qui sert de guide à l'activité humaine dans l'œuvre vitale. Il importe que l'artiste ait une expérience parfaite des matériaux dont il fait usage, des moyens qui peuvent s'y appliquer, des effets qu'on peut en tirer, et, sans une technique toujours vigilante, ses inspirations les plus belles demeureraient stériles. Il n'importe pas moins que l'œuvre de création vitale soit fondée sur la science des facteurs multiples qui peuvent nous servir ou nous desservir, et, sans libre examen, le plus noble idéal se construit dans le vide et reste une chimère. Comme la technique permet à l'inspiration de s'extérioriser, le libre examen donne à l'idéal le droit de se réaliser.

C'est dans une juste combinaison de ces deux forces qui se contrarient, la *technique* et l'*inspiration*, que se fait l'œuvre d'art; et c'est par un compromis entre ces deux forces, notre *libre examen* et notre *idéal*, que nous construisons la vie.

Si l'on cherchait à établir les rapports qu'entretient avec le jeu de sa technique et de son inspiration l'œuvre consommée de l'artiste, j'imagine qu'on aboutirait à cet ensemble de propositions dont chacune est presque un axiome :

L'inspiration et la technique d'un artiste ne sont point séparables de son œuvre et son œuvre n'est point séparable de son inspiration et de sa technique. La pensée d'un artiste, c'est déjà son œuvre qui commence, et son œuvre réalisée, c'est s pensée qui s'achève. La valeur de l'inspiratio et la qualité de la technique ont leur mesure dan la réalisation de l'œuvre même qu'elles détiennen en puissance; mais, l'élévation et la perfection d cette œuvre réalisée étant à son tour subordonné de manière intégrale à la valeur de l'inspiration e à la qualité de la technique, une seule chose importe en définitive, à savoir : la pensée de l'artist qui est la synthèse de ces deux facteurs.

Les mêmes propositions définissent les rapport qu'entretient avec le jeu de l'idéal et du libre examen notre activité journalière dans l'œuvre vitale

Ceux qui exaltent l'action n'ont pas toujours v sa nature vivante, son sens héroïque surtout, e leur naïveté peut seule excuser l'erreur dans laquell ils sombrent en plaçant en marge de l'action qu'il prônent la pensée qui est l'âme de l'action. San la pensée il n'y a rien, et sans l'action qui réalis la pensée il n'y a rien non plus. L'action, l'idéal le libre examen sont inséparables. Mieux : l'idéa et le libre examen sont au sein de l'action comm l'action est incluse déjà dans leur résultante virtuelle. Penser c'est le début d'agir, et agir c'e la fin de penser. La pensée c'est l'action latent et l'action c'est la pensée même devenue viabl et naissant au jour. Et maintenant, la mesure d notre idéal et du libre examen qui en est l'adjuvan précieux réside à n'en pas douter dans la somm patente ou dissimulée des actions fécondes qui en découlent; mais cette somme est impliquée justement dans la force de cet idéal et la qualité de ce libre examen. La richesse de la moisson est subordonnée pleinement et intégralement à l'élévation et à la puissance de la pensée même qui l'engendre, et ceci revient à dire que de tous les actes humains un seul est intronisé comme acte essentiel : penser.

Une belle œuvre, c'est une belle conception qu'a su féconder la science de l'artiste. Une belle vie, c'est une belle conception qu'a su féconder la sagesse de l'homme. Le gouvernement le plus habile du rêve le plus haut, c'est toute l'œuvre et c'est toute la vie.

Mais il y a de médiocres artistes dont l'*inspiration* vulgaire n'aboutit qu'à des œuvres plates et insignifiantes. Il y en a d'autres qu'anime largement une *inspiration* hardie autant que généreuse, mais qui, faute de compter avec une *technique* toujours nécessaire, produisent l'œuvre maladroite, l'œuvre monstrueuse, l'œuvre ridicule. Et puis il y en a d'autres enfin qui sont l'antithèse de ceux-là et chez qui la *technique* trop envahissante paralyse le souffle, étouffe la pensée, bride l'*inspiration*, tue l'art par la science, et donne l'œuvre sèche, l'œuvre rabougrie, l'œuvre artificielle, ou bien rien du tout.

Or, voici que dans l'humanité les trois types se

renouvellent sans cesse, perpétrant depuis que le monde est monde leurs diverses formes de tâches ratées, et voici qu'il y a dans la vie trois façons de mal vivre.

On manque d'*idéal*, on pèche par l'inspiration; et c'est l'*isolement de l'action* dans toute sa vulgarité. On néglige le *libre examen*, on laisse l'*idéal* errer au gré de toutes les fantaisies, on pèche par défaut de technique; et c'est l'*isolement du rêve*, d'un rêve téméraire qui développe de l'activité sans doute, mais de l'activité déviée, sans adaptation aux réalités vivantes. Enfin on donne trop à ce *libre examen*, on ampute l'*idéal* de toute sa confiance heureuse en le décourageant par trop d'exigences, trop de sévérité, trop de censure des imperfections, trop de conscience des difficultés à vaincre, on pèche par excès de technique, — ce qui implique en un certain sens un manque de technique; et c'est encore l'*isolement du rêve*. d'un rêve expectant cette fois, d'un rêve infécond qui se consume lui-même indéfiniment.

Isolement de l'action détachée du rêve, *isolement du rêve* détaché de l'action : *impuissance à imaginer* par ici, et par là *impuissance à réaliser*. Deux écueils dont la connaissance résume tout ce qu'on peut savoir sur l'*art de la vie*.

LIVRE II

L'ISOLEMENT DE L'ACTION ET LE DÉFAUT D'INSPIRATION CRÉATRICE

CHAPITRE I

LA CONCEPTION DU BONHEUR

Conception réaliste et conception idéaliste. — Les petites ambitions et la vie médiocre. — Les grandes ambitions et la vie dangereuse. — Les deux sagesses.

L'arrivisme. — La force et la ruse. — Le savoir-faire et le faire-savoir. — L'intrigue, le bluff et la réclame. — Le faux mérite et ses conséquences.

La fausse « vie intense ». — L'existence à côté de la vie.

On dit d'un artiste qu'il manque *d'inspiration* quand son œuvre est privée du souffle *génial* — comprenez: du souffle *qui engendre* — et quand cette œuvre, par suite, ne peut être reçue comme une *création*, au sens vrai du mot, c'est-à-dire comme une formation nouvelle qui représente « quelque chose de plus » pour l'humanité, comme une acquisition qui ajoute au passé, qui antici sur l'avenir et qui a pour effet d'enrichir la vi Mais on ne veut pas entendre par là que la faus œuvre ait surgi toute seule, car il n'est poi d'œuvre, si médiocre soit-elle, qui n'impliq d'abord une inspiration de l'auteur. On ve entendre seulement qu'à l'inspiration misérab répond une œuvre commune et plate, sans ori nalité ni grandeur, une œuvre stérile enfin.

On peut dire pareillement d'un homme qu manque d'*idéal*, et ceci ne veut pas insinuer que s activité se déploie comme celle d'une machin hors de toute volonté, hors de toute conscien Une insinuation de ce genre ne serait pas loin la vérité, sans doute, mais elle ne serait pas vérité même. Il n'est pas d'activité volontaire effet qui ne soit précédée à sa manière de quelq idéal, puisqu'il n'est pas de mouvement volo taire qui n'implique au préalable, dans la co science, une image de mouvement. Aussi bi l'idéal n'est-il pas absent chez ceux-là mêmes q semblent sans idéal : il est simplement médio et par suite producteur d'une activité médiocr C'est que l'action n'échappe pas au rêve, et l petits hommes qui prétendent opposer au rê l'action — je veux dire *leur* action — ne font ri autre chose encore qu'*actionner un rêve avi* « Oui, Messieurs... une fois roi ou duc, je vis mes rentes j'afferme mes terres, et je ne fais pl que ce qui me plaît, et, ne faisant plus que ce qui me plaît, je vis à ma fantaisie, et, vivant à ma fantaisie, je suis content, et, étant content, je n'ai plus rien à souhaiter, et, n'ayant plus rien à souhaiter, tout est dit... Voilà ma façon de penser »[1]. Ainsi parlait un personnage que vous connaissez, et qui agissait, et qui avait un idéal bel et bien, un idéal à sa manière qui est la manière de beaucoup de gens, mais un idéal enfin. Encore une fois, point n'est question d'escamoter jamais l'idéal. Il faut le subir bon gré mal gré. Seulement on le voit trop souvent dans sa petite nature et dans ses petites œuvres. Et c'est de cela justement que j'entends parler.

*
* *

« Si les hommes sont d'accord sur leur intention commune d'atteindre le bonheur, ils se séparent dans la définition qu'ils en donnent et dans les moyens qu'ils adoptent pour l'obtenir. Dites-moi votre conception du bonheur : je saurai ce qu'est votre idéal et je saurai du même coup ce que vaut votre vie. »[2]

Mais écartons tout de suite une méprise.

Je compte bien en effet que vous allez me répondre ceci qui est la vérité toute nue : « Le

1. Sancho, dans *Don Quichotte*.
2. Ossip-Lourié. Bonheur et Intelligence, Paris, 1904

bonheur de chacun regarde son homme et non pas un autre, et chacun doit faire son bonheur selon ses besoins et selon ses tendances, car chacun n'est heureux que selon sa nature. L'argent me satisfait, les honneurs me suffisent, et vous prétendez que j'ignore les joies de l'infini. Laissez-moi ignorer ces joies, si tel est mon goût. Sans doute les politiciens ne poursuivent aucun but valable s'il s'agit de poursuivre le même but qu'un artiste ou un philosophe, mais les artistes et les philosophes ne poursuivent aucun but valable s'il s'agit de poursuivre le même but qu'un politicien. Le bonheur est un équilibre entre nos tendances et les conditions de la vie. De quel droit le reconnaissez-vous ici pour le méconnaître là? Si vous tournez le dos aux pures vanités de ce monde, c'est sans doute que vous avez mis ailleurs vos plaisirs et votre intérêt. Ces vanités pourtant sont bien inventées car, en admettant qu'on nous les supprime, ceux-là seuls seraient privilégiés qui trouveraient en eux-mêmes des sources de jouissance. Et voyez alors combien peu de gens seraient heureux! »

Je ne puis qu'abonder dans le sens de ces mots. Mais je n'y trouve rien qui vienne infirmer la proposition que j'émettais plus haut, car je n'ai point dit : « Je saurai ce que *vaut* votre vie *par rapport à vous* ». J'ai dit : « Je saurai ce que *vaut* votre vie »; et en m'exprimant ainsi j'ai insinué que je ne songeais point à faire de votre idéal le propre arbitre de lui-même, et que je pensais bien m'appuyer pour le juger sur quelque chose qui est en dehors de vous et qui vous dépasse en quelque manière. Que votre idéal soit satisfait, si médiocre soit-il, et il comble votre bonheur. Mais que la qualité de votre bonheur entraîne l'abaissement ou l'élévation de votre *humanité*, c'est cela qui importe pour faire juger de la petitesse ou de la grandeur de votre idéal.

Vous vous abaissez dans la hiérarchie humaine, quand vous poursuivez une fin tout individuelle, forcément restreinte et forcément éphémère, car vous êtes ici très près de l'animal dont l'activité ne dépasse pas le domaine de sa propre vie, et dont l'existence indifférente au passé autant qu'à l'avenir est emprisonnée dans le simple présent. Et je dis alors que votre idéal est pauvre comme est pauvre l'inspiration de l'artiste quand son œuvre sans rayonnement naît et meurt sur place, n'ayant pas dépassé l'importance d'un fait isolé, la fortune d'un pur accident.

Vous vous élevez au contraire dans la hiérarchie humaine, et vous êtes en effet très loin de l'animal, quand vous poursuivez une fin qui est universelle, quand vous placez au-dessus de votre individu quelque dieu laïque ou chrétien, une foi généreuse, une croyance, une idée, parce que l'idée c'est tout justement ce qui ne meurt pas ou du moins ce qui ne meurt pas sans faire fructifier des forces nouvelles, sans faire naître l'action ou d'autres idées à défaut d'action. Et je dis alors que votre idéal est riche comme est riche une inspiration d'artiste quand l'œuvre irradiante participe en quelque façon de l'infini et de l'éternité.

En un mot, il y a deux directions possibles de notre idéal dont l'une est centripète et nécessairement bornée, tandis que l'autre étant centrifuge reste sans limites. N'aimer rien en dehors de soi. ne rien préférer à soi, ne reconnaître que l'individu, ou bien aimer quelque chose en dehors de soi. préférer quelque chose à soi, placer au-dessus de l'individu quelque idée qui le domine, c'est cela tout simplement qui sépare les hommes.

Les uns disent : « Qu'importent mes meilleures pensées si je n'existe plus? » Et les autres : « Que reste-t-il de moi si, pour conserver ma vie, tout ce que j'ai cru doit périr dans mon cœur et dans mon esprit? »

Je rends à Mæterlink ces deux jolies phrases, et je pense avec lui que c'est à préférer le contenu de la seconde au contenu de la première que se ramènent toute vertu et tout héroïsme. Mais il faut ajouter qu'à cela se réduisent toute la valeur de l'idéal et toute la qualité du bonheur. Car, vous pouvez être l'homme le plus heureux, ayant atteint tout le bonheur dont vous êtes capable

— et vous êtes ainsi, en vérité, l'homme le plus heureux que vous puissiez être, étant donné ce que vous êtes. Mais vouloir tout le bonheur dont on est capable, c'est se contenter de peu. Vouloir se rendre capable d'un bonheur plus grand, c'est ici que l'ambition commence. Ascensionner le long de notre bonheur, c'est un idéal sans doute, mais un idéal fini, qui évolue sur place et qui se fixe sur place ses propres limites. Élever notre bonheur au-dessus de lui-même indéfiniment, c'est ici que débute le grand idéal qui conduit au suprême bonheur.

Beaucoup d'hommes ne sont pas difficiles dans le choix de leur bonheur. Le bonheur se circonscrit pour eux dans la réalisation d'intérêts positifs et la possession d'objets tout conventionnels. C'est pour cela qu'étant satisfaits d'une façon complète par un idéal misérable, ils sont les artisans d'une activité misérable également. Le commerçant constate qu'il a bien vendu et cela lui suffit, l'usinier constate que son entreprise est prospère et il est heureux, le médecin constate que sa clientèle augmente et il se réjouit; le rentier détache ses coupons et c'est bien assez. Une légion de fonctionnaires s'agite automatiquement autour des mêmes ambitions menues: augmenter son traitement et monter d'un grade. On rumine de petites espérances et de petits soucis, et la vie se passe ainsi à ressasser des idées médiocres, des satisfactions médiocres et des vexa tions médiocres.

Mais que vais-je parler de petites ambitions Ne dit-on pas d'un homme qu'il est « ambitieux chaque fois qu'il se rue à la grande richesse et au grands emplois, aux insignes de toutes sortes aux succès de toutes catégories? On le dit en effet mais on ne prend pas garde que ces ambitions grandes sont dans le prolongement des petites. D point de vue qui nous intéresse, il faut reconnaîtr que celles-ci ne sont en vérité ni plus ni moin « ambitieuses » que celles-là. Ici et là, c'est toujou le même idéal et la même conception de la vie. I s'agit toujours d'avoir de l'argent, une belle posi tion, des relations huppées, une maison important et des distinctions de parade : satisfactions de lux et satisfactions de vanité.

Ce n'est pas que les grandes ambitions soien inexistantes. Mais les ambitions véritables, parc qu'elles poursuivent un but supérieur, guérissen justement des ambitions fausses. Ayant pour effe de soumettre l'individuel à l'universel en toute circonstances, elles engagent leur homme à n point s'appliquer aux mille contingences qui on du prix pour d'autres et qui sont pour lui d faibles avantages, parce qu'il a dans lui-même se propres motifs de vivre et ses raisons suffisante de jouir.

Il résulte de là que les « grands » ambitieux ne

comprennent pas les vrais ambitieux. Les hommes des deux conceptions ne sont point de la même race : ils n'ont pas une échelle commune des valeurs, ils n'ont pas une commune perception des choses ; ils ont leurs mobiles dans des sphères différentes et leur destin dans des sphères différentes également. Les premiers sont fermés d'une manière complète aux aspirations des seconds, et quand on parle de ces aspirations qu'ils regardent naturellement comme invraisemblables, ils ont l'attitude que Nietzsche a stigmatisée si bien. Ils clignent de l'œil et se disent entre eux qu' « on ne peut pas regarder à travers tous les murs » et qu' « il doit y avoir là un petit avantage ». Vous ne persuaderez jamais à l'esprit mercantile que ce n'est pas l'argent qui vous préoccupe, et l'esprit d'intrigue ne vous croira pas davantage si vous lui dites que vous préférez certaine dignité tranquille à tous les honneurs qu'on peut se procurer dans le monde moyennant une monnaie suspecte. Bien mieux, il y aura toujours quelque impertinence à rendre publics de pareils propos, car c'est une insulte à la satisfaction des petites gens que de leur faire savoir qu'on peut être quelque chose et qu'on n'a pas craint de n'être rien.

Ce qui distingue les hommes de pauvre idéal, ce ne sont pas seulement leurs raisons de vivre, ce sont les raisons qu'ils mettent au service de leurs raisons de vivre. Ils ont, pour se conduire, des principes en rapport avec leurs tendances, et ils appellent cela leur *sagesse*. Ils connaissent des proverbes et des aphorismes très *raisonnables* : « Que nous donne-t-on au marché pour une chanson ou un coup de fleuret? Toutes ces grâces, toutes ces sciences ne payent pas le boucher... Le moineau dans la main vaut mieux que le vautour qui vole... Celui qui trouve son bien et qui ne le prend pas est ensuite mal venu de se plaindre... »[1].

Mais ne voyez-vous pas alors que ce qu'on nomme la *sagesse* est trop souvent le couvert hypocrite du pire égoïsme? Et n'est-il pas évident que les conseils qui en découlent sont des moyens fallacieux de protéger les petits intérêts mesquins contre les entreprises généreuses, en coupant les ailes à la grande action?

Ce qui est sage à la manière des nombreux n'est pas toujours sage, et ce qui est sage de la plus haute sagesse ne l'est presque jamais à la manière des nombreux.

Qu'y a-t-il de moins raisonnable et de plus contraire au bon sens que la gloire? Mon bon sens me dit qu'un succès viager dont je peux jouir, si factice et mal mérité qu'il puisse m'apparaître, est un bien plus précieux qu'une gloire éternelle

1. Sancho, dans *Don Quichotte*.

dont je ne saurai rien de mon vivant et qui ne prolongera que mon nom dans la nuit des siècles. Une certaine sagesse me donne à penser que l'idée de mort réduit à néant le prestige de la gloire, que la gloire n'est que le vain fantôme du succès et que le succès seul doit être mon objectif réel. Mais une sagesse plus grande me fait savoir que c'est, au contraire, une valeur viagère qui ferait perdre à la gloire le meilleur d'elle-même, que la gloire éternelle n'est nullement le fantôme du succès, mais que le succès n'est bien, au contraire, que l'image rétrécie de la gloire et souvent sa pure parodie, qu'enfin la gloire seule et non point le succès doit être le stimulant de mon œuvre.

Qu'y a-t-il de moins raisonnable et de plus contraire au bon sens qu'un acte héroïque? Mon bon sens me dit que de ne s'exposer à rien est la sagesse même, et cette sagesse-là m'apprend en effet qu'il serait insensé de recevoir la mort ou la maladie pour quelque motif grandiose, vu qu'il n'y a ici-bas nul bien dont on puisse profiter — cela est évident — hors de la vie et voire même hors de la santé. Mais une autre sagesse m'affirme qu'on peut sacrifier fort bien sa vie temporelle à quelque chose d'autre qui est supérieur, et qu'on n'accède jamais au grand idéal sans sacrifier toujours peu ou prou de cette vie temporelle, et que c'est à la grandeur de ce sacrifice que se mesure justement la valeur de l'homme et son évasion de la bête, qu'enfin il est même d'une sagesse exquise de perdre sa vie en vue de la sauver, et que cette folle sagesse est celle qui est écrite au cœur des héros.

La sagesse de la gloire, la sagesse du héros : il n'est rien pour donner une si dure leçon à certaine sagesse.

Il faut bien avouer que si l'on ne se laissait guider dans la vie que par des idées « raisonnables » on compterait pour peu dans le progrès humain et l'on serait peu digne de l'amour des hommes. C'est que la raison — et j'entends ici la raison pratique — est une pure valeur négative qui écarte sans doute la mauvaise fortune mais qui ne conduit pas aux grandes destinées.

Si l'on songe que la vérité du lendemain est encore obscure dans la vérité de la veille, de telle sorte que nos pensées du jour présent les plus neuves et les plus hardies ne sont jamais si hardies ni si neuves que les pensées du jour qui va suivre, on est bien obligé de convenir que le devoir naturel est d'aller d'emblée sinon jusqu'au bout de soi-même, tout au moins jusqu'au bout du meilleur de soi, et de ne point reculer devant l'heure qui apporte son aventure. Celui qui agit et qui se trompe faute de réfléchir commet une erreur, mais quiconque n'agit pas de peur de se tromper commet une erreur plus grande. La pire imprudence est de ne pas oser, car il n'y a point de vie sans expérience de la vie. Aller au delà de ce qui est raisonnable aux yeux des nombreux, s'y rendre bravement tout seul et avant les autres, c'est cela qui fait à toutes les époques le grand homme, et c'est avec cela que notre humanité s'élève pièce à pièce.

Vivre « dangereusement », comme répétait Nietzsche, voilà bien le secret de ce que nous faisons de plus grand. Et ce mot fameux s'applique aux hommes de pensée comme aux hommes d'action, car l'homme de pensée, lui aussi, a sa voie tracée parmi les dangers, pour cette simple raison qu'on ne peut mettre au jour ni vérité ni beauté sans braver durement et courageusement l'inertie des masses.

Notez bien que, dans leur vigilance soucieuse de ne jamais échanger le certain contre l'incertain, les médiocres se donnent au hasard bien souvent, au lieu que le héros jouit d'une certitude suprême. C'est toujours une spéculation peu sûre que de peiner pour de la richesse ou pour des honneurs qui peuvent nous être enlevés par la mort d'un instant à l'autre, mais c'est un parti qui ne laisse, en revanche, nulle surprise que de risquer la mort même pour l'éternité de la gloire, car c'est mettre en balance avec notre vie le seul bien qui dépasse la vie. Seulement, les médiocres ne songent pas à cela, et, dès qu'ils ne peuvent trouver à un acte noble une explication qui cadre avec l'intérêt, ils voient dans cet acte un fonds d'impuissance quand ce n'est pas une marque de sottise. Ils sont bi persuadés que l'homme qui l'accomplit a perdu l tête, car avec des yeux clairs « on n'accepte p un désavantage ». Ils le plaignent ou ils l méprisent, et c'est un second trait de leur psych logie que Nietzsche encore a très bien décri Disons même qu'ils le redoutent et qu'ils n'o point de plus grande crainte que de le voir mêlé leurs entreprises. « Ah! si vous allez ainsi, che chant des truffes dans la mer, j'attraperai jolimen le duché que vous m'avez promis! »...[1].

Et les petites gens n'ont pas absolument tort. I y a bien, dans la grandeur d'âme, un peu de foli puisque cette grandeur impose à l'individu l'oub de sa personne par suprême amour de cette per sonne même. Il y a bien aussi quelque maladress à mettre au travers de certaines manigances le hommes affligés de cette infirmité. Ils ont la mai toujours encombrée d'idées nobles et de sentiment nobles et de gestes nobles, et vous connaissez l réputation qu'ils ont de « faire rater les affaires »

Il est vrai que ces « affaires » ne sont peut-êtr pas la plus grande affaire de la vie.

Quand l'inspiration fait défaut, l'œuvre est san valeur, fût-elle abondante et nombreuse au point

1. Sancho, dans *Don Quichotte*.

d'emplir cent bazars. Quand l'idéal manque, notre activité n'est plus qu'une agitation stérile, dût-elle assourdir le monde par l'intensité de son bruit. Mais il y a mieux. Dès que l'action s'isole, elle se corrompt. En devenant à elle-même sa propre raison et son propre but, elle entraine une dégradation qu'il est bien aisé de prévoir. Dans cet état de choses, « avancer », « parvenir », « faire son chemin », devient l'unique objectif qui concentre toutes les vues de l'imagination, qui détourne toute l'intensité du désir, qui accapare toutes les forces de la volonté. On ne se contente pas de vivre dans la trépidation et dans l'affolement : on adopte tous moyens efficaces, indépendamment de leur moralité, pour se hisser jusqu'aux avantages qu'on veut à tout prix, et l'on verse dans cette doctrine, à savoir que « la fin justifie les moyens » : doctrine bien connue à toutes les époques, mais remarquablement vécue dans la nôtre, qui n'a pas craint pour la désigner d'enrichir son vocabulaire d'un mot : l'*arrivisme*.

On pourrait écrire un code du *struggle for life* à l'usage des jeunes hommes de proie, et j'imagine qu'un bon maître tiendrait à l'élève ces quelques propos, en guise de préface :

« Mon ami, vous voulez sans doute, ainsi que beaucoup d'autres, gagner de l'argent, tenir une fonction, obtenir des titres et bénéficier de toute la considération qu'un homme qui se respecte doi exiger de ses contemporains. Je sais que vous ête sans mérite et qu'aucune capacité n'existe che vous, si ce n'est celle de vos appétits. Voilà certe déjà de fort bonnes conditions. Capacités nulles appétits formidables : c'est parfait ! Je prévois qu vous ferez quelque chose. Et puisque vous avez c qu'on nomme couramment des « dispositions » retenez ce que je vais dire.

« Comme vous allez évoluer dans le milieu social il faut apprendre d'abord ce que nous entendon par « question sociale ». Figurez-vous un pic ave une base et un sommet, comme tous les pics. C n'est pas plus difficile que cela. Dans la vie poli tique, et dans l'autre aussi — car enfin pourquoi le disjoindre ? Est-ce que toute vie n'est pas une vi politique ? — il s'agit simplement de monter.

« Mais je voudrais être bien compris. Des esprit brouillons vous ont peut-être parlé jadis, dans u langage confus auquel ils n'entendent rien eux mêmes, de loyauté, d'honnêteté, d'équité, de justic et autres balivernes de pareille farine. Je ne sau rais trop vous mettre en garde contre les vestige qu'un tel enseignement aurait pu laisser dans votr cerveau qui est fort heureusement de bonne tremp Si vous aviez conservé de ces insinuations per nicieuses quelques habitudes mauvaises, il faudra vous en corriger bien vite, car le sentiment est c qu'il a de moins fait pour favoriser la marche e hâter l'ascension du pic. Ce qu'on nomme en bloc « la moralité » n'est pas sans valeur, sous sa petite espèce, et dans quelques cas où il peut convenir d'en fournir la preuve et au besoin d'en faire l'étalage. En dehors de cela, c'est une chose encombrante et qu'il faut proscrire. Elle met dans les jambes des meilleurs grimpeurs certaines entraves que les neurasthéniques appellent des « scrupules ». Donc rappelez-vous que tout moyen est bon dès l'instant qu'il atteint son but. La seule honte, c'est de ne point parvenir. Il n'existe qu'une faute et c'est la maladresse; il n'existe qu'un mal et c'est l'insuccès.

« Ceci dit — et vous y trouvez l'essentiel de mon enseignement — il me resterait à vous présenter sur la « manière » quelques aperçus. Mais je veux être bref, et je me contenterai des indications sommaires que personne ne doit ignorer. D'excellents sportifs, très entraînés, ont le talent de bousculer les gens et de leur écraser les pieds. C'est une façon de faire, et qui est même assez bonne si vos épaules sont celles d'un gorille. Je ne vous la déconseille pas absolument. Mais il y a des moyens moins périlleux et plus en rapport avec notre temps de civilisation polie. Prenez la queue de la foule sans rien dire, exercez sur vos voisins quelques douces pressions sans en avoir l'air, trouvez appui sur celui-ci et glissez-vous par un petit mouvement du coude, et puis sur celui-là et glissez-vous encore par un mouvement de l'autre coude. Ayez soin, bien entendu, de ne jamais donner l'impression de pousser, surtout quand vous poussez, et, si quelqu'un se plaint, faites-lui des excuses, et profitez-en pour vous plaindre de ce qu'on vous pousse. Vous avancerez ainsi par secousses menues jusqu'aux meilleures places. Là, vous rencontrerez des hommes pour le moins aussi malins que vous. Redoublez de valeur. Passez un doigt et puis deux, et puis la main et le bras tout entier. Le corps devant suivre naturellement, vous serez assez vite sur le premier plan, sans que personne ne songe à élever la voix si ce n'est pour vous louer.

« Et maintenant, un dernier conseil. Les contemporains se rangent en deux groupes : ceux qu'on doit *desservir* et ceux dont on doit *se servir*. Vos concurrents forment le premier groupe : cela est si naturel qu'il est presque puéril de le dire. Une petite histoire sur leur compte sous figure de faire leur éloge, un croc-en-jambe sous air de leur céder le pas, et vous leur ferez descendre l'escalier de quelques marches. Quant aux autres dont il convient de vous servir, vous pourrez toujours vous les acquérir par toutes sortes de bons procédés que je ne puis développer. De préférence utilisez le piège du modèle courant que tout le monde connaît et dans lequel tout le monde ne cesse de donner. Si vous voyez à cet égard quelque personnage qui mérite vos soins plus spéciaux, n'ayez donc pas peur de le flatter jusqu'au ridicule, jusqu'à l'impudence: vous êtes ici dans un domaine où les oreilles les plus chastes peuvent tout entendre.

« J'oubliais quelque chose. Quand tu auras monté tes tréteaux, bats la caisse devant ta baraque. »

Il n'est pas un homme qui ne connaisse dans son entourage nombre de loups et de chacals disciples de cette doctrine. Et cette doctrine même, il est peu de personnes qui ne la ratifient très innocemment chaque jour, en parlant sans révolte des qualités qui conviennent aux hommes d'aujourd'hui pour « faire leur chemin ». En y réfléchissant un peu, on constaterait pourtant que ces qualités ne répondent guère à notre idéal humain. On ne songerait jamais à proposer comme modèle à l'humanité ceux qui en sont le plus pourvus et qui « arrivent » le plus facilement, au sens habituel où l'on entend ce mot. L'arrivisme en effet traduit l'effort des médiocres, incapables d'atteindre à la supériorité réelle, et s'acharnant à faire triompher dans la vie une supériorité différente qui est à leur portée quoique les animaux la possèdent beaucoup mieux encore: celle de la force et de la ruse.

On a chanté la force sur tous les tons depuis quelques années, et notre époque devait être conviée à cette bizarrerie choquante mais inévitable, de voir le rêve poétique d'un Nietzsche interprété par la demi-culture, et le « surhomme » invoqué par les plus grossiers butors pour légitimer le produit de leur sottise et de leur égoïsme. Ce n'est pourtant pas avec la vigueur des muscles mais bien avec des idées fécondes que se gagnent les victoires humaines, et ce n'est même pas avec la puissance de nos bras que nous avons capté, soumis, domestiqué nombre de bêtes sauvages dont la force dépasse de beaucoup la nôtre. L'homme le plus fort ne le sera jamais tant qu'une hyène ou un chimpanzé. Il y aurait donc une fameuse duperie à mettre nos ambitions dans une qualité qui nous laisse justement au-dessous de l'animal. Prôner la force est parfait. Mais il importe surtout de ne pas perdre de vue ce qui fait sa valeur : le sens de son développement.

L'estime de la ruse et le respect de l'habileté pratique sont aussi un indice des temps. Beaucoup de gens ne savent pas ce qu'est l'intelligence et pensent que le mieux doué est tout forcément celui qui a ce qu'il faut pour bien exploiter le voisin. L'absence de rouerie et surtout l'absence de méfiance deviennent à leurs yeux une débilité de l'esprit : déduction très logique lorsqu'on prend la vie pour un jeu de passe-passe où c'est le plus malin qui gagne la partie. En vérité, les maîtres en l'art de duper n'ont rien que de l'astuce. Or, l'astuce est une qualité purement animale, qui permet une adaptation rapide aux choses matérielles, mais qui exclut toute largesse de vue et qui implique par suite une activité bornée. Ceux-là seuls se servent de l'astuce qui ne peuvent disposer de plus amples ressources, car le propre des forts qui ont assez de puissance pour mettre en œuvre les grands moyens, c'est évidemment de négliger les petits. Si certains malins savaient se regarder, ils découvriraient donc dans leur malice même un signe de faiblesse. Mais ils ne savent point se regarder.

Un cynisme platement égoïste résume ainsi la psychologie de beaucoup d'hommes, qui ne se détachent point certes de la société, mais qui s'en « jouent » quotidiennement avec une désinvolture dénuée de scrupules. On découvre chez eux une absence de foi qui se révèle dans la façon même dont ils parlent de leurs idées. Leurs idées en effet sont déchues du rôle dirigeant. Elles occupent un rôle mercenaire : elles se subordonnent aux besoins et aux intérêts. Il n'est plus question ici de science ni de conscience ; il est question de *savoir-faire*.

Les hommes dont il s'agit fournissent en un certain sens une somme de travail assez imposante, mais cette somme de travail se perd en intrigues. Il faut les entendre parler de leurs démarches et de leurs relations. Ces deux mots représentent les points de convergence de tous leurs efforts. La grande affaire pour eux c'est évidemment d'avoir des « amis ». Des amis ! Jamais substantif ne fut tant détourné de son acception véritable. Notre ère a su imprimer aux mots des métabolismes extraordinaires. Mais passons. L'arriviste doit donc se faire des « amis ». Chaque jour il augmente leur nombre et leur qualité systématiquement. Nulle rencontre n'est complètement stérile, et dans toute relation nouvelle il voit un facteur propice à de nouveaux projets. Son unique préoccupation, lorsqu'il vous aborde, est de savoir la portée de vos pouvoirs sociaux, et de juger si vous devez le servir dans quelque entreprise. L'enquête étant positive, vous êtes un « ami ». Mais dans l'autre cas, vous êtes « inutile ». L'homme du savoir-faire vous écartera de sa route, et pour peu il conviendrait bien de vous rayer du Monde.

Voici donc venir les appuis « sérieux » qui prépareront les candidatures, jalonneront les postes, favoriseront d'autres appuis et ainsi de suite. Mais ce n'est pas assez. Après le savoir-faire, il y a le *faire-savoir*.

C'est ici que le « bluff » devient nécessaire. Être quelque chose, voilà bien la première étape; mais paraître plus que l'on est, c'est la seconde étape qu'on ne peut éviter. Un moyen très sûr d'obtenir les meilleures places et d'en sembler digne, c'est tout bonnement de s'y installer. Or, dans la foule, le secret d'être vu, ce n'est pas tellement d'être grand — on ne dépasse guère les autres que d'une tête — : c'est plutôt de grimper sur un monticule. Car la foule ne s'inquiétera guère si votre grandeur vient de votre personne ou du lieu où vous êtes juché. Ce à quoi le public en revanche ne croira jamais, c'est à la valeur foncière de ceux qui se réservent. Il s'agit donc d'étaler toute sa pacotille, de faire briller son clinquant, d'agiter sa ferraille et sa verroterie. Ces manœuvres de forain deviennent d'autant plus utiles que l'oreille du peuple et son œil y sont habitués. Aveuglé par les étalages, assourdi par les voix enrouées qu'on entend à tous les carrefours, le monde ne sait plus apprécier vraiment ce qui vit dans le silence à la simple lumière du jour : son jugement semble être altéré à ce point qu'il mesure la valeur des choses au tapage qu'elles font. Saura-t-on jamais toutes les forces réelles qui demeurent submergées, englouties, inutilisées? Et dira-t-on combien de nullités bourdonnent sur la vie?

Mais les arrivistes ne sont pas servis seulement par leurs instincts tournés vers la ruse ou la force grossière. Ils ont à leur avantage quelque chose de plus important que tout leur savoir-faire et leur faire-savoir : ils ont notre faiblesse dont est faite leur grandeur. Et à cause de cela, peut-être, nous ne sommes qu'à moitié bien venus de nous plaindre et de vitupérer.

Il reste qu'une société où de pareilles misères fleurissent librement est une société tarée, qu'elle s'appelle du nom qu'elle voudra et qu'elle dissimule sa tare sous les grands vocables qu'il lui plaira.

Et d'abord, si toute société fabrique des déchets, on ne s'étonnera pas que celle-ci fabrique des déchets plus grands. Car il est superflu de montrer que, dans un tel milieu, la violence et la multiplicité des appétits rassemblés, en exagérant l'âpreté de la lutte, grossissent les défaites autant que les victoires.

Mais il faut reconnaître surtout qu'il n'est pas de plus grand malheur pour un peuple que de pardonner le mal parce qu'il réussit. Lorsqu'un homme s'élève sans scrupule, il n'est plus qu'une dangereuse bête fauve, et quand ceux qui pensent de travers ou qui ne pensent à rien manifestent pour son succès une admiration rampante, ils font de ce succès un agent puissant de désagrégation sociale.

En vérité, le péril d'une telle décadence vient de ce qu'elle s'accroît forcément sous l'action d'un cercle vicieux. Car est-il besoin de souligner que ceux-là mêmes qui « arrivent » sans mérite sont appelés à juger plus tard le mérite des autres? Or, comment le jugeront-ils ? Étant privés des lumières véritables qu'ils se sont dispensés d'acquérir en usant de l'intrigue, ils seront bien incapables de mettre une appréciation sur la vraie valeur ; et ils seront d'autre part disposés à favoriser la fausse, puisqu'ils sont eux-mêmes fortifiés dans l'idée que l'injustice est chose naturelle et que la fraude est indispensable pour parvenir. Mais attendez. La vraie valeur, ils ne la jugeront jamais, ils la soupçonneront seulement quelquefois, et alors ils la déjugeront. Car ils la détestent parce qu'ils la craignent, et ils la craignent parce qu'elle les condamne. Supposez alors une nation édifiée sur de tels principes. Elle sera commandéè presque forcément par des incapables qui se transmettront de mains en mains le droit d'être incapables et de la commander. Il n'y a pas de raison pour que cela s'arrête.

* * *

Activité sans idéal, activité corrompue et déviée dans le sens d'un égoïsme stérile, c'est cela pourtant que l'on appelle quelquefois l' « action », et c'est dans cela — ô prodige ! — que pas mal de gens croient voir de la « vie intense ».

Ne prenons pas pour de l'action une agitation qui en est la caricature. Et quant au critère de la vie intense, je ne pense pas qu'on puisse le trouver jamais dans la dispersion et dans l'émiettement. J'aperçois bien ici des voies encombrées, des gens qui se bousculent, des hommes qui s'écrasent, mais je n'aperçois pas de vie intense. Je ne découvre pas autre chose qu'une vie superficielle et hâtive, une vie essoufflée qui est précisément le contraire de la vie intense, car la vie intense est une vie qui « avance », et celle-là est une vie qui « stagne ».

...Qui « stagne », dites-vous? Mais nous sommes

dans un perpétuel mouvement ! — Oui parfaitement, et c'est bien cela que je veux dire. Avec plus d'argent et plus d'activité vous ne savez qu'accumuler plus d'activité et plus d'argent, et c'est ainsi que vous vous mouvez, et c'est ainsi que vous stagnez en tournant sur place. L'animal aussi se meut, car il dort, il s'éveille, il mange et il dort encore. Le paysan aussi se meut, car il ouvre la terre, il sème, il récolte cette année comme il a fait déjà l'an dernier et comme il fera sans doute l'an prochain. Mais pourquoi ces gestes toujours les mêmes ? Pour vivre. Et pourquoi vivre ?... Pour vivre. Ne voyez-vous pas que hors de l' « idée » la vie est un cercle vicieux qui se ferme de lui-même? Le paysan que nous nommons — et nous pourrions nommer avec lui quantité de bourgeois qui ne sont point gens de la campagne — le paysan que nous nommons, tout comme l'animal, est un simple agent de la perpétuation de l'espèce, et l'espèce humaine ainsi perpétuée se répéterait sans nulle variation si certaines unités qui « pensent » ne venaient déplacer sa masse et ne marquaient ainsi l'*avancement de la vie*.

En vivant hors l'*idée*, ceux qui vivent la fausse « vie intense » placent donc leur activité à côté de la vie et non dans son axe, car l'axe de la vie c'est la marche en avant, au lieu que leur activité, se repliant sans cesse sur elle-même et restant valeur morte pour le progrès, n'est que stagnation.

fixité, immobilité, en dépit de toutes les apparences contraires. Lorsqu'on est un homme politique et qu'on envisage dans ses fonctions les seuls avantages matériels qu'on en peut tirer, on vit à côté de la vie politique. Lorsqu'on se donne pour savant et qu'on travaille simplement en vue d'obtenir une chaire, un prix, une médaille ou quelque autre avantage pareil, on vit à côté de la vie scientifique. Une œuvre d'art véritable n'a pas d'autre but qu'elle-même. Quand l'artiste agit en vue d'autres fins ou du moins quand il fait de ces fins l'objet essentiel, il fait quelque chose d'étranger à l'art. Et pareillement la vie, en chaque forme qui la représente, a dans elle-même son objet. Quand on travaille non pour elle mais pour quelque chose d'autre, on vit tout bonnement par côté de son axe. Beaucoup de gens qui croient vivre d'une vie intense vivent ainsi à côté de la vie.

Mais il y a mieux. En vivant hors l'*idée*, ceux qui vivent la fausse « vie intense » ne placent pas seulement leur activité à côté de *la* vie ; ils la placent en marge de *leur* vie, car leur vie intérieure, qui est la seule qui compte, se réduit à rien. Ces hommes-là ne paraissent exister que par la façade, et ce sont quasiment les choses du dehors qui les constituent. Leur cerveau devient une machine à gagner ces choses. Ils se ruent pour enlever une place ou bien des honneurs qui ne feront très souvent que les priver d'une indépendance tranquille, mais ils ne savent point ce que vaut l'existence comme moyen de jouissance pour l'esprit. Leur plus grande misère est de ne pas concevoir de besoins spirituels et de ne point pouvoir se donner par suite les plaisirs qui comblent ces besoins. Car les autres plaisirs s'épuisent rapidement, et, sitôt qu'on en a fait le tour, il ne reste plus qu'à rentrer en soi. Or, pour peu qu'on y trouve le vide, on tombera dans l'ennui et le désœuvrement.

Ce n'est pas assez d'affirmer que l'activité extérieure qu'on prend trop souvent pour la vie intense n'est pas la vraie vie. Il faut observer que la vraie vie se trouve par elle étouffée, supprimée, réduite à néant.

Et d'abord il n'y a plus, dans la bousculade, aucune place pour tout ce qui est notre raison de vivre, et, si vous le voulez, notre fin proprement humaine : la compréhension et l'admiration. Comprendre, admirer, c'est faire une pose naturellement, et l'on n'a pas le temps de faire une pose. En dehors des « affaires » qui prennent tout ou à peu près tout, l'esprit ne peut que se disperser au hasard des rencontres dans les menues choses qui défilent. Tout au plus donne-t-il une parcelle de soi chaque jour à la procession des indifférences, et si d'aventure il s'agrippe à quelque point fixe, c'est pour percher un instant et reprendre au plus vite sa course désordonnée vers un but qui n'en est pas un. On donne tout aux choses et l'on ne garde rien pour l'homme que l'on a en soi et qui est la seule chose qui vaille. On a comme perspective un galon de plus à obtenir, quelques écus en supplément à la fin de l'année, et l'on ne voit pas que ces avantages n'ont de valeur qu'en nous permettant de goûter justement ce que nous négligeons pour eux. On appelle cela son « avancement » et l'on ne voit pas que c'est avec cet avancement-là qu'on reste en place et qu'on n'avance pas.

Mais ceci n'est en vérité que le côté négatif de la question. Le côté positif, c'est que de telles influences ne nous détournent pas seulement de notre objet, elles nous rendent inaptes de plus en plus à le reconnaître et à l'apprécier.

Quand une société s'oublie dans le culte extérieur, les hommes qui la constituent se demandent, en présence de toute circonstance, quel bénéfice on peut en tirer. Or, on ne va pas loin avec ce principe. Si nous nous condamnions à ne rien produire qui n'appelât une recette, à mesurer sans cesse notre effort aux biens matériels qui en résultent, et à considérer comme une peine perdue tout effort qui ne « rapporte » pas, la vie s'épuiserait bien vite. Les plus valeureuses besognes ne sont pas celles qui se rétribuent. Poursuivre un but en dehors du gain, c'est justement là le secret de ce qu'on a fait de grand et d'utile dans l'humanité. Le monde s'est édifié tout entier sur des efforts qui ne « rapportent » pas.

Et puis quand une société s'oublie dans le culte extérieur, les hommes qui la constituent se fixent dans cette croyance qu'avec des avantages matériels on peut tout se procurer. Or, on glisse facilement par là jusqu'aux derniers degrés de l'infamie. La mise à l'encan des forces dont on dispose, y compris les forces morales, c'est l'aboutissement fatal d'une humanité qui met toute son ambition dans la possession des choses matérielles; car une moitié de cette humanité, parce qu'elle ne possède pas ces choses, ira vendre au marché ce qui ne se vend pas pour les acquérir, et l'autre moitié, parce qu'elle les possède, en usera pour acheter aux autres ce qui ne s'achète pas. Il en résultera que la pensée et les sentiments eux-mêmes seront utilisés comme valeurs marchandes et traités comme simples denrées.

Tout ceci n'est pas pour dénier la valeur des biens matériels qui sont certainement de précieux adjuvants, mais qui ne sont encore que des adjuvants. Ne tenir aucun compte des nécessités de la vie matérielle serait une pure folie. Mais que ce genre de souci nous absorbe tout entiers, c'est sans doute une folie plus grande. Car les biens matériels ne nous apporteront finalement que les jouissances que nous méritons et que nous sommes à même de leur demander. Il s'agirait, pour être dans la note juste, de ne point confondre le but avec le moyen.

Prendre le *moyen* pour le *but*, voilà bien l'erreur de ceux qui, faute d'idéal, donnent la fausse action pour type de l'action, et découvrent la « vie intense » dans ce qui en est plutôt l'antithèse et la négation.

La vie, en un mot, se présente à nous avec ses deux faces : elle est, par une de ses faces, nutrition, assimilation ; mais elle est, par l'autre face, création, production et fécondité. Et la première face n'est en vérité que le moyen pour nous d'épanouir la seconde. Quiconque la choisit comme but n'a pas franchi ce stade des organismes rudimentaires où l'être n'a d'autre fonction que de se conserver vivant. Ce qui est proprement humain ce n'est point de vivre, ni même de bien vivre, c'est de faire de la vie.

CHAPITRE II

L'HÉGÉMONIE DE LA VIE INTÉRIEURE

De la réflexion à la méditation. — De la contemplation à rêverie.

Le rôle de la solitude : la sainteté du recueillement la majesté du silence.

L'animal s'adapte au milieu en lui appliqua une activité plus ou moins réflexe. L'adaptati chez lui est tout instinctive. Il subit l'existen il ne la crée pas. L'homme seul a le pouvoir de cré sa vie, de lui imprimer une orientation nouvelle p un acte libre d'intelligence, et de faire bénéfici par conséquent de cette orientation nouvelle sensibilité toujours en éveil. Ce pouvoir se mesu à l'intensité de sa *vie intérieure*, et l'on peut bi dire que l'élévation de la vie et l'intensité de la v intérieure chez un homme vont parallèlemen D'un idéal misérable à un autre plus riche, d'u activité stérile à une autre plus féconde, il y simplement, si l'on y songe bien, la différen d'une vie intérieure à une autre vie intérieur dont l'une se réduit à rien, tandis que l'autre se déploie grandement.

Il n'y a de vie que dans l'activité, mais il n'y a d'activité véritable que dans la création féconde, et il n'y a de création féconde que par la vie intérieure. Tous nos actes sont faits du rêve que nous avons conçu, et leur valeur comme contribution à l'universelle vie est déterminée par l'élévation de ce rêve. Au surplus, chacun d'eux ne représente qu'un point isolé, un instant qui passe, au lieu que notre rêve lui-même est gros de tous ces instants et de tous ces points. Un acte accompli vaut mieux certainement que la pensée qui l'a engendré, mais une pensée féconde en actes possibles vaut plus qu'un acte isolé. En réalisant dans une bonne action une noble pensée, vous vous dépassez. Mais en mettant au monde une pensée féconde, vous avez dépassé d'avance tous ceux qui, l'ayant recueillie, la réaliseront. Plus on rentre au fond de soi et plus on donne à l'idée. Or, plus on donne à l'idée, plus on se déborde soi-même et plus on fait naître de vie. La particulière grandeur du rêve individuel, c'est de nourrir en puissance la moisson universelle des actions humaines.

Ainsi la vie intérieure est essentiellement à la base de la vie féconde, et cette notion très élémentaire, encore que méconnue bien souvent, s'appuie sur des preuves que la simple pratique met en relief tous les jours.

Faut-il rappeler que la méditation, sous so mode réduit qu'est la *réflexion*, s'offre comme pré lude à l'activité, dès l'instant que cette activit s'élève au-dessus de l'impulsion aveugle et repré sente autre chose que de l'automatisme?

Les hommes qui se croient doués pour l'actio intense estiment trop souvent que s'attarder dan la réflexion est un jeu qui ne saurait conveni qu'aux savants, aux poètes et aux philosophes, tou gens inutiles d'ailleurs aux yeux de la plupart d'entr eux; et cette opinion s'accroît forcément à mesur que les conditions de la vie rendent les décision plus brèves en rendant plus nombreux les acte et plus rares aussi les heures de recueillement Sans doute, en se décidant vite, on vous a tou de suite un air d'énergie. Mais détrompez-vous On fait preuve très souvent ainsi d'une extrêm mollesse. Car une situation apparait toute simpl quand on l'aborde, mais elle se complique dè qu'on réfléchit; et l'opposition croissante de motifs qui naissent de la réflexion exige de l'es prit cet immense courage qu'est le courage d se battre avec soi. Il est plus facile d'esquive le conflit et de s'abandonner d'emblée à un impulsion soudaine qui dispense de toute discus sion.

Et puis, en se décidant vite, on prétend égale ment montrer qu'on se possède et qu'on est « quel qu'un ». Mais détrompez-vous encore. Ce n'es pas dans une impulsion soudaine qu'on reste soi-même : on est au contraire, ici, le jouet de la routine ou des circonstances. Un homme ne peut être soi vraiment que lorsqu'il a pensé. A cette seule condition il devient, dans toute l'acception du mot, l'auteur volontaire des actes qu'il effectue. De tout homme actif on doit pouvoir dire ce que Mignet disait de Richelieu : « Il eut l'intention des grandes choses qu'il fit ». C'est la réflexion, en effet, qui prépare la continuité de l'effort et qui en règle le sens.

Très peu d'hommes réfléchissent, et, par suite, très peu d'hommes sont de vrais hommes d'action. Beaucoup de ceux qu'on juge tels ne savent guère s'arrêter en route pour consulter le vent, et, faute de rêver un peu, s'agitent simplement quand ils croient agir.

Mais la *méditation* proprement dite, la méditation sans but immédiat, cette méditation élargie et à longue portée qu'on prête volontiers aux seuls philosophes, n'est pas étrangère non plus à l'activité, croyez-le, encore qu'elle ne s'applique pas à l'utilité présente.

Pour cela justement qu'elle n'est point renfermée dans le mouvement actuel, qu'elle n'est point limitée, rapetissée et comme étranglée par l'instant qui passe, cette méditation est riche en activités latentes, en activités que le monde ne sait pas et qui restent imprévues et insoupçonnées parfois du foyer lui-même qui les fait germer, en activités lointaines enfin, mais qui s'amplifient de toute la grandeur de leur éloignement.

Méditer, ce n'est pas se détacher du monde extérieur, c'est apprendre à le connaître mieux. Après l'expérience de la vie commune, il est bon, il est salutaire de rentrer en soi, pour faire le sommaire de la page tournée. Le dehors nous donne la berlue, et rien de ce que nous voyons chaque jour n'est vu autrement que d'un œil ivre et sans cesse perdu dans l'éblouissement. C'est à la faveur de la retraite, au fond du silence, que tout se met en place, et que toutes choses, finalement, vont trouver leur utilité dernière.

Méditer, c'est accroître notre jugement en indépendance et en rectitude, car c'est nous prendre comme arbitre en nous évadant de l'opinion des autres, et c'est nous dégager par là même des erreurs et des préjugés que le milieu développe et qu'il entretient. C'est nous fortifier du même coup, et nous affermir dans les meilleures voies parmi celles qui attendent notre destinée.

Si la méditation qui paraît si loin de nos actions les prépare pourtant, la rêverie qui semble en être éloignée beaucoup plus encore les inspire, les élève et les vivifie, dès l'instant qu'elle s'abreuve aux sources du beau et qu'elle prend cette forme spéciale qu'on nomme la *contemplation*.

La contemplation, en tant du moins qu'elle n'est pas la simple béatitude et qu'elle se transforme en admiration consciente, la contemplation n'est point l'attitude passive que l'on s'imagine souvent. C'est une attitude foncièrement active, encore que son dynamisme soit concentré toujours dans les plus intimes profondeurs de l'être.

Notre admiration implique un élan vers une existence plus large, un affranchissement de nous-même, une victoire sur notre misère, une expansion formidable du vouloir vivre. Elle entraîne, en effet, cet état bien particulier qu'est l' « aspiration ». L'aspiration : émotion qui n'a nulle commune mesure avec nos plaisirs et nos peines de la vie courante. Aspirer : mélange de jouissance intense, de ferveur religieuse et d'élan vers la création. Vous aspirez, c'est-à-dire que vous vous ouvrez à la possession de quelque objet lointain, qui reste pour vous indéfinissable et simplement pressenti, mais qui vous exhausse en vous attirant à lui. Et, tandis que vous êtes ainsi comme soulevé au-dessus du meilleur de vous-même, vous éprouvez le sentiment très vif de votre noblesse, et vous faites, sans le vouloir, un jugement de valeur qui sépare en vous certaine humanité sublimée de l'autre humanité, de votre humanité vulgaire. Mais surtout vous êtes emporté comme par un essor enthousiaste vers l'impérieux besoin d'aimer, de vous répandre, d'agir et de créer, c'est-à-dire de vivre.

Partant, la contemplation est la source commune encore que latente des plus grandes actions. Qu'on le veuille ou qu'on ne le veuille pas, il n'est d'autre école de l'activité féconde que l'éducation du beau, et rien de grand n'a été perpétré jamais par l'activité des hommes qui n'ait eu son berceau d'abord dans la poésie. Aussi bien doit-on avancer qu'il existe dans toute belle chose une leçon féconde par cela simplement qu'il s'en dégage pour l'esprit une parcelle d'émancipation et d'élévation vers une vie plus grande. La nature est l'éducatrice la plus « profitable », et l'art se présente comme la spéculation la plus « positive » — pour parler la langue de ceux qui n'en ont pas d'autre — car c'est bien dans l'art et dans la nature que germe mystérieusement la moisson des rêves qui doivent affleurer un jour l'existence réelle. Que les étoiles pâlissent et que les yeux des amants s'éteignent, c'est cela seulement qui serait « positivement » grave pour l'avenir des hommes.

Et la *rêverie* proprement dite, la rêverie simple qu'on pourrait appeler une contemplation sans objet précis, trouve elle-même à se légitimer au nom de notre activité dont elle paraît être la négation. Ce n'est pas elle qu'il faut consulter sans doute pour prendre un parti dans une situation donnée, mais elle a, par ailleurs, son rôle bien tracé.

Il faut savoir quelquefois nous émanciper de l'existence active et nous refaire, durant un instant, une âme jeune, simplement heureuse, et qui reste oisive à se baigner dans l'heure qui s'écoule. Cette heure-là est propice à l'éveil des forces mystérieusement tapies au fond de notre subconscience; elle nous rend dociles aux mille vibrations de notre être. C'est l'heure de nous déborder nous-mêmes et de nous oublier doucement dans le reste du Monde. Quelque chose émerge souvent ainsi que nous ne soupçonnions pas. Mais si rien n'émerge, nous aurons ouvert la fenêtre du moins sur un peu de fraîcheur : notre esprit n'en sera que plus dispos pour d'autres efforts, et plus neuf pour d'autres actions.

La vie intérieure se retrouve donc, sous les formes les plus variées, à la base de tout ce qui est activité féconde. Et si l'on songe que tout revient à elle, et que tout ce qui se fait ici-bas et qui se réalise par elle n'a de valeur que pour elle, on en vient à reconnaître qu'elle est à elle-même son propre moyen comme son propre but.

Or, ceci nous fait soupçonner déjà cette simple vérité qui se confirmera plus tard, à savoir qu'il n'est d'autre puissance finalement qu'une vie intérieure intense pour « intensifier » la vie.

*
* *

De la royauté de la vie intérieure, un corollaire se déduit qu'il est essentiel de ne pas perdre de vue. Rien n'est plus sûr de produire son heure valeureuse que la sainteté du recueillement et la majesté du silence.

Le culte de la solitude implique déjà chez un homme une richesse peu commune de l'esprit. Car, plus on possède en soi-même, et moins on a besoin du monde extérieur. La multitude des flâneurs qui se répandent en plaisirs factices qu'on nomme des « passe-temps » cherchent à fuir, autant qu'il se peut, le vide qui est en eux. Au contraire, un cerveau peuplé sait animer de ses pensées le lieu le plus désert, et l'ennui pour lui n'est pas à redouter, car, étant avec soi, il n'est jamais seul.

Mais ce n'est pas assez d'affirmer que la solitude allégrement supportée est l'indice d'une puissante et féconde personnalité. Il faut ajouter qu'une personnalité ne peut se développer dans toute sa puissance et toute sa fécondité qu'à la seule faveur de la solitude. Point n'est besoin d'ailleurs, pour rendre à la solitude le culte qui lui convient, d'abandonner le monde et de vivre dans l'éloignement des hommes. On peut être solitaire et parfaitement recueilli, sinon dans le tumulte, au moins dans la société. Être solitaire, c'est vivre avec ses pensées, et l'on peut vivre avec ses pensées durant de certaines heures, aussi bien au milieu de la foule qu'au fond d'une retraite. Car la foule n'accapare vraiment que la partie de nous-même qu'il nous plaît de lui offrir, et le bruit qu'on fait au dehors ne nous enlève guère que les sons que nous donnons au bruit. Être dans le bruit, être dans la foule, cela n'est point si grave pour nos sommets. Ce qui nous abaisse d'une façon très sûre, c'est d'être nous-même quelque chose dans la bousculade et c'est de chanter avec la fanfare.

Tant que nous sommes compris dans la vie active, nous sommes amoindris dans le nombre de nos pensées. Car la vie du dehors est accaparante, et tout homme qui ne peut se réserver quelques heures du jour pour monter au faîte de sa propre vie n'est rien qu'un esclave, qu'il soit d'ailleurs un prince de la politique, un manœuvre, un roi de la finance ou bien un forçat. Mais surtout, tant que nous sommes compris dans la vie active, aucune nouveauté n'a chance de surgir du sein de nos pensées. Car, tandis que la vie intérieure est, dans son essence, particulariste et séparatiste, la vie du dehors est naturellement nivelante. La promiscuité, c'est toujours une mise en commun d'éléments qui tendent à se confondre sur le même plan et qui restent calqués les uns sur les autres; c'est toujours, par conséquent, la banalité des formules toutes faites, la monotonie des vues anonymes. Seule une vie intérieure qui sait reprendre ses droits à temps nous sauve de la platitude et de l'automatisme, en nous délivrant de l'action extérieure qui est, par nature même, répétitive et imitative : elle nous rend au rêve qui est tout au contraire, par essence, improvisateur et innovateur.

Ainsi nul ne peut se faire une âme bien à soi autrement que par la solitude, et, se faire une âme bien à soi, c'est le secret de la fécondité. La pensée qui est mère de la création présente en effet ce trait essentiel que, plus solitaire naît sa racine et plus touffue devra s'étendre sa frondaison dernière : j'entends ainsi que plus personnelle, plus originale, plus uniqué elle est à son point de départ, et plus elle a de chances d'apporter à notre héritage commun une contribution nombreuse.

Il n'est donc pas téméraire d'avancer qu'une vie est d'autant plus généreuse au sens étymologique, et c'est-à-dire plus féconde, qu'elle est plus orientée vers le fond d'elle-même, d'autant plus stérile et plus égoïste qu'elle regarde vers le dehors. Il faut savoir se tourner vers soi pour y découvrir grandement tout ce qui n'est pas soi. Si vos yeux ne s'ouvrent sans cesse que vers l'extérieur, vous ne pouvez manquer de vous y voir et de n'y voir que vous. C'est parce que beaucoup d'hommes n'ont jamais pénétré en eux qu'ils sont constamment occupés d'eux-mêmes.

Alors, s'il est vrai que la vie intérieure, avec la solitude qu'elle réclame, est le foyer d'où rayonne toute activité féconde, n'est-il pas très probable que beaucoup de ceux qui se donnent pour « agir » ne soupçonnent pas le sens du mot qu'ils emploient? — C'est l'évidence même.

Et ne croyez-vous pas qu'en parlant de leur idéal « utilitaire » et de leur activité « positive »...? — Je le crois tout à fait.

Mais je n'ai pas la naïveté d'espérer qu'un grand idéal puisse germer dans tous les cerveaux, ni qu'une activité féconde au sens où je l'entends soit réalisable également par tous les humains. Je n'ai même jamais envisagé que la vie intérieure, base de tout ce qui peut s'effectuer dans l'autre en vue de notre élévation et de notre accroissement, dût se faire la place belle chez maints pauvres diables qui ont assez de peine de nourrir leur corps. Puisque aussi bien il s'agit ici d'idéal et non d'autre chose, je voudrais simplement que l'on n'aille pas, au nom d'une conception fausse, nous offrir comme exemple et modèle d'une activité intense tel aspect de l'action isolée du rêve et par cela justement isolée de la vie. Car, entre mille façons de comprendre notre idéal, il en est toujours une qu'on ne saurait admettre, et c'est celle qui consiste à n'en pas avoir.

LIVRE III

L'ISOLEMENT DU RÊVE ET L'IMPUISSANC DE RÉALISATION CRÉATRICE :

(IMPUISSANCE PAR ISOLEMENT DU RÊVE CONSTRUCTEUR)

CHAPITRE I

LES DANGERS DE L'IDÉAL

L'utopie par méconnaissance des réalités intérieures. — aptitudes et la destinée. — Déclassés, réfractaires et d cinés. — La réalisation de la personne individuelle la connaissance de soi-même.

L'utopie par méconnaissance des réalités extérieures Le rationalisme idéologique. — L'inadaptibilité des vé théoriques aux réalités pratiques. — La logique des h mes et l'illogisme des choses.

Pour qu'une œuvre vienne au jour, il ne su pas que l'imagination de l'artiste s'exalte en livrant à ses impulsions. Ces impulsions, il f que l'artiste consente à les contrôler sans ces Aucun art, en effet, ne peut être vrai qui ne pu aux sources de la nature. Que l'*inspiration* soit grandiose, voilà certes ce qui n'exclut point une *technique* soignée, voilà bien ce qui exige au contraire une technique plus sévère et plus rigoureuse qu'à l'heure des petites entreprises. Dès l'instant que l'artiste n'interroge pas le réel et qu'il s'abandonne à la fantaisie, dès l'instant qu'il n'établit pas, par une vigilance constante, l'authenticité de tous les éléments dont il fait son œuvre, cette œuvre, pour quelque hardie qu'elle soit, sera l'œuvre manquée, l'œuvre factice, l'œuvre artificielle, et, comme disent les peintres en langage d'atelier, l'œuvre « de chic » — entendez l'œuvre faite *à côté de la vie.*

De même, l'*idéal* le plus généreux ne doit point satisfaire seulement l'ardeur de notre enthousiasme; il doit être plié sans cesse aux réalités vivantes. Ce n'est pas assez qu'il réponde à des vérités abstraites conformes à nos goûts; il convient aussi qu'il ne soit point contredit par la vérité objective, car de cela doit dépendre sa réussite. Que l'*idéal* soit immense, voilà certes ce qui n'exclut point la critique du *libre examen*, voilà bien ce qui exige au contraire une critique plus profonde et plus perspicace. Dès l'instant que l'idéal ne s'intègre pas avec le réel, dès l'instant qu'il erre au gré de nos tendances et sans prendre appui sur la vérité concrète, il n'est guère qu'une chimère dangereuse. Les plus nobles aspirations et les intentions les plus hautes ne peuvent dispenser de séparer le possible de l'impossible. Avec les meilleurs sentiments, on ne peut que nuire aux autres et se nuire à soi-même, si l'on pèche par manque de bon sens. L'idéal dévoyé conduit en effet à l'action déviée, à l'action téméraire, qui échoue piteusement, lorsqu'elle ne devient pas une cause de désastres. Un mot sert à désigner ces cas : l'*utopie*.

***

Quand nous concevons ce qui nous serait à la fois préférable et possible de *devenir*, nous ne prenons pas toujours soin de nous appuyer sur la *conscience de ce que nous sommes*. Il arrive alors que, pour des raisons *intrinsèques* et parce que nous méconnaissons nos *réalités intérieures*, le rêve que nous formulons n'est point réalisable ni même désirable. Vous voyez ici une première cause d'utopie que je voudrais dégager d'abord.

L'idéal individuel, pour chacun de nous, c'est la projection un instant fixée d'un moi qui nous dépasse et qui ne cesse pas néanmoins d'être nôtre, d'un moi qui nous est supérieur et pourtant accessible, de telle sorte qu'en le réalisant nous ne faisons rien autre chose que de nous accomplir.

C'est en nous concevant d'après un type différent de notre type actuel que nous trouvons assez de présomption pour aller de l'avant, et que nous sommes conduits tout naturellement à l'acquisition de qualités nouvelles. Mais l'ascendant qu'exerce sur un sujet cette image fictive de lui-même ne saurait le servir favorablement que si l'image en question est dans le prolongement de ses tendances et de ses aptitudes. Si elle est empruntée à des aptitudes et à des tendances qui ne sont point les siennes, elle devra l'entraîner, tout au contraire, à des résultats néfastes.

Il faut comprendre que la mentalité naissante n'est pas une substance inerte prête à recevoir toute forme qu'on veut lui imposer. Elle apporte avec elle, du fait même de l'hérédité, des latences, des virtualités qui la prédisposent à telles fins plutôt qu'à telles autres. Mieux encore, elle apporte un pouvoir variable de s'adapter à des fins plus ou moins nombreuses et plus ou moins éloignées de ses latences premières et de ses virtualités d'origine. Chacun donc possède, en naissant, sa marque d'orientation comme aussi son degré d'élasticité, c'est-à-dire, en somme, le bilan de ses possibles et de ses impossibles. Il en résulte que, parmi les voies qui s'offrent à sa destinée, quelques-unes peuvent appeler ses efforts avec avantage, au lieu que d'autres ne sauraient le tenter sans offrir pour lui des inconvénients. S'il ne tient pas compte en effet de sa propre nature, il se dépensera en activité stérile, sans pouvoir se hausser jamais jusqu'au but qu'il s'est représenté; mais, en outre, appliquant cette activité à des fins qui lui sont étrangères et même opposées, il devra courir tous les risques et tous les dangers qu'entraîne l'inadaptation.

Les hommes, au début de leur vie, prennent souvent pour une aptitude ou pour une passion ce qui n'est qu'un goût très superficiel et tout simplement fortuit d'imiter certains personnages qu'ils découvrent dans leur milieu, dans l'histoire ou dans un roman. Et c'est ainsi que beaucoup de gens se composent une figure d'emprunt. Pourvus d'un caractère déterminé, ils endossent le vêtement d'un caractère différent; disposés naturellement à certaines manières de penser, de sentir et de vouloir, ils se donnent le change en mimant les signes extérieurs d'une activité pour laquelle ils ne sont pas faits. Il existe de faux jaloux et de faux amoureux, comme il existe de faux poètes et de faux conquérants, et comme il existe, d'une façon plus générale, de faux rêveurs et de faux hommes d'action. Tous ces êtres appliquent leurs efforts dans une voie qui n'est pas la leur, et ces efforts détournés de leur destination réelle les conduisent à échouer d'une façon piteuse. Éloignée du but accessible et stimulée vers l'inaccessible, leur énergie se dissipe sans profit. N'imitant du personnage qu'ils veulent être que ce qu'ils peuvent imiter, ils imitent son geste et non son esprit. Ils ne deviennent point ce personnage ni même sa copie : ils deviennent sa caricature.

M. Jules de Gaultier[1], qui désigne ce dangereux travers sous le nom de *bovarysme*, en a fait ressortir les applications, avec une très grande finesse, parmi nombre de fantoches empruntés aux romans de Flaubert. Comme il y a un bovarysme de l'intelligence et de la sensibilité avec *Frédéric Moreau* et *la Bovary* elle-même, il y a un bovarysme de la volonté avec les *Regimbart* et les *Deslauriers*, et comme il y a un bovarysme artistique avec les *Pellerin*, il y a un bovarysme scientifique avec les *Homais*, les *Bouvard* et les *Pécuchet*. Tantôt dramatiques et tantôt comiques, tous ces êtres se ressemblent par un côté. Sous la suggestion d'une réalité qui n'est pas la leur, ils se conçoivent différents d'eux-mêmes. Et tous ils restent incapables de s'égaler au modèle qu'ils ont admiré; tous ils ont, dans leurs tentatives, quelque chose d'avorté qui les rend grotesques ou qui fait leur malheur très visiblement.

Mais il n'est pas besoin de recourir aux incarnations fictives pour trouver des illustrations au genre d'utopie que nous avons en vue. Des époques entières foisonnent en exemples, et la nôtre en

1. JULES DE GAULTIER. *Le Bovarysme* (*Mercure de France*).

particulier a multiplié dans des proportions énorm la foule des inadaptés.

On ne dira jamais assez ce que la demi-cultur favorisée naturellement par les idées du jour, causé de méfaits. Et je ne parle pas seulement certificat des études primaires. Il n'est pas doute que des fils de campagne sont conduits par lui devenir hommes d'équipe ou bien balayeurs rues, alors qu'ils eussent fait, sans lui, d'excellen paysans parfaitement aisés : ce qui est assez grav si l'on veut observer que l'abandon de la terre e un fait économique et sans doute moral d'ur immense portée. Mais je songe aussi à la mas toujours plus compacte des savants avortés que l diplômes d'université répandent par le monde. L nombre est considérable des jeunes gens qui so doués pour auner de la toile, et qui se déverse dans des carrières auxquelles leurs tendances leurs aptitudes ne s'adaptent pas. Ce sont eux q grossissent la troupe des « déracinés », des « réfra taires » et des « déclassés » : troupe douloureus qui souffre de vouloir être ce qu'elle n'est pa troupe dangereuse et prête à toutes les révolution dans une société qui ne lui inspire qu'envie et qu haine. Les hommes de cette infortune deviennen plus nombreux chaque jour. Ils subissent de maux et ils en engendrent, et les maux qu'il subissent et ceux qu'ils engendrent, si l'on remont aux sources premières, sont fruits de l'utopie.

Les erreurs de l'idéal personnel ne répondent pas chaque fois au type absolu que nous venons de supposer. Elles peuvent être seulement relatives.

Nos tendances et nos aptitudes sont toujours plus ou moins complexes, et leur importance réciproque les place dans une sorte de hiérarchie les unes par rapport aux autres. Or, dès que les termes de cette hiérarchie sont intervertis, dès que notre cerveau, par la suggestion d'images parasites, oblige nos tendances et nos aptitudes les plus fortes à capituler devant d'autres qui sont plus faibles, nous tombons dans la même erreur, encore que sous une forme atténuée et moins périlleuse.

Il est bien certain que ces bévues relatives sont favorisées par le nombre même de nos facultés. En effet, plus nombreuses sont nos facultés, plus délicat est le choix qui devra décider en dernier ressort du sacrifice de celle-ci ou de l'hégémonie de celle-là. Les chances de fauter d'une façon relative seront donc réservées parfois aux hommes les mieux doués.

Le violon d'Ingres sert de cliché lorsqu'on veut désigner les erreurs commises par beaucoup de grands hommes dans la recherche de leur idéal, mais ce violon est tiré à maints exemplaires. Les prétentions de l'artiste chez Ampère et les prétentions de l'homme de science chez Gœthe ne sont pas moins déplacées que la croyance de Victor Hugo dans ses vertus philosophiques et la croyance de Chateaubriand dans ses pouvoirs de politicien. Il est bien évident que ces erreurs relatives n'ont empêché ni Ampère, ni Gœthe, ni Hugo, ni Chateaubriand d'être ce qu'ils furent. Mais la question envisagée du point de vue général nous donne à conclure que ce genre d'erreur relative entraîne cependant des inconvénients regrettables. Sa conséquence la plus évidente pour l'individu, c'est de mettre au service d'une fausse conception de lui-même une partie de l'énergie qu'il eût déployée dans l'épanouissement de ses vraies aptitudes, c'est d'utiliser au profit d'une faculté relativement médiocre une partie de l'effort dont une faculté maitresse eût bénéficié pleinement, et, pour tout dire, c'est de subordonner le fertile au stérile et le meilleur au pire.

Ajoutons encore que les fautes commises contre l'idéal par la personne individuelle ne se font point toujours dans l'ordre qualitatif. Elles existent aussi dans l'ordre quantitatif, et si c'est une erreur d'honorer en soi des aptitudes qu'on n'a pas, c'en est une également de demander à une aptitude qu'on a autre chose ou plus que ce qu'elle peut donner. Bonaparte était, à coup sûr, un grand général. Il n'en a pas moins surfait, devant sa propre conscience, la force qu'il possédait en tant que général, et, en tant que général, il n'en a pas moins méconnu les limites de ses facultés. Les résultats ont assez prouvé qu'il s'était trompé sur le degré précis de son pouvoir en voulant pétrir l'univers au gré de son caprice. On peut être le grand Bonaparte et commettre de pareilles erreurs, et, *à fortiori* de pareilles erreurs sont commises chaque jour par une multitude de petits Bonapartes.

Quoi qu'il en soit, il ressort des notions précédentes que notre idéal personnel, suivant la façon dont il est conçu, représente un gage de force ou de faiblesse, une source de vie ou un danger de mort. Dans tel cas, il devra exercer son rôle d'une manière efficace, et, par ce fait qu'il comportera un pouvoir normal de réalisation et d'adaptation, il deviendra, pour la personne individuelle, un moyen de se modifier sans se détruire et de se déplacer sans s'annihiler. Dans tel autre cas, il n'aura qu'une action néfaste, et, par ce fait qu'il ne comportera nul pouvoir de réalisation et d'adaptation, il n'entraînera derrière lui que stérilité ou désastre. La personne fictive à laquelle un sujet aspire est un stimulant utile quand les éléments de cette personne fictive préexistent latents au fond de la personne réelle; mais elle est, dans les conditions inverses, un fléau dangereux.

La plus sûre façon de se hausser, c'est de concevoir sans cesse un être idéal différent du moi, mais qui n'en diffère qu'en lui ajoutant quelq chose, et c'est d'associer ainsi la stabilité avec changement dans des proportions qui assurent progrès sans briser cependant la réalité sur laque ce progrès doit se consolider. Grandir, c'est pr longer son moi antérieur, c'est se continuer da son moi inné, sous une forme meilleure, pl complète et plus harmonieuse.

Pour nous réaliser, il convient donc d'étab d'abord, parmi les éléments qui exercent une fas nation sur notre énergie, ceux qui s'accorde et ceux qui ne s'accordent point avec l'impu sion réelle de notre nature. Mais la conditi de cet établissement, c'est de connaître cet nature même et de ne point nous leurr sur ses caractères. N'être pas la dupe de s propre moi présente des difficultés sans dout mais il y aura beaucoup à gagner déjà dans tou tentative que l'on fera dans ce but. L'éclairage monde subjectif pratiqué sagement par l'intro pection peut devenir un bien d'autant plus pr cieux qu'il n'est guère répandu dans la masse d hommes. Être curieux de soi et se rendre visi souvent, cela est nécessaire pour s'accroître pour prospérer. Nous ne ferons pas toujours av cette méthode le bilan complet de nos tendance la mesure impartiale de nos facultés. Mais parm beaucoup de sons confus, il nous sera possible distinguer parfois la note principale, et cela suffi déjà pour que, l'ayant entendue, nous allions au-devant de notre destinée.

Avant de travailler pour l'homme que nous voulons être, il est bon de demander conseil à l'homme que nous sommes, et, par suite, avant de nous fixer des règles, il serait mal venu de ne point nous connaître un peu, à défaut de nous connaître bien.

***

Quand nous concevons ce qui serait à la fois préférable et possible de *réaliser* dans le monde, nous ne prenons pas toujours soin de nous appuyer sur la *connaissance de ce qui est*. Il arrive alors que pour des raisons *extrinsèques* et parce que nous méconnaissons les *faits extérieurs*, le rêve que nous enfantons reste impraticable et même insouhaitable. Et voici une cause nouvelle d'utopie qui mérite d'être examinée.

Une des erreurs les plus formidables de l'esprit humain, c'est de s'imaginer que le « vrai » tel qu'on l'a conçu n'a qu'à se présenter pour faire quelque chose. Certes, lorsqu'on englobe dans un effort d'imagination l'existence de l'humanité entière, passée, présente et future, il n'est pas impossible de concevoir le vrai absolu et le bien absolu comme devant se confondre dans l'infini. Mais il faudrait prendre garde que le bien que nous cherchons est un bien toujours relatif et q la vérité sur quoi nous devons spéculer est u vérité toujours incomplète. En fait, on est obl de reconnaître que le bien humain relève quelq fois d'une logique opposée à toutes nos logiqu

Notez bien d'ailleurs que l'illogisme des cho nous semble illogique parce qu'il appartient une logique supérieure dont les éléments n échappent. Ce n'est pas l'illogisme des choses se trouve condamné par notre logique, c'est no logique, au contraire, qui se trouve en défa devant une logique plus grande qu'elle ne sou çonne pas.

Il reste qu'on ne peut étreindre l'instant passe en se déterminant toujours au nom de raison. Car s'il n'y a que du simple et du géné au fond de la raison, il n'y a dans la vie que complexe et de l'accidentel, et il entre toujo dans l'instant qui passe une foule d'éléments q l'abstraction néglige. Aussi bien les hommes d vent-ils demander parfois des conseils à l' « ir tionnel » ; aussi bien sont-ils condamnés souven découvrir au fond de l' « illogique », le princi et la règle de leur conduite.

Il nous faut convenir que le succès réel d'u idée dépend de la somme d'expérience et de pr vision qui l'inspire et non point du tout de valeur qu'elle possède au nom de la rais abstraite. C'est bien cette raison abstraite qui rend agréable et satisfaisante par devant l'absolu de l'esprit, mais c'est cette somme d'expérience et de prévision qui la rend possible et souhaitable en présence des relativités de la vie. Collaborer avec le réel, faire la part de toutes contingences, telle est l'obligation qui s'impose toujours à l'idée pour faire naître l'action et s'incorporer à notre existence pratique. En l'absence de ces conditions, l'idée restera idée : elle ne vivra pas dans l'accomplissement des choses, ou bien elle donnera aux choses une orientation que son auteur lui-même n'avait ni désirée ni même soupçonnée.

Le rationalisme idéologique fut à toutes les époques le classique pourvoyeur des chimères et des utopies. Beaucoup d'hommes, et non pas des moins distingués, croient avoir découvert la vérité en tant qu'objet réalisable parce qu'ils ont fait l'accord de leur pensée avec elle-même. Ce n'est point cet accord malheureusement qu'il eût fallu faire, mais bien l'accord de leur pensée avec les conditions effectives de la vie. Ils conçoivent sans doute un système d'idées qui se tiennent dans un enchaînement mutuel d'une rigueur parfaite; mais ceci n'est pas suffisant pour mettre sur pied une réalité.

Le nombre est incalculable des logiciens qui sont victimes de cette intoxication spéciale qu'est la séduction par le syllogisme. Victimes les législateurs qui ne doutent pas qu'une chose est possible parce qu'elle est juste et qu'on peut faire nait une réforme utile en clamant une formule sonor Victimes les savants qui édifient sur une diale tique trompeuse de folles hypothèses que les fai démentent. Leurs rêves se brisent aux form rigides d'une réalité qu'ils n'ont pas prévue et av laquelle il eût été bon de composer d'abord.

Pour pénétrer plus à fond la genèse et les co séquences de pareilles erreurs, il est nécessai d'envisager successivement les deux grands domain qui se partagent nos aspirations, suivant que no cherchons à produire le « mieux » dans nos ra ports avec nos semblables ou dans nos rappo avec la nature. Il s'agit dans un cas de *phénomèn sociaux;* il s'agit dans l'autre de *phénomènes co miques.*

CHAPITRE II

LES UTOPIES DANS L'ORDRE DES PHÉNOMÈNES SOCIAUX

La valeur de l'idée dans le domaine social. — L'établissement des institutions et l'évolution des tendances. — Le bien tel qu'il est conçu et le bien tel qu'il est possible. — La loi de « compromis » et le sens de l' « opportunisme ».

Une métaphysique sociale : entre deux utopies.

C'est dans l'ordre des *phénomènes sociaux* que l'utopie par méconnaissance des réalités externes fleurit sous ses formes les plus variées. La complexité des données rend ici sa présence fréquente; mais elle rend en même temps plus douteux et plus délicats les moyens qu'on a de l'apprécier.

Il me semble bien que la valeur et la vanité de l'idée furent exagérées tour à tour dans un tel domaine. Les uns, en exaltant sa valeur, ont oublié trop souvent que les idées pures n'ont pas plus d'influence *directe* sur l'orientation des peuples qu'elles n'en ont sur celle des individus. Les autres, en affirmant sa vanité, n'ont point songé assez que cette influence peut se traduire du moins sous une forme *indirecte* à travers des intermédiaires qu'il faut dépister.

En réalité, il serait abusif de croire que l'idée, ici, est omnipotente ; mais il ne serait pas moins abusif d'avancer qu'elle ne peut rien faire et que l'évolution des groupements humains reste tout entière soumise aux seuls faits matériels. Les conditions extérieures orientent nos pensées et nos pensées réagissent en créant à leur tour d'autres conditions extérieures. Il n'est pas douteux qu'un système politique ou économique nous impose des relations et nous fixe des habitudes qui ont une influence profonde sur nos conceptions de la vie ; mais il n'est pas douteux non plus qu'à cette influence nous répondons avec notre esprit, en améliorant à mesure et en déplaçant dans le sens de nos vues le système en question. Les faits matériels d'hier sont le prétexte qui donne le branle et qui légitime le courant d'idées qui passe aujourd'hui, mais le courant d'idées qui passe aujourd'hui et qui est toujours un essai de rectification et d'adaptation devient le gabarit sur quoi vont se modeler les faits matériels de demain. C'est donc une prétention arbitraire que de choisir une face de la vie sociale pour en dégager les autres, et c'est une faiblesse foncière que de ne pas tenir compte de l'entrelacement, de l'interdépendance, de la causalité réciproque des éléments qui prennent part à l'évolution de l'ensemble.

Que dans le cycle de l'interaction l'idée n'ait pas toute la liberté d'allure qu'un examen superficiel pourrait lui prêter, c'est ce qu'on ne saurait nier. Mais que dans la formidable complexité des éléments en présence elle soit malgré tout le régulateur conscient qui empêche la fatalité, je le crois volontiers. Que sous son aspect purement rationnel, une idée n'ait pas d'empire immédiat sur la vie sociale, c'est ce qu'il faut bien reconnaitre. Mais que cette idée diffusée dans la masse et devenue sentiment puisse un jour à venir vivre dans les faits, que lancée dans le tumulte de l'interaction elle soit la « bouteille à la mer » qui trouvera demain ou bien dans longtemps le port qu'elle mérite, de cela je ne puis guère douter.

Ainsi l'idéal conserve toute sa valeur dans les phénomènes sociaux, — et c'est une première conséquence de ce que nous savons. Mais il doit y être manié avec d'autant plus de respect des réalités externes qu'il est inextricablement lié aux faits dans ses origines aussi bien que dans ses résultats — et c'est une deuxième conséquence de ce que nous avons appris. Dans un tel domaine moins que dans aucun autre, on ne doit oublier que les lois de la pensée qui sont simples ne peuvent s'ériger en règle souveraine des choses qui sont complexes. Ici plus que partout ailleurs on doit savoir que des

résistances multiples imposent une certaine lente
au progrès humain, et qu'il faut composer avec
résistances mêmes pour servir habilement la cau
de ce progrès.

L'utopie, en matière sociale, me paraît domin
par la négligence ou par l'ignorance d'un princi
de psychologie, qui est d'une application consta
pour le sociologue et le politicien, et dont la val
est bien mise en relief dans divers ouvrages
Gustave Le Bon[1].

Ce principe veut que l'activité des groupeme
humains, comme celle de leurs unités cons
tuantes, reste tout entière sous la dépenda
immédiate des croyances affectives, non des c
naissances raisonnées.

Les connaissances raisonnées, qui sont toujo
les dernières venues, habitent notre esprit com
des étrangères : elles ne peuvent avoir sur nos dét
minations qu'une influence médiocre. Ce sont
croyances assimilées depuis longtemps et prof
dément incorporées à la subconscience qui n
font agir. Les concepts intellectuels acquis
l'éducation nous servent à discourir, mais ce s
les concepts ancestraux imprégnés d'affectivité

1. GUSTAVE LE BON. *Les lois psychologiques de l'Évol
des peuples* (Alcan). — *Psychologie du Socialisme* (Alcan
La Psychologie politique (Flammarion). — *Les Opinio
les Croyances* (Flammarion).

sont les mobiles ordinaires de notre conduite. Des premiers il sort des maximes qui sont des habitudes théoriques, mais des seconds il sort des habitudes qui sont des maximes vivantes. C'est ainsi que nous sommes ballottés sans cesse entre une morale traditionnelle qui s'accorde avec nos actions courantes et des morales inéprouvées qui sont celles de demain et qui n'obtiennent encore aujourd'hui que les suffrages de notre pensée.

Les idées conscientes, les idées claires ne représentent nullement pour une société la source de cohésion : elles sont bien trop jeunes. L'unité au sein d'un groupement social se trouve constituée tout forcément par les croyances vieillies qui formaient à une époque antérieure le degré supérieur de la conscience raisonnée, mais qui se trouvent déjà en contradiction flagrante avec cette conscience, par les tendances instinctives en un mot et les habitudes invétérées qui sont la conséquence d'adaptations antérieures et dont la réflexion actuelle fait déjà l'objet de sa critique. C'est dans l'âme des foules, bien entendu, que ces survivances existent avec le plus de force, et c'est pourquoi les foules sont au fond plus conservatrices que les élites, et plus représentatives de l'esprit de la race.

Quelques faits mal interprétés semblent contredire cette grande vérité; quelques exemples jugés superficiellement pourraient faire penser que les idées pures sont sources de cohésion et produisent de l'activité réelle, bien avant que d'être subconscientes, et sans que l'occulte travail des accumulations ancestrales ait eu besoin de les refouler dans l'ordre des sentiments. Mais en regardant de plus près, on s'aperçoit vite que les cas de ce genre n'ont pour eux que de pures apparences. Tantôt il s'agit de croyances et de tendances qui paraissent démolies d'emblée par une idée neuve, mais qui ne font en réalité que se continuer sous une forme nouvelle ou même subsister sous un nom nouveau — et c'est ainsi qu'on se tromperait d'une façon grossière si l'on croyait que nos idées laïques, en prenant la place des idées religieuses, ont tué le mysticisme. Tantôt il s'agit de croyances et de tendances qui paraissent instaurées de toutes pièces par une idée neuve, mais qui florissaient à l'état latent bien avant l'éclosion de l'idée, de telle sorte que l'idée qui paraît produire ne fait que justifier, rationaliser, tout au plus condenser et discipliner, jouant ainsi par rapport aux forces préexistantes le rôle du barreau de fer doux drainant et polarisant la limaille placée dans son voisinage — et c'est ainsi qu'on serait dans l'erreur si l'on se figurait qu'un concept pur de justice a fait naître *ex nihilo* la révolution qui marque chez nous la fin du XVIIIe siècle.

Il reste que la substitution dans une société d'une morale à une autre morale — entendez ce mot dans son acception la plus vaste — il reste dis-je, que cette substitution ne peut s'effectuer par une simple idée faisant un coup de force. Elle est toujours le produit d'une dissolution très lente et d'une création très lente, alors même qu'elle revêt la forme apparente d'un vrai cataclysme.

Et maintenant, l'on peut aisément comprendre toute l'importance des bases qu'on vient d'exposer.

Pour que les idées produisent des institutions, il suffit qu'elles soient des idées et qu'elles veuillent produire des institutions. Mais pour que ces mêmes idées soient instigatrices d'actions, pour qu'elles nourrissent très positivement la conduite d'un groupement social et forment au sein de ce groupement un principe de stabilité aussi bien que d'harmonie, il est nécessaire que d'assentiments formels elles se soient transformées en foi efficiente, il est nécessaire que de connaissances verbales superficielles et fragiles elles soient devenues croyances affectives incorporées aux tendances profondes de la masse. Alors seulement, et parce qu'elles sont devenues le fonds subconscient et comme le caractère même des parties, les idées en question soutiendront la marche de l'ensemble.

Si l'on veut que les institutions prévues par un idéal social soient autre chose que des cadres vides, si l'on veut qu'elles soient exprimées et concrétisées dans la vie courante — et c'est en cela qu'elles se montrent réalisables et réalisées —

il est indispensable qu'elles ne soient pas e désharmonie totale avec les inclinations et le aptitudes de la société qui doit les recevoir.

Bien des gens s'imaginent pourtant qu'on pe faire table rase de toute tradition, et que, pou assurer l'éternel bonheur, il suffit, ayant constitu un programme composé de vérités logiques, d donner à ce programme sa consécration dan quelques décrets.

Chose étrange, ce sont précisément les contem teurs du rôle de l'idée comme force sociale, c sont les théoriciens du « matérialisme historique en un mot, qui versent dans cette erreur.

L'étrangeté n'est qu'apparente, il est vrai, ca niant l'hégémonie du fait intérieur incarné dan nos sciences, nos arts, nos religions et nos mo rales, les matérialistes reportent le tout-pouvoir su nos politiques. Et par ce détour ils reviennent a culte de l'idée, de la façon la plus exclusive.

« Puisque ce sont les conditions extérieure de la vie qui créent les tendances profonde vous diront-ils, modifiez les premières pour assu rer l'amélioration des secondes ». Or, nous devon reconnaître qu'il y a dans ces prémisses une pa de vérité fort appréciable encore qu'incomplète Mais ils ajoutent aussitôt après : « Transforme vos institutions et l'ordre nouveau des chose produira dans la masse les vertus utiles au main ien de cet ordre ». C'est ici que l'erreur apparait ettement.

Il y a une singulière illusion à s'imaginer que e bouleversement du mécanisme législatif suffit changer les hommes. Pour améliorer la mentaité humaine, ce n'est pas assez de faire admettre n mode de suffrage ou de voter telle forme ouvelle d'impôts. Les lois ne sont pas seules bâtir les mœurs et surtout elles sont impuisantes à bâtir les mœurs d'emblée.

On pourrait citer par milliers des faits isolés endant à prouver que les décrets sont d'un faible ppoint contre les coutumes. Au Japon, l'usage ersistant du hara-kiri nous donnait, récemment ncore, une illustration fameuse de cette vérité anale.

Dans l'Histoire, les exemples abondent qui prouent l'influence toujours limitée des institutions sur a vie et la destinée d'un peuple. A cet égard, il est nstructif d'observer, comme Gustave Le Bon, l'évoution comparée de nations neuves et soumises à des égimes similaires, telles que les républiques hisano-américaines et les États-Unis d'Amérique. On eut également — l'exemple n'est pas nouveau — ettre en parallèle les Latins avec les Anglo-Saxons 'Europe. Quel que soit le gouvernement nominal es peuples latins, qu'il soit monarchique ou républiain, nous retrouvons toujours chez eux l'action de individu réduite à son minimum et l'action de l'État prépondérante. Quel que soit le gouvernem nominal des peuples anglo-saxons, nous retrouvo au contraire, chez eux, l'action de l'État rédu autant qu'il se peut et l'action de l'Individu fa risée au maximum. Il n'est pas de pays où liberté individuelle et l'initiative privée soient au développées qu'en Angleterre, et l'Angleterre pourtant sous la dépendance d'un régime mon chique et aristocratique. On ne saurait en autant de notre France où fleurissent au contra le républicanisme et le démocratisme. C'est qu peut, d'un trait de plume, modifier une instituti mais ce qu'on ne modifie pas d'un trait de plu c'est l'esprit d'une race.

Or, qu'est-ce qu'une institution si les hommes s'y adaptent pas et ne savent pas en tirer parti? peut proposer des transformations sociales, et, transformations, le vote unanime des citoy peut les approuver. Cela n'empêchera pas citoyens de rendre inapplicables les transfor tions qu'ils ont désirées, par leur propre incapa d'être eux-mêmes la société qui les réalise. Pa revision de nos statuts, nous pourrions faire dès aujourd'hui la propriété individuelle soit i crite comme propriété sociale. Ce que nous pouvons faire aussi facilement, c'est que les hom auxquels s'appliquerait un pareil régime soient hommes de ce régime.

On ne répétera jamais trop que la force d

peuple et son lien social résident dans son caractère et non dans ses lois. Son caractère : c'est-à-dire un certain réseau de croyances et de tendances, de façons de sentir et de modes de penser, dont l'ensemble est un héritage moral qui peut et qui doit évoluer, mais qui n'évolue pas aussi vite que les arguments logiques, et qui ne se manie pas aussi facilement surtout que les décrets.

Les institutions sociales ne valent pas autrement que par la force même des valeurs morales qui les soutiennent et qu'elles représentent. Partant elles ne peuvent être et ne doivent être que des moyens par lesquels s'expriment les sentiments sociaux et les aptitudes sociales d'un milieu. Elles requièrent invariablement la complicité de ces sentiments et de ces aptitudes, comme d'ailleurs ces sentiments et ces aptitudes requièrent à leur tour la complicité des institutions pour se développer mieux et s'épanouir davantage. Tel régime réclame de la société qui se l'applique telles qualités qui lui sont indispensables, et, ces qualités, il peut concourir à leur développement, mais il est fort impuissant à les procurer de toutes pièces. Attendre des seuls bienfaits d'une révolution politique l'émancipation d'une société, c'est méconnaître les plus essentiels fondements de la nature humaine.

Dès l'instant que l'idéal social regarde en avant sans tenir compte des relations qu'on vient d'exposer, il entraîne cette contradiction dangereuse, à savoir qu'une collectivité reçoit le règlement (sa vie d'institutions répondant à des façons de sei tir et de penser qu'elle n'a pas encore. Le grou pement condamné à vivre au sein de cette désha monie doit tout forcément se plier à des attitud et à des pratiques dépendant d'une réalité profon qui n'est pas la sienne. Or, une dissociation de (genre n'est jamais exempte de périls. Le péri dans le cas échéant, c'est qu'en voulant s'impose aux faits sans tenir compte du vieil ordre (choses, l'idéal rationnel détruit l'ancien édifice · n'arrive pas à dresser le nouveau. Car on dém lit plus vite et plus aisément qu'on ne reconstrui La conséquence habituelle de cette erreur pou une société, c'est de vivre dans l'hésitation et da l'inquiétude entre les bois morts d'un passé q croule et les bois verts d'un avenir dont les form ne se dessinent pas encore : état propice à l'av lissement des aspirations, à l'efflorescence de égoïsmes individuels, et, pour tout dire, au déso dre et à l'anarchie.

Notre époque offre sur beaucoup de points un illustration regrettable de ces misères. Idéal d justice parmi les individus, idéal de paix entre l nations, idéal d'équité entre les sexes : que d beautés n'a-t-elle pas entrevues et ne défend-ell pas avec enthousiasme! Et pourtant, quelles dévi tions dangereuses ou simplement ridicules n voit-on pas naître chaque jour du démocratism du pacifisme, du féminisme! Tous les êtres sensés doivent en convenir, y compris et surtout les amis du peuple, y compris et surtout les amis de la paix, y compris et surtout les amis de la femme.

Que nulle grande conception ne puisse naître et grandir sans que l'aberration d'une moitié de ceux qui la défendent ne vienne entraver sa marche, c'est une désillusion pénible imposée à nos espérances et c'est une humiliation navrante imposée à l'orgueil humain. Tâchons du moins de n'être pas celui qui apporte cette désillusion et cette humiliation dans la vie. Car la calamité des aberrations qui souillent la bonne cause, en matière sociale, ce n'est point seulement d'apporter le désordre dans la bonne cause, c'est de mettre le dégoût dans la volonté des hommes que cette bonne cause eût ralliés certainement sans cela. Si la stagnation trop longue du passé entraîne des mécontentements qui ont pour résultat la « révolution », une imposition trop brusque de l'avenir entraîne des mécontentements qui aboutissent à la « réaction ». La *révolution*, c'est le revers de tout ce qui prétend à la *réaction*, et la *réaction*, c'est le revers de tout ce qui veut être une *révolution*.

Il résulte de là qu'un idéal social véritablement fécond ne peut être qu'un compromis entre la conservation d'une part et la transformation d'autre part.

C'est en se représentant des réalités futures di férentes des réalités présentes qu'une sociét comme un individu, se déplace, évolue, progress Que la société, comme l'individu, se conçoive éte nellement faite pour une vie différente de sa vi actuelle, voilà toute l'histoire de son avancemen Il faut à la première comme au second du mécor tentement de ce qui est, pour faire naître ce qu n'est pas. Il est donc nécessaire que les idées mar chent, et l'on ne peut point faire d'ailleurs qu'elle ne marchent pas. Fussions-nous convaincus d l'excellence des siècles passés, on ne peut pas plu exiger de l'esprit qu'il renonce à ses vérités nou velles qu'on ne peut exiger du temps qu'il suspend son cours. Et puisque les idées marchent, il e même tout à fait bon qu'elles marchent le plus vit possible, car le remède le plus sûr aux inconvé nients qui résultent d'un déplacement, c'est presqu toujours d'accélérer ce déplacement lui-même.

Seulement loin de renier le passé, le préser qui se déplace doit trouver en lui la force de s déplacer. Pas d'évolution qui ne pousse dans l tradition de profondes racines.

Aussi bien le progrès ne peut-il se réaliser qu'e luttant contre deux sortes d'ennemis qui lui sor également préjudiciables : ses contempteurs et se avocats extrêmes. Les uns et les autres sont ut pistes, et, bien que leurs deux utopies s'opposen par les apparences, elles demeurent confondue dans leurs plus intimes significations. Traditionalistes à outrance et rationalistes illuminés ont une notion fausse de la vérité, car les uns prétendent la fixer en formes immuables dans le passé au nom de l'expérience, et les autres prétendent la fixer en formes immuables dans l'avenir au nom de la raison : deux prétentions illusoires, si l'on songe qu'il n'est point de vérité qui échappe à la loi de mouvement. Traditionalistes à outrance et rationalistes illuminés ont une conception figée de l'univers, car les uns le voient dans l'absolu d'une forme réalisée et les autres dans l'absolu d'une forme à réaliser : deux manières de regarder qui négligent l' « éternel devenir » et qui laissent en dehors le sens de la vie.

L'idéal véritable, c'est de rechercher le « mieux » mais de ne pas permettre que le « mieux » soit l' « ennemi du bien ». Nous devons nous efforcer sans cesse vers le plus haut bien qu'on puisse obtenir et ne jamais nous contenter de moins. Pourtant nous ne ferions que du mal, si nous perdions, au nom d'un bien irréalisable, l'occasion d'en faire naître un autre qui est sous nos pas. Poursuivre le bien *tel qu'il est conçu*, c'est ce qu'il y a de plus facile, et c'est presque toujours aussi ce qu'il y a le plus mauvais ; poursuivre le bien *tel qu'il est possible*, voilà le difficile, et voilà, malgré tout, la seule voie féconde.

Mais si vous êtes l'homme de cette voie féconde,

qui est la voie médiane, attendez-vous à recev
les horions et les invectives des deux camps ext
mes, c'est-à-dire d'à peu près tout le monde.
raison en est que les idées « médianes » forcém
complexes et nuancées ne séduisent que de ra
esprits, au lieu que les idées « extrêmes », for
ment simplistes et par conséquent frappantes su
jugueront toujours la foule des cerveaux. Ce
s' « impose » c'est habituellement ce qui s' « o
pose » et non point du tout ce qui s' « interpose
encore que ce qui s' « interpose » ait pour soi to
la vérité.

Des hommes qui se croient d'avant-garde v
accuseront donc de ne pas évoluer. Ce sont e
pourtant qui n'évoluent pas, en un certain se
autant qu'il le faudrait; car s'ils eussent cond
leur pensée plus loin, il n'est pas douteux qu'u
compréhension plus parfaite du monde les
dégagés du rationalisme rudimentaire qui les ti
captifs. Vous pourriez leur dire: « Ne croyez po
que je ne suis pas entré dans le chemin où v
êtes. J'ai parcouru ce chemin tout entier. Je s
même revenu du voyage, et vous êtes encore su
route ». Mais il sera plus simple de les renvo
aux enseignements si féconds de l'Histoire. Ils
verront qu'en dépit de certaines apparences le p
grès résiste aussi bien aux tentatives généreu
qui veulent l'entraîner d'un pas trop rapide qu'a
sottes entreprises qui prétendent lui barrer la rou

Rien ne s'est accompli jamais par substitution complète d'un ordre nouveau à un ordre ancien. Tout marche par greffes, par adaptations, additions, juxtapositions et redressements.

Les gens sont légion qui se figurent avec naïveté que la Révolution française a créé de toutes pièces notre condition actuelle, et campé sur de nouvelles bases une société neuve. En vérité son œuvre fut simplement de donner de la hache dans des institutions vermoulues qui fussent tombées en poussière sans elle avec quelques années de retard. Quant aux autres institutions — et j'entends celles qui étaient vivantes, c'est-à-dire au niveau des virtualités de la masse — elle ne les a touchées que d'une manière apparente et non point réelle. Il faut bien reconnaître que parmi celles-là, les unes bouleversées un jour furent le lendemain restaurées, les autres subsistèrent en changeant leur nom. De notre grande Révolution il n'est sorti en fin de compte que ce qui sort de l'évolution toute simple et toute spontanée à chaque instant de la durée : un compromis entre le passé et l'avenir — parce que le compromis, c'est la loi souveraine de l'histoire. Ici, le compromis fut la restauration de la royauté ajustée à l'esprit nouveau, le rétablissement des institutions monarchiques adapté au goût de la démocratie — et, pour le dire plus simplement, le compromis fut Napoléon.

Il reste que l'homme vraiment supérieur est cel qui combine les droits de la raison avec les néce sités du fait, qui compose avec ses aspirations l plus généreuses les leçons de l'expérience. et q tient compte de la résistance du présent sans jama perdre de vue l'avenir. Or il est indéniable qu'u conduite inspirée par de tels principes offrira d contradictions flagrantes aux yeux de quiconqu verra court et ne jugera qu'en surface. Mais il fa comprendre une bonne fois qu'il est des contr dictions apparentes dont le vêtement recouvre u grande harmonie.

Pour ne prendre qu'un exemple entre mill parmi ceux que fournit notre époque, il est bi certain que l'idéal de paix internationale et d'u verselle communion qui est inscrit au fond beaucoup de cœurs et contre lequel il me sembl rait odieux de protester, il est bien certain, dis-j que cet idéal, impliquant la haine de la guerre et sympathie de l'étranger, implique du même cou pour être « logique », l'abolition des frontières le congédiement de l'armée. Or, supposons qu' l'état des choses, notre armée disparaisse et n frontières s'évanouissent. Nous aurions à subir u guerre très probablement, et les sentiments bell queux, forcément ranimés par cette circonstanc replongeraient dans le néant pour nombre d'anné la marche du pacifisme. De l'*harmonie* de surfac créée au nom de la raison, nous voyons sortir da cas échéant une *contradiction* finale. Aussi, des sprits bien mieux avisés penseront qu'il convient e maintenir et les frontières et l'armée, tout en iltivant avec enthousiasme la haine de la guerre la sympathie de l'étranger. — Mais c'est une ntradiction ! direz-vous. — Assurément, par evant la logique. Seulement cette *contradiction* e surface aboutit en fin de compte à une *harionie*. En nous mettant en mesure de soutenir ne guerre, nous créons en effet les conditions s plus favorables pour l'éviter. Nous travaillons onc, en dépit des apparences contraires, dans intérêt même de l'entente internationale, car nous ermettons à l'attitude pacifique de s'affermir et e se fortifier dans un équilibre qui est encore, isqu'à nouvel ordre, le plus sûr gage de quiétude, t nous favorisons ainsi d'une manière indirecte le ravail d'une éducation qui a changé profondément epuis un demi-siècle et qui changera de plus n plus nos idées sur les rapports de peuple à euple. Qu'un tel processus aboutisse quelque jour détruire l'autonomie des nations, cela n'est guère dmissible et n'est point d'ailleurs tellement désiable ; mais qu'il aboutisse petit à petit à régler les onflits de façon moins barbare, et à transposer u besoin entre peuples civilisés le sens même les rivalités, cela n'est pas absolument improable, et c'est tout justement l'idéal que nous pouruivons.

Le public a vite fait de suspecter la sincérité d certains hommes qui, venus au pouvoir, semblen agir, dans tel cas donné, au rebours des aspira tions qu'ils ont exaltées dans leurs livres et dan leurs discours. On oublie trop facilement que pa le verbe ces hommes ont traité du bien *tel qu'il es conçu*, au lieu que, dans l'exercice de leur mandat ils se trouvent aux prises avec le bien *tel qu'il es possible*. Et dans cette dernière occurrence, ils doi vent ne pas être esclaves de leur idéal pour le servi mieux; ils doivent donner l'apparence de ne poin lui obéir quelquefois, pour lui obéir justement d la manière la plus éclairée, en ne s'exposant poin à gâter par un zèle dangereux un triomphe à venii Savoir dans une circonstance donnée ne point teni compte de son idéal, ce peut être, par devan l'idéal, un de ces gestes supérieurement sincères tels que les seuls esprits d'élite savent les per pétrer.

Quand un homme, pétrisseur de la glaise sociale mesure ses mouvements sur le degré de résistanc ou de ductilité de la matière qu'il veut façonne: quand il ne subit pas la suggestion mystique d l'idée et qu'il compose avec des nécessités mu tiples au profit même de l'idée, on prononce pai fois le mot d' « opportunisme ». Je ne sais poin de vocable plus équivoque. Dire d'un homm d'État qu'il est « opportuniste », ce devrait êtr en prenant l'expression dans son sens étymolc ique, le plus bel éloge qu'on puisse lui adresser. ar enfin, en dépit de toutes les apparences et irtout en dépit du mirage de certaines étiquettes, eut-on exiger d'une politique autre chose que 'être « opportune »? Et quelle qualité d'ailleurs ourrait la rendre fructueuse, si ce n'est celle qui accorde avec la complexité, la plasticité, la fluiité des choses, et qui tire le meilleur parti posble des conditions actuelles telles qu'elles se préntent?

Mais entendons-nous. Il y a opportunisme et pportunisme. Il y a un opportunisme passif qui st un pur égoïsme et une pure lâcheté, parce u'il est l'équilibre dans l'arbitraire — et c'est elui qui ne vise qu'à consolider le présent et à ien se garder des inconvénients qui résultent es avatars. Mais il y a un opportunisme actif qui st ouvert à toutes hardiesses et à toutes générotés, parce qu'il est une harmonie dans la liberté - et c'est celui qui ne redoute point les solutions s plus radicales, mais qui sait fort bien que ces olutions-là s'obtiennent en composant avec autre hose que des concepts logiques, et surtout avec itre chose que des mots creux et des épithètes onores.

Un opportunisme pareil ne légitime pas ses ctes par leurs seules conséquences prochaines; il s légitime par leurs conséquences lointaines. Il oit donc sacrifier parfois nombre d'intérêts actuels à de plus grands intérêts futurs, car le bien de l'avenir n'est guère engendré qu'à ce prix. Chaque fois qu'on apporte une modification dans un système en vue d'une fin supérieure, on ne peut manquer d'y introduire une perturbation passagère. Une intervention de chirurgie détermine d'une façon transitoire dans le membre malade un ensemble de manifestations bien plus aiguës et bien plus violentes que celles qu'on entend combattre. Il n'en est pas moins « opportun » d'intervenir chirurgicalement. Beaucoup de découvertes industrielles ne se réalisent et ne s'utilisent qu'en s'accompagnant d'un cortège d'accidents et de calamités. Il n'en est pas moins « opportun » de favoriser ces découvertes. Et pareillement, le triomphe d'une idée sociale ne s'accomplit guère sans troubles momentanés; l'application d'une réforme utile ne s'effectue guère sans quelques victimes; l'avènement d'une justice est toujours marqué par quelque injustice. Il n'en est pas moins « opportun » de faire triompher cette idée, d'établir cette réforme, d'appliquer cette justice, dès l'instant que cela est jugé meilleur et possible à la fois.

Certes, on ne peut établir une règle inflexible qui désignerait les cas où temporiser est une habileté, non pas une faiblesse. Mais il appartient à la sagacité des hommes supérieurs de peser les valeurs telles qu'elles se présentent en chaque occurrence, et c'est là une besogne autrement difficile mais autrement fructueuse que de se précipiter ou de capituler sans nul examen. Être à même de pousser une décision sur le grand damier des forces sociales, avec ses risques immédiats et ses risques tardifs mis en balance, voilà bien la vraie marque de l'homme politique. Mais un tel pouvoir implique nécessairement des connaissances très variées dont les gouvernants ne sont pas tous nantis et surtout un sens profond des complexités dont un grand nombre sont dépourvus.

***

Des considérations qu'on vient de développer, il semble résulter que l'utopie, dans l'ordre des phénomènes sociaux, garde une signification *relative*, puisqu'elle reste subordonnée aux temps et aux lieux. Tel idéal social qui n'est pas réalisable dans un pays ou à une époque peut l'être à une autre époque et dans un autre pays.

Il faut reconnaître pourtant qu'il existe des utopies vraiment *essentielles*, et dont la résolution paraît impossible en quelque temps et en quelques lieux qu'on veuille se reporter. Certaines conceptions paraissent bien frappées en elles-mêmes d'une irréductible stérilité parce qu'elles se trouvent infirmées *a priori* par les lois inéluctables de la vie.

Depuis que la question sociale intéresse l hommes — et sans doute elle les intéressait bi avant qu'on ne parlât de sociologues et de soci logie — le problème à résoudre est celui de l'éte nel conflit entre le groupe et l'individu. Or, s'il e mille manières de régler ce conflit dont un grai nombre consacrent des utopies relatives, il est u façon de le traiter qui consacre à coup sûr l'utop la plus absolue — et c'est celle qui compte le fai disparaître.

Bien que cette prétention ne soit pas neuve, el a pris de nos jours une extension inaccoutumé en même temps qu'une forme quasi mystiqu expliquée en partie d'ailleurs par la ruine d dogmes traditionnels. A mesure que les homm ont cessé de croire au bonheur souverain dans u monde futur, ils ont espéré davantage que ‹ bonheur souverain pourrait un jour se manifest dans un monde actuel; à mesure qu'ils ont ces de croire en une harmonie réservée au royaun des cieux, ils ont développé l'espoir de réalis eux-mêmes cette belle harmonie et de faire de cendre, en fin de compte, le royaume des cieux su la terre.

La *religion de l'humanité*, envisagée comm *tendance* vers une justice toujours plus parfait représente un noble idéal. Mais elle devient un chimère absurde et dangereuse, dès l'instant qu'o en fait un *dogme*, et qu'on croit pouvoir demander la réalisation de l'absolue Justice à l'œuvre magique d'un bouleversement social.

Ce bouleversement social, faiseur d'absolu, ne peut être qu'*intégralement* libertaire ou *intégralement* égalitaire, suivant l'idée qu'on a de la justice. Aussi bien est-ce vers l'un ou l'autre de ces deux pôles que l'esprit simpliste bifurque. Dans un cas il attend le salut d'un système qui est la négation du groupe, et dans l'autre il attend le salut d'un système qui est la négation de l'individu. Ici et là, il attend le salut de la négation de quelque chose hors de quoi il n'y a pas de salut.

La religion *libertaire* — et je n'ai pas besoin de dire que je ne songe pas à lui incorporer la masse entière des individualistes dont un grand nombre au contraire cherchent appui dans le collectivisme — la religion *libertaire* se résume pour quelques âmes simples dans la formule de la liberté produisant la justice d'emblée par la seule vertu de la bonté personnelle. Il suffirait donc de supprimer les facteurs sociaux, c'est-à-dire la Religion, la Patrie, l'État, les lois et les règlements, la force publique et l'armée, pour qu'aussitôt les hommes devenus libres vivent entre eux au sein du plus grand bonheur, dans la plus parfaite harmonie.

Cet anarchisme métaphysique est une pure chimère, car l'individu n'existe intellectuellement et matériellement que par la société. Si les hommes se sont groupés, c'est que le groupement répondai chez eux à des besoins profonds. L'individu n tient pas seulement de la société son bien-être, ce qui est trop évident si l'on songe que, nos apti tudes étant diversement réparties, nul ne peu suffire à ses besoins dans le plein isolement; i tient d'elle aussi la liberté même dont il e jaloux. — ce qu'il est facile de vérifier dans le faits les plus ordinaires de la vie courante.

N'est-il pas certain que la limitation du moi pa les règlements sociaux se présente sans cess comme le vrai garant de notre indépendance? I est assez désagréable, quand on voyage en chemi de fer, de sortir d'une douce somnolence pou répondre au geste d'un contrôleur. Cette petit sujétion, si l'on y songe bien, nous met à l'abi pourtant de sujétions plus grandes et qui ne man queraient pas de nous incommoder, si l'absence d toute surveillance permettait au dernier marau d'occuper gratis et de nous disputer au besoin l place que nous occupons. Pour assurer notr liberté, il n'y a pas d'autre moyen que de mettr obstacle à la liberté des autres et de réduire d même coup la nôtre en un certain sens. Ma libert de me promener dans la rue implique votre non liberté de m'assaillir; elle suppose en même temp ma non-liberté de vous assaillir à mon tour, e vous devez à cette condition votre liberté de vou promener vous-même dans la rue. C'est donc, a

otal, des mille servitudes et des mille dépendances
ui nous viennent du milieu social, c'est dis-je de
es mille servitudes et de ces mille dépendances
ue nous tenons l'émancipation relative dont nous
ouvons jouir.

De tout cela il résulte que si l'individu est auto-
ome, il ne maintient et n'accroît son autonomie
ue par ses relations avec ses semblables. Le
roupe ne représente pour lui qu'un simple moyen,
nais c'est à la faveur de ce moyen qu'il se réalise
ui-même en tant que but. La société n'est donc
as pour l'individu l'entité abstraite qu'il doit
dorer, mais elle est à coup sûr la source première
t la condition nécessaire de son développement.
Dès l'instant que l'individualisme devient syno-
yme de dissolution sociale, dès l'instant qu'il pré-
end détruire, au nom du droit de liberté, autre
hose que les oppressions iniques et les servitudes
iseuses, il tourne le dos à la Justice qu'il recher-
he, il supprime la Liberté dont il veut le triomphe,
l détruit enfin l'Individu qu'il prétend sauver, et,
lestructeur de l'Individu, il est la négation même
le l'individualisme.

Mais voici maintenant la contre-partie.

La religion *égalitaire* — et je n'ai pas besoin de
lire que je ne songe pas à lui incorporer la masse
ntière des collectivistes dont un grand nombre
au contraire s'évertuent au nom de l'individualisme — la religion *égalitaire* se résume pour

quelques âmes simples dans la formule de l'égali produisant la justice d'une façon spontanée par l seuls bienfaits de la communauté souveraine. suffirait donc de supprimer les différences indiv duelles et de placer toutes les unités dans u sorte d'anonymat sous la protection de l'ensembl pour qu'aussitôt les hommes, devenant égau vivent en bon accord et jouissent d'une félicit complète.

Ce socialisme métaphysique est une autre ch mère, car la société n'existe intellectuellement matériellement que par l'individu. En dépit d quelques métaphores subversives qu'on emprunt à la biologie pour nous affirmer que nous somm les simples cellules d'un grand organisme qui s'ap pelle un groupement social et qui est doué d'un âme, c'est dans l'homme et non point du to dans la société que siège la faculté de penser, d jouir et de souffrir. On aura beau convier toute les unités à se confondre en une abstraction gré gaire, on ne fera pas qu'une abstraction ne soit pa une abstraction et que l'association grégaire puiss valoir autre chose que ce que valent ceux qui l composent.

La grandeur de l'ensemble est donc subordonné — on ne saurait assez le répéter — à la grandeu morale et intellectuelle de l'élite qui pétrit de s substance le cœur et l'esprit des masses. L'intérê véritable d'une société c'est de laisser chaque indi idu développer en soi le maximum de personnalité lont il est capable. Son plus sûr gage de grandir, 'est de favoriser le développement des êtres « exceptionnels » qui préparent le chemin où pénétreront es foules, car il n'est pas d'amélioration matérielle u morale qui ne soit l'œuvre d'indépendants. Si u milieu des faibles et des incapables les forts enaient à manquer, si au milieu des médiocres t des routiniers les non-conformistes faisaient léfaut, les faibles et les incapables, les médiocres t les routiniers seraient plus pauvres et plus sservis que jamais.

C'est une loi naturelle que les différences vont n s'accentuant à mesure qu'un milieu progresse. l n'est rien de moins personnel qu'un sauvage, et es peuplades primitives sont si bien confondues lans un caractère commun et dans une égalité arfaite qu'on ne peut guère distinguer ceux qui es composent. Ces derniers ne s'élèvent à l'état l'agrégat social qu'en créant entre eux certaines lissemblances, et, plus l'agrégat progresse, plus es dissemblances tendent à s'affirmer.

Dans une société réalisant l'égalité de fait, la iberté individuelle se trouverait naturellement acrifiée, car on nierait cette liberté forcément si, ous prétexte d'égaliser, on étouffait en chacun la ibre expansion de ses dons originaux et de ses ouvoirs propres. Mais en outre les initiatives et les nergies privées s'épuiseraient bien vite, car on ne manquerait pas de ruiner l'effort si, en vue d'uni formiser, on expropriait tout ce qui se tient e dehors de la mesure commune ou qui tend s'élever au-dessus du niveau moyen. Le résult d'un tel nivellement serait un amoindrissemen général de la société humaine. Seulement la sociét humaine sans doute n'attendrait pas de subir c amoindrissement : elle changerait rapidemen contre une dictature quelconque le despotism anonyme qu'elle se serait infligée. Dès qu'un col lectivisme prétend se fonder sur le nivellemen dès qu'il prétend détruire, au nom du droit d'éga lité, autre chose que les supériorités convention nelles et les privilèges arbitraires, il s'éloigne d la Justice qu'il voudrait atteindre, il condamn l'Égalité qu'il voudrait défendre, il réduit enfin néant la Société qu'il divinise, et, destructeur d la Société, il est la négation même du collectivism

Au résumé, il n'est point de conception social qui puisse mettre au monde l'absolue Justice p plus que l'absolu Bonheur. Ni l'*égalité intégral* ni l'*intégrale liberté* ne sont conciliables avec réalité des faits. Il n'y pas plus d'*individu* situé ho la *société*, pouvant se passer d'elle, et se réalisa en soi, qu'il y a de *société* située hors l'*individ* pouvant se passer de lui, et se réalisant comm pure entité.

Je suis en même temps autrui et l'ennemi d'a

rui; je suis un moi qui dépend et qui s'oppose à a fois irrémédiablement. Chacun de nous ne peut ivre que pour les autres et contre les autres. La oi indissoluble, c'est que des êtres placés côte à côte sont constamment obligés de s'entr'aider l'une part, et de se nuire d'autre part. L'harmonie qui rapproche et la lutte qui sépare sont leurs conditions basales d'exister d'abord et de s'accroître ensuite. Ni la coopération, ni la concurrence ne sont les exclusifs promoteurs de l'activité féconde. Le conflit et l'entente sont deux principes qui se renforcent et ne se détruisent pas. Supprimez le corps social et les hommes s'abiment dans le chaos. Etouffez le pouvoir de l'individu et les hommes s'éteignent dans l'automatisme.

Alors qu'allez-vous me demander d'opter pour Tout ou pour l'Unité? Les autres sont mon bien comme je suis le bien des autres. Seulement, quelque chose — qui n'a rien à faire d'ailleurs avec la logomachie des théoriciens — me dit tout au fond de moi-même qu'en étant le bien des autres je réalise encore la part la plus belle du mien, car il n'est pas de plus grande manifestation de la vie individuelle que de s'ouvrir sur autrui, en s'évadant des limitations du moi, de son imperfection et de sa pauvreté, pour déborder largement et généreusement au sein de l'universelle vie.

CHAPITRE III

LES UTOPIES DANS L'ORDRE DES PHÉNOMÈNES COSMIQUES

La valeur de l'idée dans le domaine cosmique. — Les hyp thèses fantaisistes et les inventions scabreuses. L' « inconnu » et l' « inconnaissable ». — Le malei tendu de la « banqueroute ». — La Science et les science

L'utopie par méconnaissance des réalités exte nes peut exister dans l'ordre des *phénomènes co miques* aussi bien que dans l'ordre des phénomèn sociaux. Mais il faut reconnaître qu'ici, par la pr cision relative des faits, par leur fixité plus gran surtout, l'erreur présomptueuse est rendue moi imprévisible et plus appréciable.

Entre l'idée et les faits, nous retrouvons, dans domaine cosmique, cette entière réciprocité dé observée dans le domaine social. L'expérien engendre l'idée, mais l'idée oriente à son tour l'i vestigation vers une expérience nouvelle. Devança notre science actuelle, il existe un « préscientifiqu toujours gros de notre science future. Il ne pe tre question par conséquent d'éliminer de la cience l'idéal qui se présente sous la forme de « hypothèse » et qui est la base même de la réation scientifique. Mais cette base, en revanche, 'est utilisable que vérifiée, c'est-à-dire étayée ur le critérium souverain de l'empirisme.

L'hypothèse étant, par définition, « un système ationnel anticipé qui prévoit et ordonne un grand ombre de faits », son danger réside en ce qu'elle ous laisse prendre souvent sans contrôle nos mages mentales pour des représentations de la éalité.

A toutes les époques, il y eut des hommes plus u moins enclins à soutenir certaines théories ans les vérifier, ou à formuler des lois sans les lier d'une façon rigoureuse aux données que ournit l'expérience ; à toutes les époques, il y eut es inventeurs fantaisistes, tentés de satisfaire *priori* leur besoin de réalisation et de porter dans monde objectif, avec une complaisance quelque- ois dangereuse, des constructions qui n'existaient u'au fond de leurs cerveaux.

Ces aberrations marquent surtout les premières tapes de l'évolution scientifique. On se rappelle es physiciens à la recherche du mouvement perétuel, séduits par l'idée abstraite de la conser-ation de l'énergie; ces chimistes à la pour-uite de la pierre philosophale, hypnotisés par la onception abstraite de l'identité de la matière;

ces médecins préparateurs de l'universelle pan cée, dominés par la croyance abstraite en u cause commune de la santé et de la maladie.

Avec le progrès, les fausses prétentions de genre deviennent forcément plus rares : elles so remplacées par d'autres un peu moins grossière Mais il est douteux qu'on les voie disparaître u jour définitivement.

Si l'utopie *scientifique* tend à s'éliminer petit petit du domaine de chaque science en particulie il apparait qu'une certaine utopie *métaphysiq* cherche à s'installer de plus en plus dans celui la Science au sens général. Et nous rentrons av elle dans le cadre des utopies foncières, de celle en un mot, qui sont condamnées par les lois basal de la vie.

Depuis que les hommes pensent, ils ont le sou assez naturel d'éclairer le mystère de leurs origin et de leurs destinées. Les religions et les philos phies — qui ne sont bien souvent que des re gions — s'étaient chargées jusqu'ici de cette tâcl difficile, et c'est une audace de la science moder que de prétendre à les supplanter en une tel matière. L'explication de cette audace, en vérit n'est point malaisée. Comme le préjugé *hum nitaire* est un fruit mystique nouvellement sur des décombres de l'ancien dogme, le préjugé *scientiste* en est un autre dont la genèse n'est pas différente et qui appelle par suite une critique assez analogue.

La *religion de la science*, envisagée comme *tendance* vers une connaissance relative toujours plus complète du monde extérieur, représente notre aspiration la plus légitime et la plus fondée. Mais elle apparaît comme une superstition ridicule, dès l'instant qu'elle devient un *dogme* par quoi l'on affirme que nous obtiendrons un jour la réponse au mystère vital, réponse qui constituerait l'intégrale et définitive révélation de l'absolue vérité.

La Science, en tant qu'elle prétend, après les religions et en leur place, donner une explication du Monde, n'a rien de commun d'ailleurs avec les multiples sciences, techniques raisonnées ayant leurs méthodes spéciales et leurs objets propres. Elle est tout simplement, après évanouissement de l'ancienne foi, un substitut de religion. Il s'agit là très essentiellement d'une « croyance laïque », et cette croyance, comme les croyances religieuses qu'elle veut remplacer, présuppose d'abord que l'Univers a un sens, et qu'il existe un but supérieur préétabli vers lequel une intention mystérieuse dirige l'ensemble des phénomènes. Ensuite, elle admet que l'Univers, représentant ainsi un circuit fermé, n'est pas indéchiffrable, que son énigme apparente finira par être éclaircie, et qu'enfin il n'y a pas, en regard du « connaissable » un « inconnaissable », mais en regard du « connu » un « inconnu » qu'il s'agit de combler.

Les représentants nouveaux de la religion scientiste, comme les représentants anciens de la religion révélée, demeurent fidèles à cette conviction : à savoir que d'une part il existe des principes et des fins, et que d'autre part, en tout ce qui concerne ces principes et ces fins, il est dans le pouvoir des hommes de passer du doute à la certitude. Or, s'il est vrai qu'aux représentants de la religion révélée on a fait souvent un grief de rechercher la certitude métaphysique ailleurs que dans la connaissance rationnelle, il faut reconnaître que les représentants de la religion scientiste pourraient se voir reprocher à leur tour de demander cette même certitude à une connaissance rationnelle, qui est applicable au relatif sans doute, mais qui laisse l'absolu hors de son domaine, et qui est incapable de nous faire toucher, à quelque moment que ce soit, l'essence de la vie. Leur superstition, à eux, c'est de faire de la Raison un moyen d'atteindre la Vérité en soi superstition idéologique, non théologique, mais superstition quand même.

Notre raison n'étant pas autre chose que le mode suivant lequel s'est développée notre faculté de comprendre au contact d'une expérience forcément limitée, comment pourrait-elle saisir jamais l'absolue vérité qui se déroule sans interruption dans l'éternel et dans l'infini? Puisqu'il n'y a rien dans la raison qui n'ait été antérieurement dans l'expérience, et puisque l'expérience antérieure qui fait la raison actuelle ne renferme par définition qu'une partie de la chaine phénoménale, comment la raison actuelle qui en découle pourrait-elle embrasser jamais la totalité de cette chaine et par conséquent le tout de la vie? Il est bien trop clair qu'étant amenés à précomprendre le déroulement de l'expérience à venir dans le creuset de la raison actuelle, les scientistes doivent contredire forcément leur propre esprit scientifique. Nous les voyons en effet partir de ce principe, à savoir que l'expérience est à la base de la connaissance rationnelle; mais nous les voyons aboutir à cette conclusion paradoxale, à savoir que la raison peut concevoir quelque chose qui n'est pas et qui ne peut pas être dans l'expérience.

En somme, la faute capitale du rationalisme scientiste qui est un rationalisme outré, c'est tout justement de pécher contre la raison. Et cette faute est mise en relief d'une manière éclatante par la philosophie moderne dont les vues sur la genèse et la valeur de l'intelligence humaine se sont, nous allons le voir, singulièrement précisées.

L'intelligence, au sens le plus étroit du mot, se présente aujourd'hui comme une simple annexe de la faculté d'agir, et plus exactement comme une adaptation progressive entre les circonstances de l'action et l'être agissant, comme une appropriation de plus en plus parfaite de l'être existant au milieu dans lequel il existe. La faculté de comprendre, naturellement dirigée vers l'action, a surtout pour fin de « faire rentrer la vie qui s'écoule dans des cadres déjà connus », en nous donnant de notre ambiance « une représentation mécanistique, artificielle et nécessairement symbolique », c'est-à-dire qu'elle fixe entre les choses des rapports qui nous permettent de « penser la matière » pour nous en servir, mais qu'elle n'apprend rien, absolument rien sur l'essence des choses. La logique rationnelle, qui est souveraine dans le domaine de la matière brute et qui sait fixer à merveille une relation entre deux phénomènes pour nous permettre de situer ces phénomènes et de les plier à notre usage, la logique rationnelle ne peut rien nous dire de l'existence elle-même qui est mouvement, qui est écoulement continu, et qui échappe par nature à toute tentative d'arrêt.

Notre esprit ne se représente clairement que ce qu'il peut immobiliser dans le temps et dans l'espace, et c'est-à-dire le phénoménal; il est incapable de se représenter la mobilité vraie, la continuité réelle, et c'est-à-dire l' « élan vital », le jaillissement ininterrompu de l' « évolution créatrice ». Mais, d'ailleurs, étant engendré par l'évoution créatrice, comment cet esprit embrasse-ait-il cette évolution? Étant déposé en cours de oute par le mouvement évolutif, comment s'appliquerait-il à ce mouvement? Que l'intelligence atiocinante des humains soit caractérisée par une ncompréhension naturelle de la vie, en son sens rofond, c'est une vérité de premier ordre à laquelle faut bien se résoudre et qui a trouvé définitiement son éloquente confirmation dans la belle euvre de M. Bergson[1].

Ainsi, nous sommes en plein domaine d'utopie uand nous prétendons progresser des vérités cientifiques relatives à la vérité métaphysique bsolue, comme on irait d'un état de connaissance ragmentaire vers un état de connaissance accomplie et définitive. Des éléments de plus en plus ombreux étant incorporés chaque jour au contenu e l'expérience acquise, il est vraisemblable que inconnu scientifique reculera sans cesse et que ans cesse le connu gagnera du terrain; mais il este que la science, faite par nous, ne vaudra amais que par rapport à nous, et que le *connu cientifique*, n'exprimant que notre mesure et ne ervant que notre utilité, sera demain tout comme ujourd'hui dans le relatif et dans le contingent, on dans l'essentiel et dans l'absolu. Et ceci revient dire que, demain pas plus qu'aujourd'hui, le

1. Henri Bergson. *L'Évolution créatrice* (Alcan).

connu scientifique ne sera une explication du Monde.

Au résumé, la cosmologie des scientistes se présente à nous, dans son apparente irréligion comme une conception foncièrement religieuse Elle dérive d'un pur acte de foi. Mais, beaucoup plus que les autres cosmologies religieuses elle encourt les reproches du bon sens. Les représentants de l'ancien dogme, en effet, considéraient comme possible la connaissance total et définitive de l'absolue Vérité, mais ils remettaient à Dieu la possibilité de cette connaissance La proposition se trouvait située, de cette manière dans un domaine inaccessible et complètement étranger à la logique; elle était placée en une posture telle qu'elle ne pouvait être ni infirmée ni confirmée. Au contraire, les sectateurs de la nouvelle foi prétendent faire de l'Homme le dépositaire des prérogatives dont il est question, c'est-à-dire qu'ils placent la proposition dans le domaine proprement logique et la mettent en une posture telle que son absurdité devient flagrante.

Enlever à Dieu la connaissance intégrale pour la remettre à l'Homme, c'est une « petite différence qui laisse « pêle-mêle et confondus dans une même catégorie l'athée et le déiste le plus convaincu » Mais cette « petite différence » n'est pas à l'avantage de l'athée. Voilà bien la conclusion qui s'im ose ici, et nous ne pouvons mieux faire que d'en mprunter les termes à la pénétrante critique de I. de Gaultier[1].

Que la Raison ayant tué Dieu se déifie, que le ationalisme ayant détruit le mysticisme s'installe n tant que mysticisme, et que la Science ayant hassé la Religion s'institue Religion, tout cela n'a ien que de très ordinaire. Une chose prend la lace d'une autre. Et du moment qu'il faut pour esprit des foules un « système du monde », il tait assez naturel que les progrès scientifiques raiment merveilleux qui ont marqué la fin du iècle dernier permissent à la Science de remplir ne place vide qui ne pouvait rester vide.

Mais en vérité, la prétention, aux yeux des peneurs, était trop puérile pour qu'on ne parlât pas e « faillite », et pour qu'un mouvement ne se roduisît point, sous forme de réaction. Faillite ncontestable, et réaction légitime en un sens, car n devait s'apercevoir que les causes finales reculient, se dérobant à mesure, alors que nous vancions dans le domaine de la connaissance ; n devait constater qu'après tant d'efforts et au noment même où le progrès des sciences positives nous fournissait l'indéniable preuve d'un fornidable accroissement de nos forces, l'énigme

1. JULES DE GAULTIER. *Scientisme et Pragmatisme* (*Revue hilosophique*, 1911).

suprême restait aussi vague et aussi lointaine qu'a début des siècles. Notre admirable persévéran nous avait ensevelis sous l'amas des petits fai et des menus détails, des classifications difficil et des nomenclatures touffues; mais elle no laissait, sur le fond des choses, aussi mal info més que devant. Il y avait bien, en ce sens, « fai lite » : il y avait « faillite » si la science prétenda fonder sur ses immenses et fécondes découvert un système du monde.

Mais attendez. A cet égard, la science, la *vra science* n'a jamais rien promis. Par suite, elle n rien à tenir. Ceux-là donc s'expriment incorrect ment, qui l'accusent de ne point se conformer ses engagements. Un néo-mysticisme a pu demai der à la science un effort ridicule dans le sei du métaphysique, et il s'est trompé. Mais la scien ne prétend qu'à croitre dans le relatif et dans l contingent pour fixer de mieux en mieux notı adaptation au monde, et dans son domaine ell n'a point failli.

Encore une fois, la science nous comble d bienfaits en établissant toujours de nouveaux raj ports, et en nous dictant ainsi les moyens pratique de plier à nos fins le milieu dans lequel nou vivons; mais elle reste et restera muette sur l grand Mystère. Encore une fois, on ne peut pa dire que la science ait dévoilé les énigmes d l'Univers, ni qu'elle ait promis de les dévoiler, n qu'en ne les dévoilant pas elle ait fait « banqueroute ». Encore une fois, il n'y a pas de *cosmologie scientifique*, il n'y a pas non plus de *banqueroute de la science:* il y a *des sciences* qui ne sont que des *fictions utiles* évoluant sans cesse vers *plus de science* et c'est-à-dire *plus d'utilité*.

CHAPITRE IV

LES DROITS DE LA RÉSIGNATION

Les domaines de l'impossible et de l'inévitable. — L'accep-
tation et le renoncement.
La part de l'imprévisible et les bienfaits de la chimère
— L'irréalisable comme source de réalités.

On pourrait croire que dans les dangers de l'utopie on dût trouver un certain appoint en faveur
d'un état d'esprit qui fut exalté d'une manière
outrancière sans doute par le monde ancien, mais
qui est déjugé parfois d'une manière outrancière
aussi par le monde nouveau : je veux parler de
la *résignation*.

Les philosophies chrétienne et païenne, chacune
enseignant avec ses tendances, nous avaient appris
que le bonheur a ses limites et que la première
condition d'être heureux est de savoir qu'on ne peut
être heureux complètement ; elles nous avaient
appris que nos prérogatives ont des bornes et que
la première condition de pouvoir est de savoir qu'on
ne peut pas toutes choses ; elles nous avaient appris

enfin qu'une certaine « volonté de puissance » *retournée* fait de l'être intérieur une façon de citadelle admirablement armée contre le mal qu'on ne peut pas détruire activement. Ces conseils doivent être écoutés : ce qui ne veut pas dire qu'on doive s'en tenir là.

Prenant le contre-pied, les philosophies modernes — quelques-unes en particulier — font ressortir soit l'inanité soit la malfaisance de tout ce qui est obstacle au bel optimisme humain, de tout ce qui empêche l'homme de vivre dans la liberté en force et en joie. Et c'est parfait : ce qui ne veut pas dire qu'on doive dépasser ni dénaturer surtout la pensée que renferment les mots.

Il y a une résignation qui est une acceptation triomphante ; il y en a une autre qui est un renoncement. Renoncer, c'est subir et ne rien faire pour ne pas subir. Accepter, ce peut être vaincre, dominer, dompter, se hausser, grandir. Renoncer, c'est ne pas vivre ; accepter, ce peut être vivre d'une vie qu'inspire la suprême sagesse.

Ainsi la résignation ne vaut rien par elle-même : ce qui vaut en soi, c'est le motif qui l'inspire et c'est la pensée qu'elle recouvre. Il est à la portée des âmes les plus veules d'être résignées, car il n'est rien de si facile que de se jouer à chaque heure du jour la comédie de la fatalité ; mais il est dans le pouvoir des seules âmes d'élite d'être résignées d'une certaine manière, et cette manière nous prouve justement que, s'il exis une fatalité des choses extérieures, il n'exis au fond de nous nulle fatalité pour nous emp cher d'être en fin de compte plus forts que c choses.

Vous voyez dès lors que toute la question résume en ceci : ne vous résignez jamais, car se ré gner c'est en somme abdiquer l'effort en quoi tient tout notre art de vivre — ou du moins faut que la résignation dont vous êtes paré soit u volonté radieuse, auquel cas elle devient elle-mên une forme de l'effort, et par suite un aspect la vie.

La résignation doit commencer seulement là l'activité féconde ne peut plus atteindre. Elle trou place en regard de l'inévitable : elle est même i une façon de victoire. Mais on ne doit l'agréer so aucun prétexte sur tous les points où la lutte e encore possible. Vivre, c'est avancer, c'est grand sans cesse. Qui n'avance plus recule et qui ne gra dit plus décline. Si notre ancêtre primitif s'ét résigné, nous n'aurions pas vu notre évolution ph siologique aboutir à l'évolution intellectuelle q est toute l'histoire de l'humanité. Dans cette histoi même, si les hommes s'étaient résignés, le prodi des civilisations ne se serait pas accompli. Les pe fectionnements qu'on admire ne sont jamais ven de ceux qui acceptent leur lot, mais de ceux q concevant une idée nouvelle dont peut-être ils verront pas l'éclosion, donnent à cette idée leurs joies et au besoin leur vie.

*
* *

Des dangers de l'utopie nous ne saurions donc dégager aucune conclusion qui nous déconseille d'agir en nous entr'ouvrant la voie de la résignation passive. Nous y reconnaissons seulement une indication d'agir dans un certain sens et suivant une certaine méthode sous peine d'agir mal; nous y découvrons une invitation, non pas à renoncer purement, mais à ne renoncer jamais, tout en acceptant notre imperfection et en connaissant nos limites dont il faut tenir compte en vue justement d'aller bien, d'aller loin et d'aller sûrement.

Il n'est pas vrai que l'homme puisse composer avec les seules forces de sa volonté : c'est pour cela qu'une sagesse secrète doit dormir en nous, qui ne se montrera qu'à son heure, mais qui devra nous rappeler parfois que tout n'est pas dans le vouloir. Et cela n'empèche point que nous devions aborder l'action comme si tout était dans le vouloir, car c'est en croyant que tout nous est soumis que nous irons jusqu'à l'heure dangereuse avec la confiance et le courage qui font les grandes choses.

Que la crainte d'une erreur nous préserve donc des fautes qui doivent engendrer l'erreur, mais qu'elle ne vienne pas nous stériliser ! Il y a plı d'erreurs dans le cerveau d'un homme de gén qu'il n'y en a dans la petite cervelle des homm de bon sens, et c'est pourtant de ces erreui qu'émergent sans cesse quelques moignons d vérité sur quoi s'appuie le Monde.

Et d'abord — si l'on fait abstraction de certain utopies que nous avons classées comme irrémé diables parce qu'elles sont fondées sur une pétitio de principe — pouvons-nous toujours établir, ave la reculée du temps, quel rêve est chimérique quel rêve ne l'est point ?

Aussitôt que nous sortons du cercle de l'expé rience présente, nous ne savons guère, dans l'ordr pratique, ce que c'est que le « bien », et nous n savons guère dans l'ordre spéculatif ce que c'es que le « vrai ».

Nous possédons quelques éléments de jugemen sur les phénomènes *sociaux* tant que nous opéron sur un temps très court et dans une portion limi tée de l'espace. Mais au delà de ce temps et de ce espace nous n'avons plus de critérium. Toutes le idées, en matière sociale, ne sont pas au mêm degré « soutenables ». Et pourtant aucune d'elle ne prévoit d'une façon certaine la marche qu suivront les faits dans le chemin qu'elle ouvre aucune d'elles ne peut se prononcer clairemen sur les conséquences qu'elle aura plus tard. Notr évolution sociale est un enchaînement complexe d conjectures qui viennent se greffer les unes sur les autres, et nul ne peut dire que telle idée neuve, si folle qu'elle paraisse à l'époque présente, n'aura pas son application quelque jour à venir. C'eût été, dans l'antiquité, l'idée la plus folle du monde que de prévoir et de préconiser la fin de l'esclavage, et nous tenons de même aujourd'hui pour des idées folles beaucoup de conceptions qu'une postérité lointaine recevra comme toutes naturelles.

Dans les phénomènes *cosmiques*, pourtant plus concrets, moins mouvants, moins fluides que les phénomènes sociaux, pouvons-nous affirmer que telle hypothèse ne sera point vérifiée jamais? Savons-nous où peuvent s'arrêter les applications de telle découverte? Ici encore le rêve est éternellement fécond en trésors cachés.

Ce qui ressort de l'histoire du progrès dans l'ordre des phénomènes matériels aussi bien que dans l'ordre des phénomènes moraux, c'est que rien de grand ne s'accomplit qui n'ait apparu d'abord comme une pure chimère. Sans les chimères d'autrefois, les hommes d'à présent vivraient dans la barbarie. La réalité d'aujourd'hui, c'est toujours la chimère d'hier, et l'évolution du monde n'est qu'une suite ininterrompue de chimères que la marche du temps féconde, et qui du rêve descendent à mesure dans l'action.

Et puis, les idées utopiques elles-mêmes, les idées qui avortent et qui n'entrent pas dans le réel, passent-elles si vaines et si négligeables au sein d[u] cortège? Est-il si indifférent qu'elles aient eu leu[r] heure d'espérance? N'ont-elles pas été bien souven[t] le support, l'occasion, le prétexte d'autres idées qui, elles, ont rempli jusqu'au bout leur tâche e[n] prenant une place tôt ou tard au milieu des fait[s] accomplis?

Dans l'ordre des phénomènes *sociaux*, il serai[t] fort injuste de croire que les doctrines le[s] plu[s] improbables et les moins fondées demeurent san[s] utilité. Elles représentent en effet des centre[s] attractifs où viennent converger mille recherches, des sources d'excitation qui stimulent mille effort[s] et donnent lieu à mille expériences. En voulan[t] faire vivre un principe douteux, il arrive qu[e] d'aventure on crée des œuvres durables. Croye[z] que Jean-Jacques l'utopiste a sa large part dans le[s] libérations positives qui se sont accomplies, e[t] croyez également que Tolstoï l'utopiste aura s[a] large part dans les libérations positives qui s'accompliront. De même vous constaterez que notre époqu[e] est victime de bien des aberrations sur le nivellement des individus, sur le nivellement des nations, sur le nivellement des sexes; mais il vous faudra reconnaître que sans ces aberrations nous n'aurions, ni sur le travail, ni sur la guerre, ni sur les femmes, les idées que nous avons aujourd'hui.

Dans l'ordre des phénomènes *cosmiques* non plus, il ne serait pas exact de penser que des hypothèses fausses et des entreprises ratées il ne reste rien. Avant de trouver sur la route la clef d'un problème ou d'une découverte, il faut se fourvoyer dans nombre d'erreurs et passer par plus d'une méprise. Mais que de vérités ne doit-on pas à certaines erreurs! Que d'inventions n'a-t-on pas vu naître de certaines méprises! Les théories alchimistes ont égaré pour un temps l'esprit scientifique, mais en s'efforçant de les prouver on a découvert des lois authentiques et des phénomènes riches d'applications.

Ainsi, dans tous les domaines, notre humanité progresse par des rêves qui aboutissent et aussi par d'autres qui n'aboutissent pas. Peut-être même n'y a-t-il pas, devant l'éternité, entre les premiers et les seconds, la différence que nous supposons. Car parmi ces rêves, aucun ne se soumet le réel définitivement, mais aucun n'omet d'y laisser sa trace finalement.

Concluons. Le procès de l'utopie reste légitime, et ceci pourtant n'exclut pas le respect de la chimère. Il est essentiel que nous donnions toute notre attention aux réalités dont nous devons tenir compte, et il n'est pas moins essentiel que nous tentions d'obéir sans cesse à la voix qui s'élève du fond de nos meilleures pensées. Pour la plus complète réussite de notre idéal, nous ne devons pas oublier ce qu'il y a de précaire en chacun de nos gestes, et nous devons respecter pourtant ce qu'i y a de souverain dans l'idée maitresse qui les guid et qui les éclaire de loin ; nous devons être e garde toujours contre l'utopie et nous devons nou abandonner pourtant à cette utopie suprême qu consiste à toujours agir comme s'il existait au bou de nos efforts quelque chose de plus que nos effort eux-mêmes. Car il y a dans notre existence un contradiction foncière en vertu de laquelle nou tendons sans cesse vers un but final irréalisabl pour aboutir à des buts partiels qui nous haussen à mesure et qui nous font vivre.

Si l'absolue Justice et l'absolue Vérité venaien à triompher, ce serait tout bonnement le triomph du Néant ! L'*absolue* justice, c'est le point théoriqu où viennent se neutraliser les forces contraires, e l'*absolue* vérité, c'est l'Un s'abîmant dans le Tou et le Tout s'abîmant dans l'Un. L'absolue Justice l'absolue Vérité: c'est-à-dire l'équilibre, le silence l'inertie, la mort. Mais en poursuivant un rêv insensé de justice, nous apprenons à voir dan l'iniquité un effet des lois naturelles que doiven atténuer nos forces humaines, et nous metton dans le monde plus de justice ; en poursuivant u rêve insensé de vérité, nous apprenons à voir dan l'erreur un autre effet des lois naturelles que doiven atténuer encore nos forces humaines, et nous mettons dans le monde plus de vérités.

Que d'étape en étape nous puissions en venir

ouvrir toutes grandes les portes de l'infinie sagesse comme de l'infini bonheur, il serait fou de le croire... Mais il est assez raisonnable d'y tendre quand même, aussi longtemps que nous subsisterons sur terre.

Seulement, l'homme oublie qu'il ne vit qu'un jour et que l'humanité s'écoule à travers les siècles. Il prétend souvent jouir de son effort d'emblée, alors que, cet effort, elle le porte en compte simplement sur la liste ininterrompue des facteurs qui orientent son évolution. Et c'est ainsi que nos rêves les meilleurs, trop prompts à s'enlever parfois, ne reviennent plus de l'empyrée, ou n'en reviennent que pour joncher le sol qu'ils eussent fécondé peut-être en prenant du lest au départ.

LIVRE IV

L'ISOLEMENT DU RÊVE ET L'IMPUISSANCE DE RÉALISATION CRÉATRICE :

(IMPUISSANCE PAR ISOLEMENT DU RÊVE DESTRUCTEUR)

CHAPITRE I

LES DANGERS DU LIBRE EXAMEN

Le scepticisme et les destructions de l'analyse. — L'indifférentisme et le nivellement des valeurs. — L'aquoibonisme et l'atonie des sources actives. — L'ennui philosophique et le *tædium vitæ*.

La nostalgie de l'absolu, le dilettantisme et le cynisme

Que l'artiste surveille son *inspiration* et qu'il la dirige au moyen d'une *technique* sévère, c'est une condition nécessaire pour que son œuvre soit viable et ne se ramène pas à de vaines fantaisies. Mais il ne faut point que la technique excédant ses droits tienne l'inspiration captive. Si le savoir paralyse l'élan, si la science étouffe le tempérament l'artiste ne donnera plus que l'œuvre sèche, l'œuvre froide et sans envolée; ou bien, se morfondant chaque jour à scruter les imperfections de son art, et désespérant de faire vivre toute sa pensée, il abandonnera l'outil pour gémir indéfiniment sur une production qui jamais ne se réalisera.

De même l'*idéal* doit être sans cesse guidé, rectifié, châtié par la vigilante critique du *libre examen*. Mais il ne faut point que le libre examen, sortant de sa fonction, accapare et consume les forces de l'idéal. Dès l'instant qu'il devient une assiduité fâcheuse à nous regarder vivre et à démonter les rouages de la mécanique mentale, nous voyons sous son influence notre volonté se détendre, nos sentiments se dissoudre, et nos pensées se perdre dans le néant. Si, faute de nous contrôler, nous sommes exposés souvent aux dangers de l'action téméraire, il arrive qu'en nous contrôlant de façon maladroite et intempestive nous risquons de tomber dans la non-action. La raison réductrice qui surveille notre activité doit borner sa critique aux *rapports* des choses. Dès qu'elle veut l'appliquer à leur *essence* même, elle dévie de son rôle. Car l'effet d'une pareille critique n'est plus d'établir si notre idéal est appelé ou non à se réaliser dans tel cas donné, mais de mettre en question bel et bien le principe de tout idéal et c'est-à-dire de toute source d'agir et de toute raison de vivre. Or il doit arriver, pa un enchaînement fatal, que cette mise en questio mène au *scepticisme* et que ce scepticisme condui tout droit à la négation de la vie.

***

Nous devons, disait Gœthe, être obscurs pou nous-mêmes, nous orienter vers le dehors, et tra vailler sur le Monde. C'est qu'en vérité, n'étan plus tourné vers l'ambiance où il doit agir, mai se réfléchissant sur nos instruments d'action, l'es prit d'analyse produit, en guise de lumière, un obscurité complète et définitive. Quand on cherch une explication à toutes les valeurs sur quoi s fondent nos motifs de vivre, on en trouve d'au tant moins qu'on s'adresse à la raison pure don l'incompétence en pareille matière est asse notoire. Il en résulte que, ces valeurs n'étant pa « prouvées » mais plutôt « réprouvées » au sen rationnel du mot, les croyances qui en découlen risquent de s'effriter.

Cet effritement ne peut manquer de se produir quand l'esprit, arguant d'une sincérité parfaite veut juger au nom de l'absolu les valeurs dont i fait usage.

Nous aspirons à la *Vérité*. Or, qu'est-ce que cett Vérité? Un pur jeu de l'esprit.

Nous nous entendons sans doute sur les carac

ères d'une conception « vraie », en donnant au vrai », comme critère, l'unanime croyance. Mais que voilà bien un cercle vicieux! La croyance unanime des hommes ne prouve point du tout que le vrai » tel que nous le concevons ait une existence éelle. Notre science construit des symboles, et outes les menues sciences qui la constituent ne ont que des algèbres conventionnelles ou, si vous e voulez, des langues. Dans ce que nous appeons les « lois de la nature » nous ne sommes pas n droit de reconnaître une réalité en soi, mais me métaphore abstraite inventée par nous, une ormule que notre cerveau substitue aux choses our les rendre compréhensibles. Compréhenibles, c'est-à-dire pareilles à l'esprit. Rendre les hoses pareilles à l'esprit, les harmoniser avec lui, ous les représenter suivant son modèle, c'est tout e que nous pouvons faire. « Connaître », c'est conster tout simplement de quelle façon ce qui est en ous perçoit ce qui n'est pas en nous, et c'est donc e rien connaître que nous-mêmes. « Savoir », c'est ous assurer de quelle manière nous voyons, ous sentons et nous raisonnons, et ce n'est pas utre chose, et ce n'est rien du tout.

Ainsi notre esprit se donne à croire qu'il atteint e réel, cependant qu'il brode sur l'insaisissable éalité un thème de sa fantaisie. Mais d'ailleurs, e voyez-vous pas qu'en élucidant pour lui tout e qu'il élucide, il demeure victime d'un simple mirage? Que vaut chaque explication qu'il dom tant que tout n'est pas expliqué? Il décrit antécédents d'un fait et il croit en détermi la cause. Or, toute cause est elle-même l'ef d'une cause et la conséquence d'un antécédent, telle sorte que, de cause en cause, il faudra pour expliquer le fait, remonter à la cause p mière dont l'idée d'ailleurs n'est qu'une hyp thèse. Chaque nouveau principe implique logiqu ment qu'on connaît déjà le principe des princip et, comme en fait nous ne connaissons pas principe sur quoi reposent toutes nos constru tions humaines, toutes nos constructions s'écro lent à mesure que nous les élevons. Vous voy donc bien que toutes nos vérités sont fauss pour cette raison très élémentaire, à savoir qu'u vérité qui s'isole et se détache de la vérité tot devient arbitraire et ne peut avoir droit, p là même, au titre de vérité. Alors, quelle valo désormais peut prendre à nos yeux ce concept « vérité » dont on parle tant et dont on vient dire qu'il est sans fondement?

Nous aspirons à la *bonté*. Or, qu'est-ce que ce bonté? Encore un pur jeu de l'esprit.

Nous nous comprenons sans doute, au moi d'une façon grossière, lorsque nous parlons « bien », quoique sa conception varie suivant temps et suivant les lieux. Mais cette concepti du « bien », fût-elle parfaitement immuable, est un résultat fortuit des rapports sociaux, et rien ne prouve qu'elle possède une valeur quelconque en dehors de nous. Il est même vraisemblable que toute la vertu des hommes importe assez peu à la destinée du Monde.

Nos morales ont l'air d'expliquer par l'intervention de forces mystérieuses le maintien de certaines habitudes courantes, hors de quoi nul groupement social n'eût pu s'entretenir, et qui doivent par suite se poursuivre elles-mêmes du seul fait qu'existe un groupement social. Mais de quelle bonne plaisanterie ne sommes-nous pas les dupes lorsque nous parlons sans rire de notre mérite ou de celui d'autrui! Il n'y a dans tout cela qu'une compréhension très sage de notre intérêt. Si vous venez m'objecter que le bien est irréfléchi, je vous répondrai que justement c'est assez peu le cas de me parler de mérite, car nous faisons alors le bien sans le vouloir. Si vous vous reprenez pour me dire qu'on fait le bien sans calcul avec la conscience du bien, je vous répondrai que le mérite n'en est pas plus grand, car nous faisons alors le bien en choisissant le bien, c'est-à-dire toujours pour notre plaisir, c'est-à-dire toujours dans notre intérêt. Qu'on ne puisse être vertueux d'une façon désintéressée, cela est si naturel qu'il est presque vain de l'expliquer. Que les apparences nous leurrent qui font croire à un altruisme derrière lequel il n'existe que l'amour de soi, cela est si évider qu'il est superflu de le dire.

Mais alors, s'il en est ainsi, trouvez don dans votre entourage quelqu'un qui vaille votr estime! Trouvez donc en vous-mêmes quelqu chose qui vaille d'être aimé! Que prétend signi fier, pour quiconque a su le scruter, ce concer de « bonté « qu'on dissout lorsqu'on en déploie l mystère?

Nous aspirons à la *beauté*. Or qu'est-ce que cett beauté? Toujours un pur jeu de l'esprit.

Nous nous entendons rarement sur le critériur du « beau », et, en supposant que nous tombion d'accord sur ce critérium, le « beau » en serait- pour cela une réalité en soi? Pourrions-nou affirmer que les choses ici-bas sont belles autre ment que par la fantaisie] de nos yeux qui veulen les voir belles? Nos arts ont inventé le beau, tou comme nos morales ont inventé le bien et tou comme nos sciences ont inventé le vrai. Au demeu rant, pourquoi le concept de « beauté » serait-i moins illusoire que le reste, et plus digne de notr créance?

Quand on entre dans une telle voie, on en vien à se dire que tout ment, et que le fond des chose n'a pas de sens. Il apparaît même que les chose les plus vides sont précisément celles qu'on a cou tume de respecter le plus. Et l'on plonge finalement dans une sorte d'*agnosticisme*.

Il s'agit ici d'un doute qui est tout l'opposé du doute cartésien. Le sceptique cartésien entend bien se convaincre de pleine ignorance et faire table rase de tout préjugement, mais c'est dans l'espoir assez légitime d'asseoir ses croyances sur de meilleures bases. Le sceptique agnostique se conteste le pouvoir de croire, parce que rien au monde ne vaut d'être cru. Le doute chez le premier est un point de départ ; il devient chez le second un point d'arrivée. Autant le doute cartésien, méthodique et provisoire, demeure légitime et se montre fécond, autant le doute agnostique, systématique et définitif, est stérilisant et dangereux dans ses conséquences.

L'aboutissement naturel du doute agnostique, c'est le *nivellement des valeurs*, et par suite l'*indifférentisme* qui en est le corollaire fatal. Car pour peu que se dissolve le crédit des grands postulats qui entretiennent nos motifs de vivre, tout s'étiole et tout se décolore; tout est creux, tout est vide. Qu'importe que les raisons soient bonnes ou mauvaises ? Elles ne sont toujours que mensonges. Qu'importe le blâme ou l'admiration ? Rien ne vaut d'être jugé. Qu'importe la beauté ou bien la laideur des choses ? Il n'y a pas de mesure. Tout est égal et sur le même plan. Tout n'est rien.

Or sitôt que la vie affective profonde subit de

pareilles influences, on est à la veille d'un plus grand désastre et l'on voit survenir presque fatalement l'*atonie des sources actives* commandée par l'*aquoibonisme*. Il nous faut reconnaître en effet que la foi seule engendre le vouloir et féconde l'action. L'action, c'est la foi elle-même qui s'exprime et qui s'objective, et l'on peut bien dire que croire est le mode « potentiel » d'agir, comme agir est le mode « effectif » de croire. Aussi, dès l'instant que s'épuise la croyance, l'enthousiasme s'achève et l'action s'arrête.

Que rien ne puisse nous sembler pire ni meilleur que son antithèse, et que rien ne semble digne d'appeler nos efforts, c'est en cela peut-être qu'est le dernier mot de la misère humaine. La chose la plus triste au monde pour un homme, c'est de ne plus trouver aucune base à quoi rattacher les actes de sa vie. Le symptôme d'agonie c'est de se dire que rien n'est souhaitable et que rien ne peut fixer un peu de notre amour, car tout geste est ainsi détruit dans son principe même. A quoi tendre, si le but est vain ? Le sceptique, tout à l'heure, observait les choses et disait : « Qu'importe ? » A présent, il s'assied au pied de son effort et dit : « A quoi bon? » A quoi bon allumer une lueur dans l'énormité de la nuit ? A quoi bon créer quand s'affirme le néant de la vie ?... A quoi bon des rêves après d'autres rêves ?

L'esprit qui a passé par ces différentes étapes

aboutit au terme final: il sombre dans l'ennui, s'épuise dans la consomption. L'*ennui philosophique:* c'est ainsi que nous appellerons, si vous le voulez bien, le mal de langueur qui ne cesse de le miner. Le *tædium vitæ :* c'est le mot qui désigne son genre d'épuisement.

Il y a mille façons de s'ennuyer. Mais l'ennui dont il est question se sépare des autres en ce qu'il se connaît, en ce qu'il s'analyse, en ce que, cherchant à se connaître et s'analyser, il se renforce, il se multiplie, il devient à lui-même son prétexte et son aliment.

L'esprit qui s'ennuie pour « le grand motif » enveloppe le dehors d'un regard et n'y voit que l'immensité désespérante de notre ignorance, l'indéracinable égoïsme de nos mobiles et l'hypocrisie incurable de nos vertus, la folie de nos passions et la vanité de nos joies, l'inutilité de nos efforts et le mensonge de nos prétendus progrès, la brièveté même de notre existence qui est faite de toute cette duperie. Alors il s'enferme en soi, il se replie dans son unité, il contemple le défilé de ses idées et de ses émotions, de ses émotions qu'il remâche et de ses idées dont il fait de la poussière. Mais voici que tout cela passe encore, aussi indifférent, aussi étranger, aussi vain que les objets du monde extérieur. Et l'esprit s'ennuie en face de lui-même, tout comme il s'ennuie au sein de l'univers.

Que tout cela est donc monotone! On arri parmi les fantoches, on s'agite sans but, et l'(part. Et rien ne change, et tout continue, et to recommence. Penser qu'il y a des hommes qui 1 se lassent pas de ce mécanisme d'horloge!... Ma pour qui ce mécanisme n'a plus de mystère bâillement ne s'arrête qu'à la mort.

La mort d'ailleurs, il n'est point séant de demander, quoi qu'en disent quelques faux sce] tiques. On n'est pas au bout de son désir quar on la désire, car vouloir la fin du vouloir, c'e encore vouloir quelque chose. Seulement, lor: qu'on est las, il est juste du moins de la bie accueillir, puisqu'elle est une occasion de s'en alle:

Cette neurasthénie morale issue de l'analyse (aboutissant à l'horreur de vivre n'est guère l'ap: nage des êtres vulgaires. Elle recrute au contrair les esprits les plus distingués — ce qui ne veut pa dire, loin de là, que les esprits les plus distingué y soient condamnés toujours du fait de leur distin(tion.

Malgré ses poses quelque peu suspectes, l'ennu d'un Chateaubriand est profondément ressenti, (l'auteur de *René*, comme celui d'*Adolphe* et celu d'*Obermann*, transparaît à chaque page du livre L'ennui d'un de Musset appelle cette appréciation s vivante de Taine: « Il a trop demandé aux choses il a voulu, d'un trait, âprement et avidemen savourer toute la vie; il ne l'a point cueillie, il ne l'a point goûtée, il l'a arrachée comme une grappe, et pressée, et froissée, et tordue; et il est resté les mains salies, aussi altéré que devant ». N'est-ce pas de Musset lui-même qui regrette avec *Fantasio* de ne pouvoir être « ce monsieur qui passe », et de ne pouvoir se passionner « pour un homard à la moutarde, pour une grisette, pour une classe de minéraux »? Sainte-Beuve écrit : « Je suis arrivé dans la vie à l'indifférence complète. Que m'importe, pourvu que je fasse quelque chose le matin et que je sois quelque part le soir? » Et Gautier disait : « Rien ne sert à rien, et d'abord il n'y a rien ; cependant tout arrive, mais cela est bien indifférent ». Écoutez s'épancher Flaubert : « Dès que je ne tiens plus un livre ou que je ne rêve pas d'en écrire un, il me prend un ennui à crier... La vie ne me semble tolérable que si on l'escamote ». Maupassant déclare également : « Il n'y a pas d'homme sous le soleil qui s'embête plus que moi. Rien ne me parait valoir la peine d'un effort ou la fatigue d'un mouvement... Tout se divise en farce, ennui et misère ». Mais il n'est en l'espèce aucun document qui atteigne par son éloquence le *journal* d'Amiel. Tout Amiel est dans son journal, et tout son journal est dans le vers tombé comme un glas au bout du dernier feuillet :

> Que vivre est difficile... ô mon cœur fatigué !

Ainsi l'analyse poussée jusqu'à ses limite extrêmes se fait pernicieuse. Elle n'est plus l: bonne conseillère qui tient lieu de tuteur à notr idéal; elle devient la force dévastatrice qui l'attein jusqu'en son berceau. Étouffant nos désirs, épui sant nos tendances, elle suspend notre activité er annihilant nos motifs d'action. Cet écueil du rêv destructeur est plus grave peut-être que tous le: dangers du rêve constructeur. Les hommes et le: choses tôt ou tard, se chargent de réduire le: seconds. Mais c'est du néant que le premier procède. Et qui peut se flatter de réduire le néant?

Ce qu'il adviendra d'un homme enlisé dans le: conséquences fâcheuses du libre examen n'est point trop facile à déterminer d'avance. Et pourtant, j'aperçois trois voies qui lui sont ouvertes.

Il est donné à quelques âmes rares de souffri sans répit du désir infini de sauter hors de nos limites humaines, pour s'abandonner, dirait l'admirable Amiel, au « besoin de totalité » qui obsède les très grandes natures. Ce « besoin de totalité » se heurtant chaque jour aux cloisons étanches de la vie réelle toujours relative, toujours imparfaite et toujours finie, détermine chez elles l'éclosion d'un cercle vicieux dont rien ne peut marquer l'issue.

La *nostalgie de l'absolu*, sous sa forme pure, est un mal qui empoisonne la vie. C'est la dignité s'acharnant à martyriser le bonheur. Quand on regarde les choses « du point de vue de l'Hindou pensant aux jours de Brahma », leur insignifiance rend naturellement « le préjugé bouffon, la passion burlesque et l'effort ridicule ». On a beau chercher, on ne découvre aucun but qui vaille, et, pour peu qu'on passe outre, on entend la voix de Méphistophélès : « Non, tu n'es pas heureux; non, tu n'as pas bien fait.... non, ton bonheur n'est pas entier; non, ton œuvre n'est pas complète... » Alors, décidément, les rêves et les choses n'ayant pas une commune mesure, il faut mépriser les choses. Et c'est ainsi que des êtres, qui peut-être valent mieux que ces choses, repoussent leur offrande par crainte du désenchantement. Par excès de désir ils s'obligent à ne désirer rien; par excès d'ambition ils se forcent à tout abdiquer; par amour de la vie placée en des sphères trop hautes ils exaltent le dépit jusqu'à répudier la vie.

Ne désirer rien et tout abdiquer : est-ce bien cela?... Le trait dramatique de la situation, c'est plutôt que la pauvre grande âme désirera toujours, n'abdiquera jamais.

Terminer dans le désabusement, c'est fort bien; ne point renaître de ce suicide, c'est là le difficile. Faire la traversée en sachant l'entière vanité de ce que l'on rencontre et en l'acceptant pourrait être un sort de tout repos pour quiconque ne serait plus capable d'aspiration. Mais la torture de la grande âme, c'est que sa faculté de rêver ne la quitte point, et que cette faculté toujours jeune est une source inépuisable de songes qui ne tarissent pas.

Ne pouvant ni renoncer à la perfection ni la découvrir, la pauvre grande âme est un gouffre dont rien ne satisfait le désir et que l'évanouissement du désir ne satisfait pas encore. Nul objet ne saurait gagner son amour, et son amour néanmoins veut se donner tout entier. Sentir que ce qu'elle aime est l'inaccessible et refuser de se rabattre sur autre chose, fuir l'insuffisance du réel sans trouver une place pour son idéal, c'est en cela que réside le mal dont elle souffre. Et comment trouverait-elle une place pour son idéal puisqu'elle le situe d'avance en un lieu qui n'existe pas? Son idéal! Elle ne le poursuit pas, elle le cherche. Son idéal, il est innommable, il attend sa définition. La pauvre grande âme n'a pas d'idéal : elle a l'inépuisable faculté, l'incommensurable goût de l'idéal. Son état, à elle, c'est l'état du malade qui n'éprouve en toutes circonstances qu'une seule émotion : l'angoisse de ne pouvoir en ressentir une autre. Son lot, c'est le besoin de jouissance portant avec soi l'incapacité de jouissance, et c'est la soif du bonheur s'avivant désespérément dans la recherche de sa formule.

Certes, les êtres ainsi constitués sont à plaindre dans leur misère. Mais dans leur misère une grandeur existe qui appelle toutes nos sympathies. Ces êtres, nous les aimons et nous les plaignons dans leur doute parce qu'il est douloureux; nous les aimons et nous les plaignons dans leur ironie parce qu'elle est amère. Nous les aimons et nous les plaignons de reconnaître ici-bas tant de laideur, tant de mal et tant d'ignorance, car nous soupçonnons qu'ils soupirent ainsi après toute la beauté, tout le bien, toute la vérité qui pourraient s'y voir et qui ne s'y voient pas. Ils sont à coup sûr victimes d'une erreur. Mais, en faisant abstraction de l'erreur, comment ne point reconnaître que leur dégoût est né dans le plus forcené des idéalismes, que derrière leur manque d'ambition une ambition titanique se cache, que dans leur dédain une révolte superbe s'élève contre la petitesse de la condition humaine, et qu'enfin leur malheur c'est d'être plus grands que la vie?

La grande âme ne guérit pas. D'autres âmes guérissent. Moins insatiables et plus facilement matées, elles se consolent d'avoir entr'ouvert l'abîme en se fabriquant un commode fatalisme de circonstance, et en allant se construire dans un monde fictif une demeure qu'elles font à leur taille et d'où l'on peut voir l'abîme sans prendre le vertige.

Le *dilettantisme passif* est un port où le désabusement va jeter l'ancre très volontiers. Ce n'est plus ici la protestation qui ne se résigne pas, l'amertume qui ne veut point se résoudre; c'est l'acceptation dans le dédain, la tranquillité dans le mépris. Et c'est, en somme, un scepticisme abouti, un scepticisme conclu, un scepticisme qui a pris posture — mais qui a pris posture avant lutte, si je puis dire : paresse de la volonté plus encore qu'erreur de l'esprit.

Le dilettante s'installe au milieu du monde, et contemple dans l'inaction le jeu de tout ce qui s'y passe pour s'en divertir intellectuellement. Plus d'analyse à craindre avec lui, et plus d'ennui à redouter. Contre l'instrument de torture et contre le poison quelque chose le protège qui ressemble à de l'immunité. Que dis-je? Il fait du poison sa nourriture et de l'instrument de torture son hochet. Démonter le pantin pour voir ce qu'il a dans le ventre, c'est une distraction qui a son intérêt en soi, et rien n'empêche qu'en cette distraction l'on aille mettre même tout le plaisir de vivre. Mieux, c'est un amusement de seigneur, et point banal du tout, car c'est une bravade contre le postulat commun de notre humanité chétive. Est-ce que ce postulat ne dit pas : croire et ne rien savoir? C'est pour le moins un joli caprice que de placer les termes à l'envers en se donnant comme gageure de connaître tout et de ne croire à rien.

L'homme de cette gageure y met d'autant plus de fierté que son point de vue s'éloigne de l'universelle routine et qu'il le sait bien. Être sûr de n'être point sûr et s'en amuser, c'est une attitude : c'est une attitude même qu'on peut cultiver. Se gargariser avec tous les doutes, c'est un jeu dans lequel on peut s'oublier : on peut même en faire une griserie. Et comme on s'installe ainsi dans une position toute spéculative que rien ne peut troubler, on est bien à l'aise pour laisser de côté, au sens objectif, la poursuite du bonheur et de la vérité.

Mais n'est-ce point encore là de l'ennui? — Non pas. C'est un procédé pour ciseler de l'ennui par amour de l'art, et c'est une manière de se garder de l'ennui.

Mais n'est-ce point encore là du dégoût de la vie? — Il n'y paraît guère. Car cette jonglerie avec le néant, c'est la preuve que l'on craint de s'y évanouir et c'est une façon coquette de chérir la vie.

Si pour l'homme du dilettantisme il n'est que farce au monde, la farce du moins n'est pas déplaisante à voir. Peu importe d'ailleurs sur quel thème elle se joue, et dans quel sens elle se dénoue, et quel proverbe peut en sortir. Comme du vrai au faux l'on ne trouve pas l'intervalle d'un fil, ou plutôt comme le faux a sa vérité, il n'est point de doctrine à combattre ni à soutenir. Puisque le bien et le mal se confondent, ou plutôt puisque le mal a toutes les excuses, il n'est point de conduite à flétrir. Et, le beau ne se dissociant pas du laid, ou plutôt la laideur ayant un charme spécial, on peut tout entendre, tout voir et tout accepter.

Le dilettantisme, insouciant du meilleur aussi bien que du pire, entraîne donc certaine tolérance un peu fade, égoïste et veule. C'est à sa faveur que, malgré les lumières qu'on a (et peut-être à cause des lumières qu'on a), on supporte chaque jour l'impudence grossière de gens qu'on méprise, et l'on abandonne aux plus détestables causes un triomphe assez dérisoire, sous le prétexte navrant qu'il est vain de lutter. C'est avec cela qu'en religion comme en art, en morale comme en politique, on se désintéresse de croire et par suite on se désintéresse d'agir. C'est avec cela qu'ayant la nausée — et je conviens qu'il y a lieu souvent d'avoir la nausée — on se refuse à prendre parti, ce qui laisse les ennemis du bien se fortifier d'autant. C'est avec cela qu'on en vient à céder la place aux médiocres plus audacieux qui croient à eux-mêmes et qui osent quelque chose, et c'est ainsi qu'on fait, sans le vouloir, le jeu d'une foule d'intrigants parfaitement imbéciles qui éclaboussent les braves gens d'un succès facilement acquis. Or, cette tolérance n'est pas la tolérance vraie. Au fond de la tolérance vraie, il y a de l'héroïsme, c'est-à-dire justement le contraire de l'indifférence, du manque de foi et du manque de vie.

Réaliser l'attitude critique pour elle-même, cultiver la « pure et immaculée connaissance » pour le seul plaisir de donner au mot de l'Ecclésiaste une confirmation savante, c'est un idéal assez misérable. Cette contemplation ironique devenue habitude, érigée en système, transformée en tic, est l'abolition de l'énergie vitale. Ce n'est pas assez de détourner les yeux pour ne point se mêler aux misères d'en bas : ces misères, il faut les dompter. Il ne suffit pas de s'isoler de l'ambiance et de se tenir au-dessus des vulgarités : ces vulgarités, il faut les emplir et les pénétrer de ce que l'on conçoit de moins vulgaire, de plus élevé, de plus largement humain. Il ne s'agit pas de se draper d'un geste olympien ; il s'agit de faire le geste utile, et, dût-on surmonter le plus profond dégoût, il s'agit de vivre impérieusement. Nombre de beaux esprits sont de pauvres esprits parce que leur finesse consiste à n'avoir point de cœur.

Sans doute notre dilettante examine toutes les nuances de son existence profonde ; il s'intéresse à tous les mouvements qui s'opèrent dans le jeu de ses passions et de ses sentiments ; il éprouve à se repaître de ses douleurs mêmes une curiosité vibrante. Ses passions, ses sentiments, ses douleurs, il les collectionne, il les étiquette volontiers, comme un horticulteur étiquetant et collectionnant telles et telles variétés de tulipes. Mais à jouer de sa vie affective, il la frappe de stérilité.

N'allons pas confondre avec la sensibilité agissante cette sensibilité de représentation qui ne voue à l'action qu'un amour platonique et un intérêt de parade. Cette dernière se dépense en dedans. Sa force, elle l'exploite pour son propre compte, elle s'en sert pour sa subsistance et son accroissement. L'autre, qui est la vraie, se dépense en dehors. Sa force, elle en fait des mouvements utiles, si bien qu'on ne peut la concevoir séparée de sa fin qui est tout justement d'agir. Si celle-là montre de la pitié, ce n'est jamais une pitié inerte, une pitié qui s'enferme en soi, qui se regarde pleurer, qui s'émeut de la représentation et qui s'en tient là; c'est toujours une pitié féconde, une pitié qui est déjà tendance et qui se mue d'emblée en activité. Sachons donc ce qu'est une émotion vraie, un élan sincère, un geste profond; et sachons en différencier une passion fantôme, un passe-temps des nerfs, un sport de l'esprit.

Mais en vérité le dilettante ne trompe que lui-même. D'un point de vue tout ésotérique, son philosophisme sans doute pourrait se justifier, s'il était prouvé que ce philosophisme atteint le but qu'il prétend poursuivre, et procure avec l'évanouissement du vouloir le plaisir de la connaissance. Mais voici justement que ce but ne peut être atteint, car la connaissance et le vouloir sont inséparables et ne s'isolent qu'artificiellement. Dans le complet égoïsme qui exclut l'amour, dans l'entier détachement qui élimine l'action, ceux qui croient atteindre au suprême savoir ne connaissent rien. C'est l'action qui est révélatrice des parties les plus profondes et les plus inconnues de notre être, et c'est au pied de l'action que nous apprenons à connaître autrui comme à nous connaître. Aussi le dilettante qui glisse sur la vie, qui ne se mêle pas à la vie, qui ne la pénètre pas et qui n'entre pas dans sa substance même, ne sait rien de la vie. Cet homme, qui se veut dégagé de toute illusion, n'arrive à se donner qu'un spectacle faux. Sa prétendue science ne peut découvrir que des bribes déformées, très superficielles et très incomplètes de la grande comédie humaine, et n'aperçoit plus ni la cohésion ni le sens véritable des scènes qui se déroulent. Il est très semblable à un spectateur qui passerait sa soirée près du machiniste ou dans les coulisses, et quitterait le théâtre sans avoir vu la pièce.

Disons mieux. Le théâtre, c'est peut-être lui, hélas! qui nous le donne, car en s'exposant à nos réflexions, il sert à notre enseignement. Les misères intimes qu'il étale nous prouvent une fois de plus qu'il faut chercher dans l'action, dans l'action élevée, non seulement le complément de penser, mais encore le correctif le plus sûr et le plus efficace des désastres de la pensée.

Quelques esprits ne demandent pas à l'action élevée un remède contre l'analyse, mais font de l'action basse, après analyse, un ultime refuge. Parce qu'on a déposé tout motif de croire, on ne cesse pas pour cela de croire qu'on est vivant, et, du fait qu'on a vu tarir toute source d'aimer, on n'est pas empêché, loin de là, d'exalter plus rigoureusement que jamais l'égoïste amour de soi-même.

Le *cynisme actif* se présente ainsi comme une dernière voie ouverte au désabusement. Et c'est encore là, si l'on veut, un scepticisme abouti, un scepticisme conclu, un scepticisme qui a pris posture; et c'est encore là enfin une façon de s'évader hors du scepticisme.

Le cynique estime que, rien ne valant mieux ni moins que son contraire, il serait fort insensé d'abdiquer, au nom d'un principe quelconque, les plaisirs égoïstes qu'on peut se donner. Jouir, cela du moins ne ment pas. Jouissons puisque tout est vain! Et nous revenons ainsi à certaine doctrine que nous connaissons déjà pour l'avoir développée longuement.

Ni la *nostalgie de l'absolu* dans son aspiration éternellement angoissée, ni le *dilettantisme passif*

dans son détachement hautain, ni le *cynisme actif* dans son réalisme vulgaire, ne peuvent être érigés en règle de conduite. Ces trois chemins ne sont que trois impasses d'où reviennent rarement les esprits chercheurs qui ont eu le grand malheur de s'y fourvoyer.

Dans le conflit du rêve et de l'action, l'éternel *nostalgique* reste déchiré; sous figure de régler ce conflit, notre *dilettante* se perd dans le faux rêve, et notre *cynique* dans la fausse action. De ces trois victimes, la première cherche sans issue ses motifs de vivre; la seconde étreint un fantôme, croyant embrasser la vie; la troisième triture une réalité qui n'en est que la caricature fangeuse. Et ce sont bien là trois victimes.

CHAPITRE II

LES DROITS DE L'ILLUSION

Le voile d'Isis. — L'ignorance et la croyance. — Le savoir et le doute. — Les divergences de la vie spéculative et l'unité de l'existence pratique. — Le primat de l'action.
Les héros de la vie intérieure. — L'éternel conflit.
Critique de la critique. — Hors du scepticisme par le scepticisme dépassé.
Le génie créateur et l'œuvre de vie.

De tout ce qui précède il résulte que l'esprit critique devrait tuer l'Action presque fatalement, s'il n'était tempéré par certain facteur. Ce facteur, les philosophes l'ont reconnu en des théories variées, les poètes l'ont chanté en des rythmes multiples, et la masse des humains lui voue sans discontinuer un culte inconscient que rien ne peut détruire. Il se nomme *l'illusion*.

D'un point de vue purement pragmatique, et si l'on part de ce principe qu'il faut avant tout sauvegarder la vie, c'est-à-dire sauvegarder l'action, les droits de l'illusion sont indiscutables.

Ainsi que je le disais dans un autre livre [1], une

1. *Loc. cit.*

pénétration exacte des résultats vers lesquels nous nous acheminons à toute heure du jour tarirait l'effort dans sa source même, car ces résultats nous apparaîtraient chaque fois si vides et si misérables que nous serions à jamais guéris de l'ambition d'agir. Mais l'illusion jette un voile sur la vanité de l'effort en masquant l'inutilité des fins que nous nous proposons. Et pareillement, une juste appréciation de nos moyens serait décourageante, et l'évaluation de leur faiblesse enrayerait toutes nos tentatives en tuant la confiance qui est mère de l'action. Mais l'illusion couvre encore l'éternelle pauvreté de nos ressources et nous fixe heureusement dans la foi de nous-mêmes. Ainsi l'illusion sait faire cette prouesse d'entretenir l'existence humaine avec des moyens qui sont irréels et suivant des fins qui le sont également.

Du moment qu'on ne peut soulever le voile d'Isis sans sortir du monde des vivants, du moment qu'on ne peut lire dans le secret des choses sans conclure qu'au bout de chaque désir il n'existe et ne saurait exister que le vide, n'est-il pas évident que l'illusion est l'universel moteur, et que l'aveuglement des hommes est la condition de leur vie?

En fait, cette vie reste bien pour eux ce qu'elle doit être : un néant qui s'ignore. Dans sa forme extérieure, dans sa forme sociale, toutes les suggestions ambiantes qu'elle nous offre sont faites à merveille pour que ne tarisse pas le mensonge nécessaire ; et dans sa forme intérieure elle-même, dans sa forme individuelle plus encline pourtant à s'interroger, à s'examiner, à s'introspecter, ce mensonge nécessaire trouve encore des ressources inépuisables.

La foule est trop pauvre de pensée et d'aspiration pour opposer à ce mensonge, ne fût-ce qu'en passant, une force inhibante ou désagrégeante. En son existence journalière, on peut bien dire qu'elle tient nos plus fondamentales illusions pour des vérités très sûres, pour des vérités qu'elle ne songe guère à mettre en question. Ces vérités-là, il faut être philosophe — et un peu fou, dirait le vulgaire — pour les contester, voire même pour les discuter, voire même pour les expliquer. Et qui sait si nous ne trouverons pas tout à l'heure, dans la pensée naïve du vulgaire, une pensée profonde? En attendant, je répète que, fort heureusement, les soucis métaphysiques n'inquiètent guère la foule, et que de ce côté nul danger ne menace notre humanité moyenne. Cette humanité se dépense en réalisations passagères et en menus efforts, mais elle ne sait pas et ne tient pas à savoir où va cette suite de menus efforts et de réalisations passagères. La plupart des hommes ne voient pas au delà du petit champ restreint où leur existence se meut. Ils trouvent les choses toutes intelligibles ou ils en acceptent le mystère très naturellement et sans en souffrir. Leur intelligence se passe parfaitement d'une conception sur la vie, et leur volonté fait cependant de la vie un foyer d'action.

C'est que, pour vivre d'une existence active, il n'est nul besoin de se soucier des fonds et des arrière-fonds. En restant fidèle au point de vue étroitement vital, nous devons même convenir que l'automatisme, cette forme réglementée de l'inconscience, fait en ce monde plus de besogne matérielle que n'en feront jamais la raison la plus pénétrante et l'érudition la mieux avisée. Si l'humanité est encore debout, c'est qu'elle est ainsi faite qu'elle peut croire sans savoir et qu'elle peut vouloir sans avoir sondé jusqu'en ses fondements la valeur d'agir.

Sans doute le méditatif a peine à concevoir que tant de gens vivent naturellement sans hésitations et sans inquiétudes, et c'est une surprise pour lui que la plupart d'entre eux marchent d'un pas ferme et tiennent toute leur vie pratique suspendue à des convictions qui ne sont le plus souvent qu'une petite routine. Mais lui-même, à chaque heure du jour, est-il si distinct, au fond, du troupeau qui marche en fermant les yeux? Pour s'être posé parfois d'angoissants problèmes, voyez-vous qu'il vive autrement que tout le monde? Pour douter spéculativement peut-être, en a-t-il moins de confiance naïve dans les gestes qu'il accomplit en chaque circonstance banale de la vie?

Qu'on nous montre le vrai sceptique, le sceptique

fidèle à son scepticisme! Ceux dont j'ai retracé le désarroi — et leur désarroi est grand — contredisent sans cesse leur doute théorique dans la trame de leur existence courante. Quel philosophe, en effet, si désabusé soit-il, peut se dispenser, en maintes occasions, d'être plus confiant et plus empressé que sa philosophie? Quel fanfaron d'indifférence ne s'abandonne pas, en présence d'événements très simples, à des sentiments qui sont autant d'actes de foi?

En conduisant même les choses aux extrêmes limites, les sceptiques renient leur désespérance, par ce simple fait qu'ils n'abandonnent pas encore l'entretien ni la nourriture de leurs chairs mortelles. A moins de s'enfermer dans un fakirisme pur qui serait à vrai dire leur seule conclusion logique, les sceptiques doivent agir en quelque manière, parce qu'il faut agir ou ne pas exister. Toute existence implique de l'action, et toute action implique pour le moins quelque rudiment de croyance, et pour cela aucun scepticisme qui prétend vivre n'est absolu ni même très profond, fût-il le plus avancé de tous les scepticismes.

A contempler le spectacle de la vie courante chez les cultivés comme chez les naïfs, on a donc l'impression que notre humanité est éternellement régie par une espérance qui ne se dément pas ou qui ne se dément du moins que superficiellement et provisoirement. Tous, nous sommes abusés, et si par hasard, à de rares intervalles, les circonstances veulent que nous cessions de l'être, il n'y parait guère en fait, et nous continuons la route comme si nous l'étions encore.

Pour que le scepticisme se développe, ne fût-ce qu'à titre spéculatif, il semble même que les motifs d'ordre intellectuel soient insuffisants. Peut-être cette débauche du libre examen sur quoi nous venons de faire peser toute la faute du désenchantement, requiert-elle d'abord, pour fixer son œuvre dévastatrice, l'existence d'un tempérament, et peut-être n'est-elle après tout que la cause apparente du mal, non sa cause profonde. L'analyse, il faut bien l'avouer, ne peut tuer que l'enthousiasme déjà malade; elle ne peut affaiblir qu'un instinct vital anémique déjà par constitution. L'idée seule de discuter cet instinct vital, n'est-elle pas un signe de dépérissement? Il faut n'être amoureux qu'à demi pour songer, ne fût-ce qu'un instant, à passer en revue ses motifs d'aimer. Il faut n'être vivant qu'à demi pour songer, ne fût-ce qu'un instant, à passer en revue ses motifs de vivre.

C'est dans la vie organique profonde des individus qu'on doit chercher l'origine première de leur faculté de douter. Quand cette vie organique décline chez un homme, il souffre d'une misère intime qu'il projette au dehors, qu'il habille de logique et qu'il prend en fin de compte pour une théorie des choses. Et pareillement c'est dans la vie organique profonde des sociétés qu'on doit chercher l'origine première de ce doute contagieux qui marque certaines époques et dont l'ère romantique nous fournit un si bel exemple. L'histoire montre que de pareilles crises succèdent à des commotions nationales profondes ou à des étapes de surmenage et de raffinement à outrance comme peuvent en connaître les civilisations décadentes ; mais elle montre en outre qu'au milieu de ce ralentissement de l'énergie, des affirmations novatrices ne manquent pas de se produire qui relèvent le tonus et qui remettent en vigueur l'éternelle fluctuation des choses. Quoi qu'il en soit, dans l'individu aussi bien que dans la société, l'illusion ne semble point succomber jamais sous les coups de la seule réflexion, et la remarque de Spinoza reste justifiée universellement : « Il ne faut point chercher des raisons pour les sceptiques, mais des remèdes ».

Ce qui rend évident le bien-fondé de ces paroles, c'est qu'il suffit qu'un individu ou bien un milieu frappé par le doute subisse dans son énergie certain accroissement, pour qu'aussitôt une foule de difficultés soulevées autour du problème vital s'aplanissent à ses yeux, comme s'il suffisait que la vie fût intensifiée pour que s'évanouissent d'emblée les obscurités qui paraissent envelopper la vie.

Que l'illusion, souveraine malgré tout, comble à

mesure les brèches du libre examen, entretenant ainsi l'éternel essor de notre idéal, c'est donc un fait nécessaire et c'est une réalité qui se vérifie tous les jours. Que l'Action se perpétue sous l'invincible poussée du Rêve constructeur, en dépit des dissolutions qu'opère le Rêve destructeur, c'est un dénouement essentiel et c'est un dénouement qui ne manque pas de se produire. Que la vie enfin sorte victorieuse des embûches que lui dresse l'analyse critique, et qu'elle se poursuive inlassablement, cela doit être et cela est.

Ainsi nous donnons au « mensonge vital » son passe-droit, nous saluons en lui le seigneur et maître, et nous nous sauvons par là. Tout va bien désormais.

...Non, tout ne va pas bien. L'illusion fait son œuvre, l'Action garde tous ses droits et la Vie triomphe. Mais le philosophe n'est pas satisfait. Du point de vue pragmatique, et c'est-à-dire d'un point de vue tout opportuniste, le problème soulevé par la périlleuse raison se trouve résolu : il doit l'être et il l'est vraiment. Mais du point de vue spéculatif, ce problème, nous n'avons fait que le reculer : il reste ouvert tout entier.

L'éternelle antinomie des deux rêves, du rêve constructeur qui entretient l'action et du rêve destructeur qui la paralyse, fut à toutes les époques le plus grand souci, disons même l'exclusif pivot des grandes discussions qu'agitent les philosophies. Les plus vastes cerveaux, frappés de cette antinomie, ont tenté vainement de la résoudre en vue d'assurer à leur vie morale certaine unité hors de quoi il n'est point de repos, point de quiétude, point de sécurité pour l'âme.

Ceux qui furent les *héros de la vie intérieure* ont fixé leurs contradictions foncières dans ce qu'ils ont appelé d'un commun accord les conflits du « cœur » et de l' « esprit ». Du « cœur » — entendez de l'idéal; de l' « esprit » — comprenez du libre examen. Ils en sont venus à conclure qu'il existe en nous deux puissances irréconciliables, et que chacune de ces deux puissances a ses droits qu'il faut respecter. Homme de science et logicien, Pascal exalte la pensée; mystique chrétien, il la confond et l'humilie. Sa raison nie tout ce qu'affirme son sens intime, et les affirmations de ce sens intime sont un absolu défi aux négations mêmes de sa raison. Philosophe imprégné de positivisme, Sully Prudhomme reconnaît pleinement la force de l'exactitude rationnelle; poète sentimental, il la répudie et s'en émancipe. Son intelligence oppose une critique sévère aux suggestions de ses tendances profondes, et ses tendances les plus essentielles protestent avec véhémence contre l'œuvre de l'intelligence. Mais à beaucoup d'autres, et à tous ceux qui ont pensé peut-être, on pourrait appliquer la phrase du poète :

> En moi-même se livre un combat sans vainqueur.

Et quel serait le vainqueur en effet, dans les conditions où le problème se pose?

La victoire ne saurait revenir à l' « esprit » définitivement, car quelque chose me dit au fond de moi qu'il y a dans la synthèse plus que ses éléments, comme il y a dans un monument plus que les pierres dont il se compose. Quand la raison a tout détruit, ce qu'elle a détruit subsiste encore tout entier.

Ma dialectique s'acharne à pulvériser le sentiment auquel je croyais et qui m'incitait à vivre. Mais à quoi pense-t-elle arriver? A m'expliquer qu'un tel sentiment n'est pas? Elle a tort, car ce sentiment je l'éprouve, et c'est la preuve qu'il est parfaitement. A m'expliquer qu'il est en effet? Mais elle prend une peine inutile. N'est-il pas plus simple et plus raisonnable de reconnaître qu'il est?

Je prétends retenir au nom de vérités logiques la bonté qui me pousse à agir. Mais de quel poids peut être une telle tentative? Il me faut avouer que les plus subtiles vérités n'ont guère d'importance dès l'instant qu'elles restent stériles. Et n'est-il pas manifeste qu'un peu de simple bonté leur est supérieure, si l'on songe qu'en somme toute bonté féconde est d'une vérité immédiate et sûre? Qu'importent donc à la bonté ses raisons d'être ou de n'être pas, pourvu qu'elle soit? Après toutes nos grandes réflexions, nous devrons arriver sans doute en un certain point où l'âme tout simplement bonne aboutit d'emblée. Au bout de maintes discussions sur le sens du vrai, nous devrons en venir très probablement à reconnaître que la seule vérité certaine, c'est d'être heureux et de faire du bonheur.

En fin de compte, quel que soit le but de nos efforts et de nos espérances, et quel que soit sur la terre le sens de notre mission, nous sommes dépositaires de la vie. La vie représente notre *tout*, et rien ne peut être « raisonnable » ici-bas qui la nie et qui la détruise. Une raison qui la détruirait ne serait pas « raisonnable », car la détruisant elle se détruirait elle-même. Que me parlez-vous alors des droits de la raison — d'une raison qui condamne la vie?

Un triomphe intégral du « cœur » n'est pas plus soutenable. Vous voulez que je reconnaisse mes motifs de vivre dans des valeurs que n'accepte pas ma raison critique. Or ma raison est tout justement la chose en quoi j'ai mis mon entière confiance. N'est-il pas évident qu'une valeur ne m'est plus pour vivre d'aucun usage dès l'instant que j'en vois toute l'inanité?

Il est vain de me donner le conseil d'agir comme si ma critique n'était pas fondée. Si je me laisse guider en effet par les imposteurs — je veux dire par les sentiments que ma critique réduit — j'agirai sans doute. Mais que seront mes gestes ? Une contradiction stupide, un mensonge ridicule.

Je sais bien que cette contradiction peut être ignorée, ce mensonge inconscient. Mais je ne puis pourtant placer mon espoir dans cette inconscience ou cette ignorance, car ce serait adopter cette conclusion désolante : qu'il faut vivre sans penser pour bien vivre, que ceux-là seuls ont l'esprit tranquille qui sont les médiocres, et qu'on doit payer [illegible]rcément au prix du martyre quelques pouces de grandeur au-dessus du niveau commun, qu'enfin une lourde sottise est le gage du bonheur, et que cette lourde sottise il faut l'entretenir parmi les humains. Or, cette conclusion je ne puis pas l'admettre, ou s'il faut que je l'admette, laissez-moi dire que l'existence est un piège et que vivre est un mal.

Ainsi la nécessité de l'illusion ne satisfait point la philosophie rationnelle, et la philosophie rationnelle, malgré tout, n'arrive pas à lever le joug de cette nécessité.

Tant que nous serons impuissants à réconcilier avec les plus essentiels postulats de l'existence les résultats du travail critique, tant que l'accord ne sera point décidé entre la raison et l'aspiration, tant que le libre examen aura des défiances envers l'idéal, le Rêve pourra tuer l'Action.

Et c'est ce qui arrivera aussi longtemps que la philosophie rationnelle tournera sa critique vers la vie sans la tourner vers la philosophie rationnelle, aussi longtemps que l'esprit d'analyse prétendra juger les réalités sans juger l'esprit d'analyse, aussi longtemps que le scepticisme enfin ne sera pas mené jusqu'au point où son œuvre achevée détruit le scepticisme. Il me semble bien en effet que, pour sauver l'Action, il y a autre chose à faire que de biaiser avec la raison. Il y a à raisonner mieux, à raisonner à fond, à raisonner jusqu'au bout.

Le rationalisme conduit en ligne droite et par la logique à la négation des valeurs qui entretiennent notre vouloir vivre; mais il n'indique pas pourquoi, ces valeurs rejetées dans le néant, nous continuons de vivre. C'est peut-être qu'il ne va pas au bout de sa pensée, car il est plus facile de se plaindre de la vie que d'expliquer les motifs profonds pour lesquels, en dépit de nos plaintes, nous acceptons d'entretenir la vie. Qu'il aille donc au bout de sa pensée! Car sa pensée, pour n'être pas dangereuse, veut qu'on la dépasse. Que le sceptique, disciple des philosophies rationnelles, n'ignore pas toute la proondeur de son scepticisme! Car c'est en interrogeant ses doutes très longuement qu'il découvrira a bonne certitude. Qu'il fasse l'effort nécessaire pour reconnaître toute la portée de ses négations! Car dans ses négations des affirmations prochaines e trouvent impliquées. Qu'il reconnaisse pleinement ses motifs les plus hauts de répudier la vie! Car ces motifs-là sont tout près de se transformer en motifs certains et définitifs de se réconcilier avec elle et de la désirer.

Le couronnement du scepticisme, ce doit être en effet de porter son arme tranchante sur la raison même dont il se recommande. Or, pour peu qu'on scrute la raison, on découvrira bien vite qu'étant née de l'expérience humaine, elle peut nous fournir d'utiles certitudes dans le système auquel nous appartenons, mais que ses discussions restent fantaisistes aussitôt qu'elle prétend sauter hors d'un tel système pour juger ce dernier au nom d'une mesure qui lui serait extérieure et qui l'envelopperait. On reconnaîtra fort bien que, s'étant développée au sein de la matière spatiale, elle peut nous donner des indications précieuses concernant les applications du génie humain à cette matière même, et non point concernant l'essence du génie humain — tout comme la technique fournit à l'artiste d'heureuses données sur l'usage qu'il doit faire de l'inspiration, et non point sur l'essence et sur la nature intime de l'inspiration.

Alors, se faisant justice elle-même, la raison devra présumer que, si le problème foncier qu'elle soulève paraît insoluble, c'est sans doute qu'il est mal posé. Et en fait il est mal posé, lorsqu'il est posé dans le sens d'une humanité qui voudrait étreindre une *réalité en soi* et qui ne le peut pas.

Que la *réalité en soi* telle que l'admettaient les métaphysiques anciennes étale son néant, et que se démasque à nos yeux l'immense duperie d'une *vérité transcendantale* servant de gabari à nos vérités humaines, ce serait une constatation décevante en un Monde constitué une bonne fois pour toutes et formant un système fermé. Car l'homme devrait découvrir dans les fins virtuellement fixées d'un tel Univers ses motifs de vivre, et, ne découvrant pas ces fins, il serait parfaitement fondé à nier les raisons et le sens de sa propre vie. Mais ne voyez-vous pas qu'un système ainsi constitué serait tout justement le domaine de la mort? La vie ne peut s'accommoder d'une finalité prévue qui s'accomplirait, puisque s'accomplir c'est tendre à un dénouement, c'est se résoudre, c'est s'achever, c'est mourir; elle implique au contraire une finalité qui s'instaure chaque jour et s'écoule dans le devenir indéfiniment.

Il faut donc renverser l'antique préjugé de l'Absolu existant comme mesure et comme fin de nos relativités; il faut le renverser en comprenant bien que *la réalité n'est pas*, qu'*elle se fait*. Elle se fait justement grâce à des *valeurs fictives* qui remplissent ces deux conditions : d'être envisagées comme « vraies » pour former des objets capables de stimuler le vouloir, et de n'être pourtant que des vérités « relatives », simples échafaudages sur quoi devra s'appuyer l'édifice fluide et mouvant de œuvres humaines, pour qu'éternellement des fins succèdent à des fins, sans que s'épuise jamais le mystère créateur.

Mais alors l'Idéal est un pur mirage de l'âme ? — Parfaitement, et c'est à cette condition-là qu'i est bien la trame de tout ce qui « devient » ; car les choses qui « deviennent », dans leur nécessaire mouvance et leur indispensable fluidité, réclament justement de leur trame qu'elle ne soit qu'un mirage de l'âme. L'idéal peut être un fantôme. Ce fantôme est un dieu fameux qui donne l'existence qu'il ne possède pas. Il est celui qui n'est pas et qui fait naître pourtant ce qui est, dans une création sans fin.

Aussi reste-t-il ridicule et vain de demander à tous les carrefours le *sens de la vie*. Car si la vie n'est pas un livre tout fait dans lequel il faut lire, mais un livre qu'il faut écrire à mesure indéfiniment, il n'y a pas de sens de la vie. Le sens de la vie, c'est de vivre en recréant sans cesse les raisons et le but de la vie.

Et maintenant, reconnaître cela, ce n'est pas anéantir la spiritualité du Monde, c'est la rétablir en sa position réelle, et c'est lui rendre sa signification véritable. Découvrir que nous ne sommes pas le sculpteur attendant de son argile une indication sur la forme qu'il façonnera, mais le sculpteur prenant son argile et pensant une forme et créant cette forme avec cette argile, c'est affirmer justement que la vie n'est pas une fatalité, une duperie, un piège, mais une expérience indéfinie, volontaire et libre de l'homme. Quelle croyance peut être plus consolante ? Et quelle pensée plus stimulante à l'Action?

Ainsi les contradictions qui nous exaspèrent n'ont d'autre origine qu'une bévue de l'esprit, de l'esprit méconnaissant sa propre nature, et donnant par suite à ses facultés une orientation dont la conséquence est de faire du problème vital un cercle vicieux. Si l'on veut sortir du cercle vicieux, il s'agit de conduire la raison assez à fond pour nous détacher du préjugé de réalité au sens absolu, et pour accepter comme des réalités primordiales les fictions essentielles qui sont les sources de la vie. Car du moment que la réalité en soi sera reconnue elle-même comme étant la plus formidable de nos illusions, toutes ces fictions essentielles qui nous apparaissaient comme des illusions par rapport à elle reprendront du même coup leurs droits au titre de réalités : réalités non point transcendantes, non point extérieures à notre système ; réalités immanentes et proprement humaines.

Le désabusement spéculatif issu du libre examen paralyse donc l'idéal et met en danger l'Action lorsqu'il se consomme à moitié. Mais sitôt qu'il s'achève, il se dépasse. Alors il franchit certain *point critique* au delà duquel vient la liberté : la liberté, c'est-à-dire le dégagement du préjugé de l'absolu, l'évasion du cercle où il nous enserre, la table rase des négations qui en dépendent, et l'aurore d'affirmations assurant sur de nouvelles bases la force de l'idéal et l'accomplissement de l'Action.

Le sceptique a reconnu que, nulle fin n'existant derrière l'éternel recommencement de tout, il n'y a point d'idéal qui vaille et point d'action qui mérite l'effort — et l'effort, bien évidemment, ne trouve plus hors de soi la force de s'entretenir en quiconque ne peut espérer ni dans la parole révélée du dogme ni dans les pouvoirs sacro-saints de la science. Et le sceptique se désole. Mais le sceptique se dépasse. Alors il conclut que c'est précisément parce qu'il n'y a pas de but au Monde que l'homme doit faire naître ce but. Faire naître ce but, c'est-à-dire : devenir ce but même, en créant de la beauté dans soi et autour de soi pour le seul bonheur de la créer et d'en jouir.

Le sceptique a reconnu que les choses n'ont pas de sens — et les choses, bien évidemment, n'ont pas de sens pour quiconque n'est point dupe de la conception finaliste offerte par les *credo* religieux ou laïques. Et le sceptique se désole. Mais le sceptique se dépasse. Alors il conclut que c'est précisément parce que les choses n'ont pas de sens que l'homme doit donner un sens aux choses. Leur donner un sens, c'est-à-dire : se faire lui-même le sens de ces choses.

Le sceptique a reconnu que nulle réalité n'existe qui justifie nos évaluations humaines. Et le sceptique se désole. Mais le sceptique se dépasse. Alors il conclut que c'est précisément parce que rien d'immuable ne fixe et ne contraint les valeurs utiles à notre épopée vitale qu'il faut découvrir ou mieux composer à mesure ces valeurs. Car quand même tout serait illusion et justement pour cela que tout est illusion, il ne saurait être illusoire de croire aux plus fécondes de nos illusions. Si nos valeurs humaines sont de pures apparences, elles sont pour nous du moins des réalités, puisque c'est par elles que nous agissons en créant de la vie.

Il y a donc chez le sceptique une barrière qu'il s'agit de briser. En deçà de cette barrière tout tombe, tout s'écroule. Au delà, tout se redresse, tout se reconstitue.

Mais alors nous devons réformer les griefs que nous adressions au libre examen, il y a un instant, ou du moins, ces griefs, nous devons établir maintenant leur valeur réelle en les précisant.

Nous avons dit qu'à faire trop de lumière sur les choses nous devions aboutir à n'y plus voir clair.

Oui... à moins qu'allumant sur elles jusqu'aux ultimes flambeaux de notre intelligence, nous en venions à comprendre la vanité de toute cette lumière, ce qui est le commencement de voir clair dans les choses.

Nous avons dit qu'à scruter nos raisons d'agir, nous devions aboutir à ne les plus connaître. Oui... à moins que les scrutant à fond nous apercevions au bout de notre effort la folie de les mettre en question, ce qui est le commencement de les connaître mieux.

Et l'objectif ayant tourné de cette manière, il arrive qu'après avoir détruit au nom de la logique tout ce qu'on peut détruire, on découvre qu'une chose demeure inaltérable et souveraine : le pouvoir de former un rêve et de le faire vivre.

C'est ainsi que de la lutte où l'Action semblait devoir s'évanouir nous voyons l'Action renaître plus confiante et plus exaltée, et c'est ainsi que, par la négation de la vie, nous n'aboutissons qu'à une conception d'elle-même plus forte et plus expansive.

Et voici surgir, après épreuve de la *trempe*, le solide, l'indéracinable, l'inexpugnable optimisme. Car l'optimisme, pour ne pas être une simple niaiserie, doit avoir traversé les affres du pessimisme, en avoir senti l'aiguillon et lui avoir résisté. Il faut acheter le droit de vivre joyeusement, en sachant les dessous de l'existence humaine et en conservant après cela le désir enthousiaste et l'amour intense de la vie.

Cette disposition parait être tout justement celle de maints esprits de notre époque. Ce mélange héroïque de scepticisme spéculatif et de foi débordante en la beauté de vivre, c'est toute l'âme de ceux que nous chérissons le plus et qui ont eu sur nos jeunes esprits l'influence la plus décisive.

Mais ne pourrait-on dire davantage? Cette disposition parait être l'*indice* qui marque, à l'heure où croulent tant de vieilles choses, la fin d'un malentendu dans lequel s'égara longtemps la pensée humaine. Ce mélange héroïque de scepticisme spéculatif et de foi débordante en la beauté de vivre, c'est l'horizon qui s'ouvre sur un point de vue nouveau et qui annonce, à n'en pas douter, un *tournant* de la philosophie.

Répudiant l'illusion jusqu'en son principe, les philosophies *rationnelles* ont considéré pendant des siècles qu'il était de leur devoir et de leur essence même de défendre, aux dépens de la *vie*, les droits de la *raison*.

Intronisant au contraire l'illusion dans un absolu pouvoir, les philosophies *pragmatiques* ont tenté récemment d'assurer, malgré la *raison*, le triomphe de la *vie*.

Mais ni les philosophies *rationnelles* ni les philosophies *pragmatiques* ne répondent aux soucis complexes de ceux qui forment l'élite actuelle. Les premières, en effet, ne peuvent satisfaire des esprits « modernes » qui savent trop bien la nécessité de l'Action, et les secondes ne peuvent satisfaire des esprits « d'élite » qui verront toujours dans l'Action autre chose que l'activité pratique.

Les esprits cultivés entendent bien aujourd'hui dégager la *vie* des embûches que dresse la *raison*, mais ils ne sauraient aboutir à cette conclusion simpliste qu'expulser la *raison* suffit à sauver la *vie*. Le défaut de la *raison*, en effet, ce n'est pas d'être, c'est d'être à mi-chemin seulement. Bannir la *raison*, cela ne conduit donc pas à sauver la *vie*, mais cela mène à la rétrécir. Et l'unique moyen de protéger la *vie* contre la *raison*, ce n'est pas de nier les droits de la *raison*, c'est de porter cette dernière jusqu'en certain point où elle rejoindra la *vie*.

Que tous les hommes ne pensent pas *à fond*, ce peut être un bienfait relatif : il faut s'interroger trop longtemps pour que les réponses de l'intelligence deviennent identiques à celles de l'instinct, et l'immunité contre la pensée abstraite ne s'acquiert qu'au prix d'une très rare culture. Mais si vous êtes sorti de la simplicité heureuse qui abrite beaucoup de gens, le péril pour vous, c'est tout au contraire de ne point dépasser la région malsaine où vous serez conduit plus vite que vous ne le voudrez. J'entends bien, en effet, qu'en deçà de cette région vous ne savez plus vivre, et ceci doit être une indication formelle de vous transporter au delà. Puisque vous ne pouvez dormir désormais sur le mol oreiller de l'erreur, ramassez donc vos forces bravement, mettez-vous en route sans appréhension du vrai, et cherchez, aux extrêmes confins de la zone périlleuse, l'idée libératrice où vous vous reposerez. Pensez *jusqu'au bout.*

Pensez jusqu'au bout. Il vous semblera bientôt que votre rêve s'écroule et que rien n'est là pour lui faire un support solide. Mais voilà justement la bonne découverte, la chose consolante dont il faudra faire maintenant votre certitude. Car si vous savez déjà que votre rêve n'a point le support que vous attendiez, vous découvrirez, avec un peu plus de savoir, qu'il est à lui-même son propre support. C'est à cette science-là qu'il faut arriver pour qu'au fond du désenchantement se prépare l'ultime réconciliation des choses. Et c'est à elle qu'il faut aboutir pour n'être plus au déclin de vouloir par excès de penser, pour être au contraire au seuil de vouloir avec une ferveur nouvelle et dans un élan nouveau.

Ainsi votre exploration au delà de la zone périlleuse vous aura conduit en des lieux qui ne diffèrent point tant du pays qu'on rencontre en deçà, et la haute distinction de votre âme vous aura fait connaître un amour de vivre et une foi dans la vie qui ne diffèrent point tant de la foi et de l'amour que nourrit la candeur des simples. En fait, vous vivrez comme eux sur de pures chimères. Mais, mettant en action un rêve chimérique, vous saurez qu'il est chimérique et vous le mettrez en action quand même, et c'est cela qui fera votre exceptionnelle grandeur.

Avoir un idéal, savoir qu'il est vain, et lui sacrifier tout, encore qu'il soit vain, c'est le côté sublime de notre nature. C'est le pouvoir génial des humains, en concevant l'harmonie du monde, de trouver de la beauté au sein du néant : de l'y découvrir du moins en l'y faisant apparaître à mesure. C'est la majesté de la fonction humaine de s'obstiner à changer les choses par une volonté tendue, jamais épuisée et sans cesse renaissante, qui sait la relativité de ces choses, et qui s'enchante néanmoins d'être une volonté tendue, renaissant toujours et ne s'épuisant pas.

Je répète que c'est cela qui fera votre exceptionnelle grandeur : car sachant que vous êtes une parcelle vivante de la conscience et de la volonté du Monde, vous savez que vous collaborez à l'évolution du dieu qui « devient » sans cesse; et prenant conscience du dieu que vous créez, vous avez découvert enfin le dieu qui est en vous.

Mais ayant pu vous hausser jusqu'à ces sommets de la raison critique, vous saurez en descendre pour vous pencher sur les événements banaux et les devoirs ordinaires du jour. Et peut-être les verrez vous alors d'un œil qui n'est point celui de tous vos frères. Car l'*Action* que vous prônez comme eux se définit pour vous *un instant du rêve éternel*, et vous êtes parmi les élus qui ont vu dans l'Action ce qui fait à la fois son prix et son exclusive justification : l'effort pour l'*Idée*.

Vous êtes mûr désormais pour mettre en pratique, non pas le « nietzschéisme », seulement cette parole de Nietzsche, l'une des plus fortes qui fut prononcée jamais par une bouche humaine : « Que votre amour de la vie soit l'amour de vos plus hautes espérances, et que votre plus haute espérance soit la plus haute pensée de la vie!... »

CONCLUSIONS

L'antinomie entre la *pensée* et l'*activité*, entretenue par les doctrines raisonnées aussi bien que par les préjugés vulgaires, fut à toutes les époques une erreur dangereuse. Mais cette erreur est à redouter plus que jamais dans un temps comme le nôtre, où l'essor formidable des *spéculations théoriques* tend à isoler une partie des hommes dans un scepticisme farouche ou un idéalisme désordonné, cependant que le développement parallèle des *applications pratiques* a pour conséquence de précipiter les autres dans la poursuite grossière d'une agitation fiévreuse autant que stérile. Plus que jamais il convient de savoir combien faux est le point de vue qui sépare le « rêve » de « l'action ». Plus que jamais il importe de mettre en relief, non seulement l'intime solidarité, mais — ceci a plus d'importance — l'*unité* de ces deux formes de l'énergie : penser, agir.

Cette unité, nous avons vu que la *psychologie* l'affirme. Il nous faut reconnaître que l' « action » surgit de notre fond le plus intime, et que les manifestations extériorisées qui la traduisent ou plutôt l'achèvent ne sont après tout que la réalité de l'esprit projetée au dehors et devenue perceptible aux sens. Et ceci revient à dire que, la connaissance théorique elle-même n'étant qu'un instant de l' « action », le dualisme est vain qui oppose aux actifs les intellectuels, et réciproquement.

Pareillement cette unité, nous avons vu que la *philosophie* l'approuve — disons mieux : l'exige. La vie pouvant se définir « une pensée agie », le conflit est illusoire qui semble opposer la raison critique aux aspirations d'où sort notre activité. Le *libre examen* ne tue pas l'*idéal*, mais l'*idéal*, au contraire, se subordonne le *libre examen* et se sert de lui pour l'adaptation au *milieu vital*, comme l'*inspiration* exploite la *technique* et se la subordonne pour l'adaptation à la *matière d'art*.

La condition essentielle d'une « philosophie de l'action », c'est donc, en définitive, une libération de la pensée. Son obligation foncière, c'est de montrer que la pensée *peut* se donner carrière sans détruire la vie, et mieux c'est de prouver qu'elle *doit* se consommer pour donner à la vie toute sa plénitude.

Or, il y a une pensée qui ne se réfléchit pas sur elle-même, une pensée *qui ne se pense pas*, une pensée qui « s'applique » et qui « sert » tout simplement. Et puis, il y a une pensée qui se réfléchit sur elle-même, une pensée *qui se pense*, une pensée qui sait prendre conscience de soi, et qui porte ainsi notre élan vital au plus haut degré spirituel et plus simplement *au plus haut degré.* Si la première entretient l' « action », la deuxième, bien loin de l'entraver, lui confère son sens véritable et la place sur son vrai terrain.

Cette reconnaissance est d'un réconfort singulier pour les esprits délicats et braves à la fois, qui entendent formellement ne point se laisser piper par l'activité brutale ou étroite qu'on prône aujourd'hui, sans retourner pour cela au triste étiolement du vieux romantisme. Et, à nous autres Français, qui ne sacrifierons jamais de gaîté de cœur les droits de la raison et qui voulons vivre pourtant, il est assez doux de constater qu'on peut échapper fort bien au désert du pur nirvâna, sans tomber dans le panneau d'une philosophie de commande qui, sous forme de stimuler l' « action », risquerait de bâillonner la vie.

FIN

TABLE DES MATIÈRES

DEUXIÈME PARTIE

LIVRE I

LA VIE, SYNTHÈSE DE RÊVE ET D'ACTION

4187 — Paris. — Imp. Hemmerlé et Cie. (12-12).

2° PSYCHOLOGIE ET PHILOSOPHIE

…T (A.), directeur de Laboratoire à la Sorbonne. **L'Ame et le Corps** (7e mille).

…ET (A.). **Les Idées modernes sur les enfants** (10e mille).

…N (Dr Georges), directeur de Laboratoire à …le des Hautes-Études. **La Naissance de l'Intelligence** (40 figures) (5e mille).

…TROUX (E.), de l'Institut. **Science et …gion** (12e mille).

…SON (C.), de l'Institut. **Organisme économique et Désordre social.**

…ET (J.), avocat à la cour d'appel. **La Vie … Droit et l'impuissance des Lois.**

…UZAT (Albert), docteur ès lettres. **La Philosophie du Langage.**

…ROMARD (Dr G.). **Le Rêve et l'Action.**

…UIGNEBERT (C.), chargé de cours à la Sorbonne. **L'Evolution des Dogmes** (6e m.).

…CHET-SOUPLET (P.), directeur de l'Institut de …chologie. **La Genèse des Instincts.**

…OTAUX (Gabriel), de l'Académie française. … **Démocratie et le Travail.**

…MES (William), de l'Institut. **Philosophie … l'Expérience** (6e mille).

…ES (William). **Le Pragmatisme** (5e m.).

…ET (Dr Pierre), professeur au Collège de …ance. **Les Névroses** (6e mille).

LE BON (Dr Gustave). **Psychologie de l'Éducation** (15e mille).

LE BON (Dr Gustave). **La Psychologie politique** (9e mille).

LE BON (Dr Gustave). **Les Opinions et les Croyances** (7e mille).

LE DANTEC (Félix). **L'Athéisme** (12e mille).

LE DANTEC (Félix). **Science et Conscience** (6e mille).

LE DANTEC (Félix). **L'Égoïsme** (8e mille).

LE DANTEC (Félix). **La Science de la Vie.**

LEGRAND (Dr M.-A.). **La Longévité à travers les âges.**

LOMBROSO. **Hypnotisme et Spiritisme** (6e mille).

MACH (E.). **La Connaissance et l'Erreur** (5e mille).

MAXWELL (Dr J.). **Le Crime et la Société** (5e mille).

PICARD (Edmond). **Le Droit pur** (6e mille).

PIERON (H.), Maître de Conférences à l'École des Hautes-Études. **L'Evolution de la Mémoire.**

REY (Abel), professeur agrégé de Philosophie. **La Philosophie moderne** (8e mille).

VASCHIDE (Dr). **Le Sommeil et les Rêves.**

3° BEAUX-ARTS ET HISTOIRE

…LEXINSKY (Grégoire), ancien député à la Douma. **…a Russie moderne.**

…VENEL (Vicomte Georges d'). **Découvertes …'Histoire sociale** (6e mille).

…IOTTOT (Colonel). **Les Grands Inspirés devant la Science. Jeanne d'Arc.**

…OUCHÉ-LECLERCQ (A.), de l'Institut, professeur à la Sorbonne. **L'Intolérance religieuse et la politique.**

…UYSSEL (E. van), consul général de Belgique. **La Vie sociale** (6e mille).

…AZAMIAN (Louis), maître de Conférences à … Sorbonne. **L'Angleterre moderne** (5e mille).

…HARRIAUT (H.), chargé de mission par le …ouvernement français. **La Belgique moderne** (6e mille).

…OLIN (J.), Chef d'Escadron d'Artillerie à …École supérieure de Guerre. **Les Transformations de la Guerre.** (6e mille).

…ROISET (A.), membre de l'Institut. **Les Démocraties antiques** (7e mille).

…ARCIA-CALDÉRON (F.). **Les Démocraties …atines de l'Amérique.**

GENNEP. **La Formation des Légendes** (5e mille).

HARMAND (J.), ambassadeur. **Domination et Colonisation.**

HILL, ancien ambassadeur. **L'Etat moderne.**

LE BON (Dr Gustave). **La Révolution Française et la Psychologie des Révolutions** (7e mille).

LICHTENBERGER (H.), professeur adjoint à la Sorbonne. **L'Allemagne moderne** (11e m.).

MEYNIER (Commandant O.), professeur à l'École militaire de Saint-Cyr. **L'Afrique noire.**

NAUDEAU (Ludovic). **Le Japon moderne, son Evolution** (8e mille).

OLLIVIER (Émile), de l'Académie française. **Philosophie d'une Guerre (1870)** (6e mille).

OSTWALD (W.), professeur à l'Université de Leipzig. **Les Grands Hommes.**

PIRENNE (H.), professeur à l'Université de Gand. **Les Anciennes Démocraties des Pays-Bas.**

ROZ (Firmin). **L'Energie américaine** (5e mille).

Bibliothèque de Philosophie scientifique

DIRIGÉE PAR LE Dʳ GUSTAVE LE BON

1° SCIENCES PHYSIQUES ET NATURELLES

BERGET (A.), professeur à l'Institut océanographique. **La Vie et la Mort du Globe** (6ᵉ mille).

BERTIN (L.-E.), de l'Institut. **La Marine moderne** (54 figures).

BIGOURDAN, de l'Institut. **L'Astronomie** (50 figures) (5ᵉ mille).

BLARINGHEM (L.), chargé de cours à la Sorbonne. **Les Transformations brusques des êtres vivants** (49 figures).

BOINET (Dʳ), profʳ de Clinique médicale. **Les Doctrines médicales** (6ᵉ mille).

BONNIER (Gaston), de l'Institut. **Le Monde végétal** (230 figures) (8ᵉ mille).

BOUTY (E.), de l'Institut, profʳ à la Sorbonne. **La Vérité scientifique, sa poursuite.**

BRUNHES (B.), professeur de physique. **La Dégradation de l'Energie** (7ᵉ mille).

BURNET (Dʳ Etienne), de l'Institut Pasteur. **Microbes et Toxines** (71 fig.) (5ᵉ mille).

COLSON (Albert), professeur à l'École Polytechnique. **L'Essor de la Chimie appliquée.**

COMBARIEU (J.), chargé de cours au collège de France. **La Musique** (9ᵉ mille).

DASTRE (Dʳ A.), de l'Institut, professeur à la Sorbonne. **La Vie et la Mort** (12ᵉ mille).

DELAGE (Y.), de l'Institut et GOLDSMITH (M.). **Les Théories de l'Evolution** (6ᵉ mille).

DEPÉRET (C.), Corʳ de l'Institut. **Les Transformations du Monde animal** (7ᵉ mille).

GUIART (Dʳ), professeur à la Faculté de médecine de Lyon. **Les Parasites inoculateurs de maladies** (107 figures).

HÉRICOURT (Dʳ J.). **Les Frontières de la Maladie** (8ᵉ mille).

HÉRICOURT (Dʳ J.). **L'Hygiène moderne** (10ᵉ mille).

HOUSSAY (F.), professeur à la Sorbonne. **Nature et Sciences naturelles** (6ᵉ mille).

JOUBIN (Dʳ L.), professeur au Muséum National d'Histoire naturelle. **La Vie dans les Océans** (45 figures) (5ᵉ mille).

LAUNAY (L. de), de l'Institut. **L'Histoire de la Terre** (10ᵉ mille).

LAUNAY (L. de). **La Conquête minérale.**

LE BON (Dʳ Gustave). **L'Évolution de la Matière**, avec 63 figures (21ᵉ mille).

LE BON (Dʳ Gustave). **L'Évolution des Forces** (42 figures) (13ᵉ mille).

LECLERC DU SABLON (M.), professeur à la Faculté des Sciences de Toulouse. **Les Incertitudes de la Biologie** (24 figures).

LE DANTEC (F.), chargé de cours à la Sorbonne. **Les Influences Ancestrales** (10ᵉ mille).

LE DANTEC (F.). **La Lutte universelle** (8ᵉ mille).

LE DANTEC (F.). **De l'Homme à la Science** (6ᵉ mille).

MARTEL, directeur de *La Nature*. **L'Évolution souterraine** (80 figures) (6ᵉ mille).

MEUNIER (S.), professeur au Muséum. **Les Convulsions de l'Ecorce Terrestre** (35 figures) (5ᵉ mille).

OSTWALD (W.). **L'Évolution d'une Science, la Chimie** (7ᵉ mille).

PICARD (Émile), de l'Institut, professeur à la Sorbonne. **La Science moderne** (10ᵉ mille).

POINCARÉ (H.), de l'Institut, profʳ à la Sorbonne. **La Science et l'Hypothèse** (22ᵉ mille).

POINCARÉ (H.). **La Valeur de la Science** (18ᵉ mille).

POINCARÉ (H.). **Science et Méthode** (11ᵉ m.).

POINCARÉ (Lucien), directeur au Ministère de l'Instruction publique. **La Physique moderne** (13ᵉ mille).

POINCARÉ (Lucien). **L'Électricité** (10ᵉ mille).

RENARD (Cᵗ). **L'Aéronautique** (68 figures) (6ᵉ mille).

RENARD (Cᵗ). **Le Vol mécanique, les Aéroplanes** (121 figures).

2° PSYCHOLOGIE ET PHILOSOPHIE

Voir la liste des ouvrages page 3 de la couverture.

3° BEAUX-ARTS ET HISTOIRE

Voir la liste des ouvrages page 3 de la couverture.

6151. — Paris. — Imp. Hemmerlé et Cⁱᵉ. — 12-12.

www.ingramcontent.com/pod-product-compliance
Ingram Content Group UK Ltd.
Pitfield, Milton Keynes, MK11 3LW, UK
UKHW012008240726
13965UKWH00001B/223